Liebe Leserin, lieber Leser,

es freut mich, dass Sie sich für einen Titel aus der Reihe "Studien 2002" entschieden haben. Diese Reihe wurde von mir zusammengestellt, um einem breiten Publikum den Bezug von herausragenden wissenschaftlichen Abschlussarbeiten zu ermöglichen. Bei den Abschlussarbeiten handelt sich um hochwertige Diplomarbeiten, Magisterarbeiten, Staatsexamensarbeiten oder Dissertationen mit einer sehr guten Bewertung.

Diese Studien beschäftigen sich mit spezifischen Fragestellungen oder mit aktuellen Themen und geben einen guten Überblick über den Stand der wissenschaftlichen Diskussion und Literatur. Wissenschaft und andere Interessierte können durch diese Reihe Einblick in bisher nur schwer zugängliche Studien nehmen.

Jede der Studien will Sie überzeugen. Damit dies immer wieder gelingt, sind wir auf Ihre Rückmeldung angewiesen. Bitte teilen Sie mir Ihre kritischen und freundlichen Anregungen, Ihre Wünsche und Ideen mit.

Ich freue mich auf den Dialog mit Ihnen.

Björn Bedey
Herausgeber

Diplomica GmbH
Hermannstal 119k
22119 Hamburg

www.diplom.de
agentur@diplom.de

Tobias Zampich: Bewertung von Eignungsflächen für Windkraftanlagen: Dargestellt am Beispiel von ausgewählten Gemeinden des Regierungsbezirks Münster /
Björn Bedey (Hrsg.), Hamburg, Diplomica GmbH 2002
Zugl.: Dortmund, Universität, Diplom, 2002

ISBN 3-8324-6801-3
© Diplomica GmbH, Hamburg 2002

Bibliografische Information der Deutschen Bibliothek
Die Deutsche Bibliothek verzeichnet diese Publikation in der Deutschen Nationalbibliografie; detaillierte bibliografische Daten sind im Internet über <http://dnb.ddb.de> abrufbar.

Dieses Werk ist urheberrechtlich geschützt. Die dadurch begründeten Rechte, insbesondere die der Übersetzung, des Nachdrucks, des Vortrags, der Entnahme von Abbildungen und Tabellen, der Funksendung, der Mikroverfilmung oder der Vervielfältigung auf anderen Wegen und der Speicherung in Datenverarbeitungsanlagen, bleiben, auch bei nur auszugsweiser Verwertung, vorbehalten. Eine Vervielfältigung dieses Werkes oder von Teilen dieses Werkes ist auch im Einzelfall nur in den Grenzen der gesetzlichen Bestimmungen des Urheberrechtsgesetzes der Bundesrepublik Deutschland in der jeweils geltenden Fassung zulässig. Sie ist grundsätzlich vergütungspflichtig. Zuwiderhandlungen unterliegen den Strafbestimmungen des Urheberrechtes.

Die Wiedergabe von Gebrauchsnamen, Handelsnamen, Warenbezeichnungen usw. in diesem Werk berechtigt auch ohne besondere Kennzeichnung nicht zu der Annahme, daß solche Namen im Sinne der Warenzeichen- und Markenschutz-Gesetzgebung als frei zu betrachten wären und daher von jedermann benutzt werden dürften.

Die Informationen in diesem Werk wurden mit Sorgfalt erarbeitet. Dennoch können Fehler nicht vollständig ausgeschlossen werden, und die Diplomica GmbH, die Autoren oder Übersetzer übernehmen keine juristische Verantwortung oder irgendeine Haftung für evtl. verbliebene fehlerhafte Angaben und deren Folgen.

Tobias Zampich

Bewertung von Eignungsflächen für Windkraftanlagen

Dargestellt am Beispiel von ausgewählten Gemeinden des Regierungsbezirks Münster

Dipl.-Ing. Tobias Zampich, 29 Jahre, wuchs in Bad Berleburg im ländlich geprägten Wittgenstein (südöstliches Westfalen) auf, wo er im Jahr 1993 das Abitur machte. Er kam erst über Umwege nach einem abgebrochenen Studium der Biologie an der Universität Oldenburg zur Raumplanung. Im Jahr 1996 nahm er aufgrund des breiten Fächerspektrums das Studium der Raumplanung an der Universität Dortmund auf, an der er sich mit städtebaulichen und stadt- und regionalplanerischen Fragestellungen auseinander setzte.

Ermutigt von seinen Betreuern, Herrn Prof. Dr. Finke vom Fachgebiet Landschaftsökologie und Landschaftsplanung sowie Herrn Prof. Dr. Turowski vom Fachgebiet Raumordnung und Landesplanung, wählte er die räumliche Steuerung von Windkraftanlagen als Thema der Diplomarbeit und stieß dabei immer wieder auf widersprüchliche Forschungsergebnisse über die Auswirkungen von Windkraftanlagen auf das Landschaftsbild, die Vogelwelt und die an Windparks angrenzende Wohnbevölkerung durch Lärmemissionen und Schattenwurf. Das Konfliktpotenzial von Windkraftanlagen zeigte sich insbesondere in der von ihm untersuchten Region, dem Münsterland, in dem trotz positiven Ausweisungen der Regionalplanung im Gebietsentwicklungsplan der Ausbau der Windenergienutzung auf kommunaler Ebene von einer kontrovers geführten öffentlichen Debatte begleitet wurde.

Tobias Zampich ist Kommanditist eines Windparks in Schleiden (Eifel) und Mitglied im Bundesverband Windenergie. Er nahm an nationalen und internationalen Tagungen und Konferenzen zur Windenergie, u. a. an der europäischen Windenergiekonferenz in Kopenhagen im Juli 2001, teil und absolvierte Praktika bei der Stadt Witten, in der Geschäftsstelle der UVP-Gesellschaft in Hamm und in dem Dortmunder Planungsbüro Planersocietät. Seit April 2003 durchläuft er ein städtebauliches Referendariat bei der Stadt Sankt Augustin im Regierungsbezirk Köln.

Begleitwort

Als der Bundestag das Stromeinspeisegesetz im Jahr 1990 verabschiedete, durch das die Energieversorgungsunternehmen zur Abnahme von Strom aus regenerativen Energieträgern zu bestimmten Sätzen verpflichtet wurden, konnte er nicht ahnen, welche Entwicklung er damit für den Bereich der Windenergie auslösen würde. Im Jahr 2001 waren in Deutschland Windkraftanlagen mit einer Nennleistung von mehr als 7000 MW in Betrieb, was einem Anteil am nationalen Primärenergieverbrauch von 2,7 % entsprach. Der Anblick einer Windkraftanlage ist heute selbst in Kammlagen der Mittelgebirgsregionen und in den nord- und ostdeutschen Bundesländern abseits der Küste zunehmend vertraut geworden.

Dennoch steht die Windenergie nach wie vor in der Diskussion. Weisen die Befürworter der Windenergie auf dessen Beitrag zur Senkung des Kohlendioxidausstoßes hin, werden auf lokaler Ebene Stimmen laut, die sich gegen die konkreten örtlichen Auswirkungen der Windkraftanlagen wenden. Diese können sich u. a. durch eine Beeinträchtigung des Rast- und Brutverhaltens einzelner Vogelarten oder durch eine Störung der nächstgelegenen Wohnbevölkerung durch Schattenwurf und Lärmemissionen der sich drehenden Rotorblätter äußern. Insbesondere an der visuellen Auffälligkeit der bis zu 140 m hohen, die Vegetation weithin überragenden Windkraftanlagen scheiden sich die Geister.

Es ist vor allem die Aufgabe der örtlichen Bauleitplanung, auf diese möglichen Konflikte zu reagieren. Seit dem 1. Januar 1996 sind Windkraftanlagen im Außenbereich baurechtlich privilegiert und damit unter der Bedingung, dass keine öffentlichen Belange entgegenstehen, genehmigungsfähig. Die Gemeinden sind nun aufgefordert, in ihren Bauleitplänen sog. Eignungsflächen auszuweisen, um die Windenergienutzung auf wenige, konfliktarme Flächen zu beschränken und sie an anderer Stelle des Gemeindegebietes auszuschließen. Das Land Nordrhein-Westfalen hat im Mai 1996 an die Adresse der Regional- und Bauleitplanung Empfehlungen erlassen, nach welchen Gesichtspunkten diese Flächen ermittelt werden sollten. Welche Methode dabei zur Anwendung kommt, überlässt der nordrhein-westfälische Windenergie-Erlass den Kommunen, seit Anfang 2002 existiert eine überarbeitete Fassung dieses Erlasses.

Die vorliegende, an der Fakultät Raumplanung der Universität Dortmund – Fachgebiete "Raumordnung und Landesplanung" und "Landschaftsökologie und Landschaftsplanung" - erarbeitete Diplomarbeit, beschäftigt sich mit der hier skizzierten Problematik der Standortsuche für Windkraftanlagen. Der Autor untersucht die bisherige Ausweisungspraxis ausgewählter Gemeinden im Regierungsbezirk Münster auf der Basis von Gutachten über Eignungsflächen für die Windenergienutzung. Darauf aufbauend prüft er anhand der von der Gemeinde Schöppingen ausgewiesenen Flächen, inwiefern ein auf der Nutzwertanalyse basierender Bewertungsansatz zu konfliktärmeren Eignungsflächen führt.

Diese Arbeit steht in der Tradition einer Reihe von an der Fakultät Raumplanung der Universität Dortmund zum Thema der räumlichen Implikationen der Windenergienutzung verfassten Arbeiten. Indem sie sowohl ökologische, ökonomische als auch soziale Kriterien in die Untersuchung einbezieht, verfolgt sie wie die Vorgänger auch einen integrativen und interdisziplinären Ansatz, gemäß dem Anspruch der bzw. dem gesetzlichen Auftrag an die Bauleitplanung, öffentliche und private Belange untereinander und gegeneinander gerecht abzuwägen.

Die vorliegende Arbeit leistet zum einen Hilfestellung für die kommunale Bauleitplanung. Sie möchte zudem dazu betragen, die oft emotional geführten Diskussionen über das Pro und Kontra der Windenergie zu versachlichen.

(Prof. Dr. Lothar Finke)
Universität Dortmund
Fakultät Raumplanung
Fachgebiet „Landschaftsökologie und Landschaftsplanung"

Inhalt

Tabellenverzeichnis III
Abbildungsverzeichnis III
Kartenverzeichnis III
Abkürzungsverzeichnis IV

1 Einleitung 1
1.1 Problemstellung 1
1.2 Methodik und Herangehensweise 2
1.3 Aufbau der Arbeit 3

2 Rahmenbedingungen der Energieversorgung 5
2.1 Entwicklungstendenzen der Energieversorgung 5
2.2 Landschaftsverbrauch durch Energieversorgungsinfrastruktur 7
2.3 Steuerung der Energieversorgungsinfrastruktur durch die Raumplanung 8

3 Rahmenbedingungen der Windenergienutzung 10
3.1 Entwicklung der Windenergienutzung 10
    3.1.1 Historischer Rückblick 10
    3.1.2 Entwicklung seit Beginn der 80er Jahre 11
    3.1.3 Zukünftiges Potenzial 12
3.2 Voraussetzungen für die Windenergienutzung 14
    3.2.1 Windverhältnisse 14
    3.2.2 Technische Aspekte 16
3.3 Genehmigung von Windkraftanlagen 17
    3.3.1 Bauplanungsrecht 17
    3.3.2 Bauordnungsrecht 19
    3.3.3 Immissionsschutzrecht 20
    3.3.4 Naturschutzrecht 21
    3.3.5 Energiewirtschaftsrecht 22
3.4 Steuerung von Windkraftanlagen 23
    3.4.1 Steuerung durch die Regionalplanung 24
    3.4.2 Steuerung durch die Bauleitplanung 26
    3.4.3 Festlegung der Planungsebene 26

4 Bewertung von Flächen für die Windenergienutzung 28
4.1 Bewertungsmethoden 28
    4.1.1 Anforderungen 28
    4.1.2 Typisierung 29
4.2 Bewertungsmaßstäbe 35
4.3 Bewertungskriterien 39
    4.3.1 Landschaftsbild 39
    4.3.2 Avifauna 43
    4.3.3 Lärmemissionen 45
    4.3.4 Schattenwurf 47
    4.3.5 Flächeninanspruchnahme 48
    4.3.6 Windhöffigkeit 50
    4.3.7 Akzeptanz 50

5	Vergleich von Gutachten über die Eignung von Flächen für die Windenergienutzung in neun Gemeinden des Regierungsbezirks Münster	53
5.1	Zielsetzung	53
5.2	Methodik und Auswahl der Gutachten	53
5.3	Ausgangssituation im Regierungsbezirk Münster	54
5.4	Leitfragen der Analyse	55
5.5	Ergebnisse	61
5.6	Zusammenfassende Bewertung	67

6	Bewertung von Flächen für die Windenergienutzung anhand eines nutzwertanalytischen Ansatzes am Beispiel der Gemeinde Schöppingen (Kreis Borken)	69
6.1	Die Nutzwertanalyse	69
6.1.1	Methodischer Ablauf	70
6.1.2	Bewertungskriterien	71
6.2	Nutzwertanalytische Bewertung von Flächen in der Gemeinde Schöppingen	79
6.2.1	Vorstellung der Gemeinde	80
6.2.2	Bewertung der Eignungsflächen	81
6.2.3	Gewichtung der Kriterien durch Experten und Laien	95
6.2.4	Gegenüberstellung der Bewertungsergebnisse	99
6.2.5	Zusammenfassende Bewertung	100

7	Resümee	102

Anhang 1	106
Literatur	106
Internetseiten	115
Rechtsgrundlagen	115
Gerichtsurteile	117
Kartengrundlagen	117
Gespräche	117
Anhang 2: Empfehlungen des Windenergie-Erlasses NW	119
Anhang 3: Gutachten zu Eignungsflächen für die Windenergienutzung	120
Anhang 4: Chronologie der Windenergienutzung in der Gemeinde Schöppingen	129

Tabellenverzeichnis

Tab. 1: Leitfragen zum Vergleich der Gutachten 56
Tab. 2: Übersicht über die Zielerfüllungsgrade der Eignungsflächen 94
Tab. 3: Gewichtung der Kriterien durch Experten, einem Anwohner und den Verfasser 95
Tab. 4: Nutzwertanalytische Bewertung durch Neugebauer (Naturschutzbund Deutschland) 96
Tab. 5: Nutzwertanalytische Bewertung durch Lindemann (Landschaftsplanungsbüro) 97
Tab. 6: Nutzwertanalytische Bewertung durch Teigeler (Gemeinde Schöppingen) 97
Tab. 7: Nutzwertanalytische Bewertung durch Kappelhoff (Betreibergesellschaft Schöppingen) . 98
Tab. 8: Nutzwertanalytische Bewertung durch Berning (Anwohner) 98
Tab. 9: eigene nutzwertanalytische Bewertung 99
Tab. 10: Ergebnisse der nutzwertanalytischen Bewertungen 100
Tab. 11: Empfehlungen des Windenergie-Erlasses NW 119
Tab. 12: Gutachten im Auftrag der Stadt Billerbeck 120
Tab. 13: Gutachten im Auftrag der Gemeinde Gescher 121
Tab. 14: Gutachten im Auftrag der Gemeinde Heek 122
Tab. 15: Gutachten im Auftrag der Gemeinde Hörstel 123
Tab. 16: Gutachten im Auftrag der Gemeinde Isselburg 124
Tab. 17: Gutachten im Auftrag der Gemeinde Reken 125
Tab. 18: Gutachten im Auftrag der Gemeinde Schöppingen 126
Tab. 19: Gutachten im Auftrag der Gemeinde Velen 127
Tab. 20: Gutachten im Auftrag der Gemeinde Westerkappeln 128

Abbildungsverzeichnis

Abb. 1: Methodischer Ablauf der Nutzwertanalyse 70

Kartenverzeichnis

Karte 1: Übersicht über die Eignungsflächen für die Windenergienutzung in der Gemeinde
   Schöppingen 80
Karte 2: Eignungsfläche „Wersche" 82
Karte 3: Eignungsfläche „Nördlich Heven" 86
Karte 4: Eignungsflächen „Schöppinger Berg (Nord) und (Süd)" 89

Abkürzungsverzeichnis

a. a. O.	an angegebenem Ort
BauGB	Baugesetzbuch
BauO	Bauordnung
Bezreg.	Bezirksregierung
BfN	Bundesamt für Naturschutz
BGBl.	Bundesgesetzblatt
BImSchG	Bundesimmissionsschutzgesetz
BMBau	Bundesministerium für Raumordnung, Bauwesen und Städtebau
BMU	Bundesministerium für Umwelt, Naturschutz und Reaktorsicherheit
BMWi	Bundesministerium für Wirtschaft und Technologie
BLN	Bereich zum Schutz der Landschaft
BSN	Bereich zum Schutz der Natur
BUND	Bund für Umwelt und Naturschutz Deutschland
BWE	Bundesverband Windenergie
BNatSchG	Bundesnaturschutzgesetz
BVerwG	Bundeswaltungsgericht
DEWI	Deutsches Windenergie-Institut
ebd.	ebenda
EEG	Erneuerbare-Energien-Gesetz
EnWG	Energiewirtschaftsgesetz
EVU	Energieversorgungsunternehmen
FFH	Flora-Fauna-Habitat
FNP	Flächennutzungsplan
GEP	Gebietsentwicklungsplan
gesch.	geschützt
GV	Gesetz- und Verordnungsblatt
GW	Gigawatt (10^9 Watt)
i. d. F.	in der Fassung
IPCC	Intergovernmental Panel on Climate Change
kW	Kilowatt (10^3 Watt)
LEP	Landesentwicklungsplan
LEPro	Landesentwicklungsprogramm
LG	Landschaftsgesetz
LÖBF	Landesanstalt für Ökologie, Bodenordnung und Forsten
LPlG	Landesplanungsgesetz
LNU	Landesgemeinschaft Naturschutz und Umwelt
LROP	Landes-Raumordnungsprogramm
LT	Landtag
MBl.	Ministerialblatt
MFE	Ministerium für Finanzen und Energie
MKRO	Ministerkonferenz für Raumordnung

MURL	Ministerium für Umwelt, Raumordnung und Landwirtschaft
MW	Megawatt (10^6 Watt)
NABU	Naturschutzbund Deutschland
nds.	niedersächsisch
NIT	Institut für Tourismus- und Bäderforschung
NLÖ	Niersächsisches Landesamt für Ökologie
NRW/NW	Nordrhein-Westfalen
OVG	Oberverwaltungsgericht
RL	Richtlinie
Rnderl.	Runderlass
ROG	Raumordnungsgesetz
StrEG	Stromeinspeisegesetz
SH	Schleswig-Holstein
SRU	Sachverständigenrat für Umweltfragen
TA-Lärm	Technische Anleitung Lärm
TK	Topographische Karte
UBA	Umweltbundesamt
UVP	Umweltverträglichkeitsprüfung
UVPG	Gesetz über die Umweltverträglichkeitsprüfung
UVU	Umweltverträglichkeitsuntersuchung
VGH	Verwaltungsgerichtshof
vgl.	vergleiche
VO	Verordnung
WEA-Erl.	Windenergie-Erlass
WKA	Windkraftanlage

1 Einleitung

1.1 Problemstellung

Selten zuvor ist der Ausbau eines Energieträgers derart vorangetrieben worden wie im Fall der Windenergie in Deutschland seit Beginn der 90er Jahre. Seit 1995 ist die Zahl der Windkraftanlagen in Deutschland um den Faktor 6, die Anlagenleistung um den Faktor 50 gestiegen. Allein im vergangenen Jahr sind Anlagen mit einer Leistung von insgesamt 1600 MW installiert worden (Ender 2001b, S. 33). Seit der Verabschiedung des Stromeinspeisegesetzes (StrEG) im Jahr 1990 und des Erneuerbare-Energien-Gesetzes (EEG) im Jahr 2000 sind Einspeisevergütungen, die einen wirtschaftlichen Betrieb der Anlagen langfristig garantieren, gesetzlich festgelegt. Während andere regenerative Energieträger wie Solarenergie oder Biomasse auf dem Strommarkt nicht konkurrenzfähig sind, ist die Windenergie längst aus dem Schatten der konventionellen Energieträger herausgetreten. Gerade vor dem Hintergrund der nationalen Zielsetzung, bis zum Jahr 2005 den Anteil der erneuerbaren Energien an der Stromversorgung zu verdoppeln (§ 1 EEG), kommt der Windenergie eine entscheidende Bedeutung zu.

Der weitere Ausbau der Windenergie wird jedoch von kontroversen Diskussionen begleitet. Nicht immer wird dabei mit seriösen Argumenten gearbeitet. So ist der stets angeführte Beitrag der Windenergie zur Verringerung der nationalen CO_2-Emissionen marginal, betrachtet man dessen aktuellen Anteil am Nettostromverbrauch von 2,7 % (Ender 2001b, S. 33; Stand: 30.6.2001). Ein Vergleich mit konventionellen Kraftwerken ist unseriös, da das Winddargebot räumlichen und zeitlichen Schwankungen unterliegt und daher Kraftwerke nur zu einem Teil durch Windenergie ersetzt werden können. Selbst wenn sich die Prognosen des Umweltbundesamtes bestätigen, wird die Windenergie im Jahr 2010 lediglich einen Anteil von 3 % am nationalen Primärenergieverbrauch haben (UBA 2000, S. 8). Eine Energieversorgung ausschließlich auf der Basis von regenerativen Energien ist also in naher Zukunft nicht zu erwarten.

Auf der lokalen Ebene hat es den Anschein, dass die Folgen, die sich aus der Geschwindigkeit des Ausbaus ergeben, lange Zeit unterschätzt wurden. Windkraftanlagen besitzen ein erhebliches Beeinträchtigungspotenzial. Sie können Anwohner durch Lärmemissionen und Schattenwurf beeinträchtigen (Piorr 1999, S. 29 ff.; Pohl/Faul/Mausfeld 1999, S. 3 ff.). Auswirkungen auf empfindliche Vogelarten sind nicht auszuschließen (Vauk 1990, S. 100 ff.; Bergen 2001, S. 1 ff.). Sie verändern und prägen das Landschaftsbild auch in jenen Gegenden, die bislang weitgehend frei von baulichen Eingriffen gewesen sind (Jessel 1998, S. 356 ff.; Breuer 2001, S. 237 ff.). Um so notwendiger ist daher eine räumliche Steuerung der Windenergienutzung. Der Regional- und Bauleitplanung kommt hier eine besondere Stellung zu, da nur sie durch eine vorausschauende Flächenvorsorge auf die räumlichen Probleme reagieren kann. Eine Konzentration der Windkraftanlagen auf bestimmte, unempfindliche Bereiche durch die Ausweisung von Eignungsflächen in den Regional- und Bauleitplänen ist um so dringender, seitdem regenerative Energieträger durch die Änderung des Baugesetzbuchs im Jahr 1996 im Außenbereich privilegiert sind (§ 35 Abs. 1 BauGB).

Dass es trotz der genannten Problembereiche erstaunliche Anpassungsreaktionen gibt und sich Teile der Bevölkerung mit der Windenergienutzung arrangieren, zeigen durchgeführte Akzeptanzanalysen. EGERT/JEDICKE kommen in einer Befragung von über 140 Bewohnern in vier kleinen Orten in Nordhessen zu dem Ergebnis, dass trotz einer hohen Anlagendichte (27 Anlagen/16 km^2) in unmittelbarer Nähe der Ortschaften eine breite Befürwortung der Windenergienutzung vorhanden ist (Egert/Jedicke 2001, S. 376). Eine in Schleswig-Holstein vom Institut für Tourismus- und Bäderforschung durchgeführte Untersuchung hat ergeben, dass sich ein verschwindend geringer Anteil von Touristen durch Windkraftanlagen derart gestört fühlt, dass sie den Urlaubsort zukünftig meiden wollen (NIT 2000, S. 46). Neuere avifaunistische Bestandserhebungen geben erste Hinweise, dass zahlreiche Vogelarten, die bislang als empfindlich gegenüber äußeren Störeinflüsse eingestuft wurden, sich in unmittelbarer Nähe zu Windkraftanlagen aufhalten. Zudem haben sich die zu Beginn der 90er Jahre geäußerten Befürchtungen, tausende von Vögeln könnten durch die Kollision mit den Rotoren der Anlagen zu Tode kommen, bisher nicht bestätigt (BfN 2000, S. 14).

Diese im Widerspruch zu früheren Untersuchungen stehenden Forschungsergebnisse sowie die vor dem Hintergrund des bevorstehenden Ausbaus nach wie vor hoch aktuelle Thematik sind Anlass, sich im Rahmen der vorliegenden Arbeit mit den Auswirkungen der Windenergienutzung und insbesondere mit der Ausweisung von kommunalen Eignungsflächen für die Windenergienutzung zu befassen. Die zentrale Fragestellung lautet, mit welchen Methoden aus raumplanerischer Sicht optimale Standorte ermittelt werden können.

1.2 Methodik und Herangehensweise

Aus diesem Blickwinkel liegt es nahe, auf der Basis der spezifischen Vor- und Nachteile unterschiedlicher, in der Raumplanung verwendeter Bewertungs- und Entscheidungsmethoden und der Auswertung vorhandener Untersuchungen zu den Umweltauswirkungen von Windkraftanlagen Gutachten auszuwerten, die im Auftrag von Gemeinden geeignete Flächen für die Windkraftnutzung systematisch ermitteln sollten. Die Ausgangshypothese für die Bewertung der Gutachten war, dass unterschiedliche Bewertungs- und Entscheidungsmethoden angewendet werden, da das Planungsrecht grundsätzlich methodenoffen ist (Lendi 1998, S. 30) und es keine allgemein beste Methode gibt, sondern jede ihre spezifischen Schwächen und Stärken aufweist. Die auszuwählenden Gutachten mussten hinsichtlich ihres Bearbeitungszeitraums vergleichbar sein sowie eine möglichst hohe Qualität aufweisen. Hierbei wurde die These aufgestellt, dass erst mit der baurechtlichen Privilegierung von Windkraftanlagen im Außenbereich und der Forderung nach einer flächendeckenden systematischen Untersuchung der Gemeindegebiete (OVG Münster, Urteil vom 30.11.2001) die Gutachten wissenschaftlichen Anforderungen genügen. Eine Zusammenstellung von Auswertungen durchgeführter Umweltverträglichkeitsuntersuchungen durch HARTLIK/BOESCHEN/WAGNER zeigt, dass selbst vergleichsweise umfangreiche Gutachten inhaltliche und methodische Schwächen aufweisen (Hartlik/Boeschen/Wagner 2001, S. 35). Die Wahl der Untersuchungsregion fiel auf den Regierungsbezirk Münster, da dort die Ausweisung von kommunalen Eignungsflächen hauptsächlich in den vergangenen zwei Jahren stattgefunden hat bzw. aktuell stattfindet. Zum Stand Februar 2002 besaßen dort 28 der 65 Gemeinden rechtskräftige Eignungsflächen für die Windenergienutzung (Bezreg. Münster 2002, Anlage 4).

Die Durchführung von nutzwertanalytischen Bewertungen durch Experten bildet den zweiten Schwerpunkt der Arbeit. Diese sollten für die Windenergienutzung grundsätzlich geeignete Flächen, die durch den Gutachter WOLTERING/AHRENSMEYER über einen verbalargumentativen Ansatz ermittelten wurden, aus ihrer Sicht bewerten.

1.3 Aufbau der Arbeit

Im Anschluss an diese Einleitung gibt Kapitel 2 zunächst einen Überblick über die wesentlichen energiewirtschaftlichen und -politischen Entwicklungstendenzen, den Landschaftsverbrauch durch Energieversorgungsinfrastruktur sowie über den bisherigen Umgang der Raumordnung mit der Standortwahl von Anlagen der Energieversorgung.

Als thematische Einleitung zu Kapitel 4 stellt Kapitel 3 die aktuellen Rahmenbedingungen der Windenergienutzung in Deutschland dar. Ausgehend von einem Überblick über die historische und zukünftig zu erwartende Entwicklung (Kap. 3.1) werden die wesentlichen technischen und windklimatischen Standortvoraussetzungen aufgezeigt (Kap. 3.2), bevor die genehmigungsrechtlichen Grundlagen erörtert werden (Kap. 3.3). Kapitel 3 schließt mit einem Überblick über die Steuerungsmöglichkeiten der Regional- und Bauleitplanung und der Diskussion der Frage, welche Steuerungsebene aus Sicht der Koordinierungsfunktion der Raumplanung zu bevorzugen ist.

Gegenstand des Kapitels 4 ist die Bewertung von Eignungsflächen für die Windenergienutzung. Kapitel 4.1 liefert einen Einstieg, welche Anforderungen aus wissenschaftlicher Sicht an eine rationale Bewertung zu stellen sind. Es werden die gängigen Bewertungsmethoden in der Raumplanung vorgestellt und auf ihre Eignung im Hinblick auf die Flächenbewertung für die Windkraftnutzung untersucht. Kapitel 4.2 beleuchtet die für eine Bewertung unabdingbaren Bewertungsmaßstäbe, während in Kapitel 4.3 die wesentlichen standortbezogenen Bewertungskriterien erarbeitet werden.

Der empirische Teil der Arbeit beginnt mit Kapitel 5. Hier werden ausgewählte, im Auftrag der Gemeinden des Regierungsbezirks Münsters erstellte Gutachten zur Eignung von Flächen zur Windkraftnutzung hinsichtlich ihrer methodischen und inhaltlichen Qualität untersucht. Den Leitfaden dieses Kapitels bilden in Anlehnung an DEMUTH (2000) Fragen zu den Themenkomplexen Bewertungsmethodik, Bewertungskriterien, Anforderungen an die wissenschaftliche Exaktheit und Bewertungsergebnisse.

Auf die in Kapitel 5 gewonnenen Ergebnisse aufbauend wird in Kapitel 6 der von den Gutachtern durchgängig angewandten argumentativen Bewertung eine nutzwertanalytische Bewertung gegenübergestellt. Als Beispiel dienen prinzipiell für die Windkraftnutzung geeignete, vom Gutachter empfohlene Flächen der Gemeinde Schöppingen im Kreis Borken (Regierungsbezirk Münster). Im Rahmen der Nutzwertanalyse sind zunächst das Planungsproblem und daraus abgeleitet Bewertungsmaßstäbe und Bewertungskriterien zu definieren (Kap. 6.1), anhand derer die Flächen bewertet werden sollen. Die eigentliche nutzwertanalytische Bewertung geschieht durch Vertreter unterschiedlicher Interessengruppen, deren Ergebnisse einander gegenübergestellt und diskutiert werden (Kap. 6.2 und 6.3).

Die Arbeit schließt mit einem Resümee (Kap. 7), in dem die wesentlichen Ergebnisse des empirischen Teils (Kap. 5 und 6) im Hinblick auf die Zielsetzung der Arbeit erörtert werden.

2 Rahmenbedingungen der Energieversorgung

Gegenstand des Kapitels 2 sind die Rahmenbedingungen der Energieversorgung, die insbesondere durch die energiewirtschaftlichen und -politischen Entwicklungen der vergangenen Jahre, den mit der Energieversorgung verbundenem Landschaftsverbrauch und der Einflussnahme der räumlichen Planung auf die Standorte der Energieversorgungsinfrastruktur gebildet werden.

2.1 Entwicklungstendenzen der Energieversorgung

Die Energieversorgung zählte lange Zeit zu den Sektoren, in denen der Staat ein hohes Maß an Verantwortung für die Bereitstellung der Infrastruktur übernahm und nur in einem sehr begrenzten Umfang Wettbewerb stattfand. Die öffentliche Energieversorgung war lange Zeit darauf ausgerichtet,

- Strom zu jeder Zeit, zu jeder gewünschten Menge und an jedem beliebigen Ort zu Verfügung zu stellen,
- ein bundesweit einheitliches Preisniveau zu gewährleisten, das von räumlichen Gegebenheiten und tatsächlichen Kosten weitgehend unabhängig war,
- niedrige Energiepreise zu garantieren,
- bestimmte Technologien der Stromerzeugung in Erwartung wirtschaftspolitischer Nutzen zu fördern und
- bestimmte Energieträger primär aus beschäftigungspolitischen Gründen zu fördern (Monstadt 2000, S. 3).

Diese Zielsetzungen sowie die technisch-ökonomischen Eigenheiten des Energiemarktes (Leitungsgebundenheit, hohe Kapitalintensität von Infrastrukturinvestitionen) dienten der Rechtfertigung der Monopolstellung von Energieversorgungsunternehmen (EVU), die in ihrem Einzugsbereich die Versorgungsbedingungen festsetzen konnten. Dem stand eine weitreichende Kontrolle der Bundesländer über die Energieversorgungseinrichtungen gegenüber. Errichtung, Erweiterung und Stilllegung von Energieanlagen unterliegen bis heute der Investitionsaufsicht der Bundesländer. Die externen Kosten der Energieversorgung wurden zunächst kaum beachtet (vgl. Monstadt 2000, S. 10).

Die zu Beginn der 90er Jahre einsetzende Liberalisierung des Strommarktes in Deutschland wurde durch Initiativen der Europäischen Union ausgelöst. Ziel der Richtlinienvorhaben war eine Harmonisierung und wettbewerbliche Umstrukturierung der nationalen Energiemärkte (Monstadt 2000, S. 36). Durch die im Jahr 1996 verabschiedete Elektrizitätsbinnenmarkt-Richtlinie (RL 96/92/EG) wurde der freie Netzzugang eingeführt. Aus den Erfahrungen der Energiepolitiken der Nachkriegszeit, als in vielen Ländern die Monopolstellung der Energieversorgungsunternehmen zu erheblichen Überkapazitäten und ineffizienter Energieverwendung geführt hatte, wurde die Schlussfolgerung gezogen, dass die öffentlichen Interessen der Energieversorgung nur durch eine stärkere Wettbewerbsorientierung garantiert werden könnten (Köpke 1992, S. 103 ff.).

Die Liberalisierung der Stromversorgung wurde 1998 in Deutschland durch eine Novellierung des seit 1935 gültigen Energiewirtschaftsgesetzes umgesetzt. Wichtige Neuregelungen waren die Aufhebung der Gebietsmonopole, eine Erleichterung der Aufnahme der Stromversorgung sowie ein verbesserter Zugang zum Versorgungsnetz (§§ 3, 5 und 6 EnWG). Diese Regelungen führten zu sinkenden Strompreisen, zugleich jedoch zu einem Rückgang der Einflussnahme der Länder und Kommunen auf die Ausgestaltung der Energieversorgung (vgl. Monstadt 2000, S. 40).

Was die Entwicklung der energiepolitischen Ziele betrifft, so ist trotz der rechtlichen Förderung der Stromerzeugung aus erneuerbaren Energien durch das Stromeinspeisegesetz im Jahr 1990 und die Verankerung des Umweltschutzes als Zielbestimmung der Energiewirtschaft durch das Energiewirtschaftsgesetz die Förderung der regenerativen Energieträger nach wie vor kein primäres Ziel der Energiepolitik. In den u. a. von der Bundesregierung und Vertretern der Umwelt- und Industrieverbände ausgehandelten Leitlinien der Energiepolitik (Energiedialog 2000) steht die Umweltverträglichkeit gleichrangig neben den ökonomisch orientierten Zielen der Versorgungssicherheit und Wirtschaftlichkeit (BMWi 2001, S. 93). Nach Ansicht des Verfassers zeugt auch der Energiebericht 2000 von einem Spagat zwischen beschäftigungs- und umweltpolitischen Zielsetzungen, wenn ein verstärkter Einsatz regenerativer Energieträger, zugleich aber eine Stärkung einheimischer Ressourcen angestrebt wird (ebd., S. 11). In einem vergleichbaren Spannungsfeld steht das Primärziel der – für eine Beibehaltung der bisherigen Energiepolitik sprechenden – Sicherung der Versorgungssicherheit und das Ziel der Verdopplung der erneuerbaren Energieträger bis zum Jahr 2010 (§ 1 EEG).

Grundsätzlich wird sowohl national als auch von den meisten Bundesländern angestrebt, den Anteil der regenerativen Energieträger am Gesamtstromverbrauch deutlich zu erhöhen (C.3.5 VO LROP Nds. 1994; Nr. 1 Rnderl. S-H 1995; Nr. 1.1 WEA-Erl. NW i. d. F. v. 29.11.1996). Hierbei ist die Windenergie von herausragender Bedeutung, da dieser innerhalb der regenerativen Energieträger das größte Ausbaupotenzial in den nächsten Jahren zugeschrieben wird (UBA 2000, S. 6) (vgl. Kap. 3.1.3)[1]. Die meisten Bundesländer haben inzwischen konkrete Ausbauziele in Bezug auf die installierte Leistung von Windkraftanlagen oder den Anteil an der Gesamtenergieversorgung vorgegeben, so auch die Länder Schleswig-Holstein[2], Niedersachsen[3] und Nordrhein-Westfalen[4].

---

[1] Während 1997 der Beitrag der Wasserkraft an der Energieversorgung den der Windenergie um mehr als das Vierfache überstieg (UBA 2000, S. 2), soll die Windenergie bereits im Jahr 2010 entsprechend den nationalen Zielsetzungen den größten Anteil innerhalb der regenerativen Energieträger übernehmen. Photovoltaik, Biomasse und Biogas werden nach den Prognosen des Umweltbundesamtes in Anbetracht der hohen Kosten auch in Zukunft für die Stromversorgung keine Rolle spielen. So liegt der prognostizierte Anteil von Photovoltaik, Biomasse und Biogas an der Stromerzeugung aus regenerativen Energieträgern im Jahr 2010 bei 7,4 % (ebd., S. 10).
[2] Ziel: Anteil der Windenergie an der Gesamtstromversorgung mind. 25% bis zum Jahr 2010 (Nr. 1 Rnderl. SH 1995).
[3] Ziel: Installierte Leistung von mind. 1.000 MW bis zum Jahr 2000 (Pahlke/Keuper/Gerdes 1993, S. 1).
[4] Ziel: Installierte Leistung von mind. 1.000 MW bis zum Jahr 2005 (Nr. 1.1 WEA-Erl. NW i. d. F. v. 29.11.1996.)

2.2 Landschaftsverbrauch durch Energieversorgungsinfrastruktur

Die Energieversorgung ist mit einer erheblichen Rauminanspruchnahme verbunden. Allein der Abbau von Braunkohle in den drei großen Braunkohlerevieren Deutschlands benötigt eine Fläche von über 1.500 km² (ARL 2000, S. 11). Durch Mittel- und Hochspannungsleitungen mit einer Länge von ca. 300.000 km wird eine Fläche von mehr als 3.700 km² durch Bodenversiegelung und Nutzungseinschränkungen im Bereich des sicherheitsbedingten Schutzstreifens entwertet (Dittmann/Zschernig 1998, S. 155; Dosch/Beckmann 1999b, S. 305). Zudem gehen von Stromversorgungsleitungen Barriere-, Emissions- und Zerschneidungseffekte aus. Letztere führen zu einer problematischen Trennung von Lebensräumen von Tieren (Dosch/Beckmann 1999b, S. 303).

Hinsichtlich der Beanspruchungsintensität einer Fläche ist zwischen dem direkten und dem indirekten Landschaftsverbrauch[5] zu unterscheiden. Der direkte Landschaftsverbrauch wird im Folgenden verstanden als eine Inanspruchnahme des Bodens. Im Bereich der Energieversorgung macht der direkte Landschaftsverbrauch nur einen kleinen Teil der tatsächlichen Gesamtbelastungen aus; so beläuft sich der Flächenverbrauch durch konventionelle Kraftwerke bundesweit auf wenige Hektar (Jensch 1988, S. 100 ff.). Der Begriff des indirekten Flächenverbrauchs bezieht sich auf die von Lärm- und Schadstoffemissionen betroffenen Fläche. Dabei unterscheiden sich diese Beeinträchtigungen erheblich im Hinblick auf Intensität und Dauer.

HARTMANN/KALTSCHMITT haben die Flächeninanspruchnahme der einzelnen Energieträger analysiert, indem sie sämtliche Umweltbelastungen, die durch Abbau, Transport und Verbrennung eines Energieträgers entstehen, in die Bilanz mit einbeziehen. Sie unterscheiden dabei fünf Belastungskategorien:

- die versiegelte Fläche (Flächentyp 1),
- die nutzungseingeschränkte Fläche (Flächentyp 2),
- die für die Energierohstoffgewinnung in Anspruch genommene Fläche (Flächentyp 3),
- die für die Erzeugung von Energie, die für die Herstellung, Wartung und Entsorgung von Energieerzeugungsanlagen notwendig ist, erforderliche Fläche (Flächentyp 4) und
- die durch den Ausstoß von Luftschadstoffen, die bei der Erzeugung von für die Herstellung, Wartung und Entsorgung der Energieerzeugungsanlagen benötigten Energie entstehen, beeinträchtigte Fläche (Flächentyp 5).

Der Vergleich des Flächenverbrauchs der einzelnen Energieträger ergibt, dass die Stromerzeugung auf Basis von Photovoltaik im Vergleich zu Wasserkraft und Steinkohle mit einem hohen spezifischen Flächenverbrauch der Typen 1 und 2 verbunden ist. Bezieht man alle Flächentypen einschließlich der durch Luftschadstoffe beeinträchtigten Fläche in die

---

[5] Landschaftsverbrauch wird hier verstanden als „der Entzug von Flächen aus einer dem natürlichen Ausgangszustand näheren Funktionsform und die Übernahme in einen anderen, naturferneren Zustand" (Engelhardt/Reichholf 1979, S. 281, in: Losch/Nake 1989, S. 1).

Bilanz mit ein, so ist die Stromerzeugung auf Grundlage von Steinkohle mit dem höchsten Flächenverbrauch verbunden (Hartmann/Kaltschmitt 2000, S. 65 ff.).

2.3 Steuerung der Energieversorgungsinfrastruktur durch die Raumplanung

Standorte für die Energieversorgungsinfrastruktur sind von erheblicher raumstruktureller Relevanz. Bis in die 80er Jahre beeinflusste die Standortwahl über die Höhe der Strompreise die regionale Wirtschaftsentwicklung; die regionalen Strompreisdisparitäten waren u. a. eine Folge der Stromübertragungskosten innerhalb des Verbundnetzes und der räumlichen Konzentration von Kraftwerken innerhalb der Agglomerationszentren (Wagner 1985, S. 45 ff.). Die Landes- und Regionalplanungen hielten sich zunächst aus der Flächenvorsorge für Kraftwerks- und Energieleitungstrassen zurück, obwohl entsprechend § 5 Abs. 1 ROG i. d. F. von 1965 die Standortvorsorge für umweltbelastende Großanlagen in die Zuständigkeit der Länder fiel. Die Standortwahl von Kraftwerken war im Wesentlichen eine Entscheidung der Energieversorgungsunternehmen. Diese hatten lediglich die Aufnahme der Stromerzeugung bei den Energieaufsichtsbehörden der Länder anzumelden (Monstadt 2000, S. 7).

Die Ministerkonferenz für Raumordnung (MKRO) stellte im Jahr 1973 den ersten umfassenden Standortkriterienkatalog für die Errichtung von Kernkraftwerken auf (Masuhr 1995, S. 222), nachdem das nationale Energieprogramm 1973 darauf hingewiesen hatte, dass die Lösung der Standortprobleme von Energieversorgungsanlagen in einer systematischen Standortvorsorge zu suchen sei (Wagner 1985, S. 219). Parallel dazu erarbeiteten die für atomrechtliche Genehmigungsverfahren zuständigen Ministerien der Länder Standortbewertungsdaten für Kernkraftwerke (Volwahsen 1977, S. 635). VOLWAHSEN erstellte im Jahr 1977 einen Kriterienkatalog, der sowohl raumordnerische als auch energiewirtschaftliche und sicherheitstechnische Aspekte beinhaltete. Weitere Untersuchungen zu Standortkriterien aus dieser Zeit (BMBau 1979 u. a.), legten jedoch entweder einen Schwerpunkt auf sicherheitstechnische oder energiewirtschaftliche Aspekte (vgl. Masuhr 1995, S. 222).

Einzelne Bundesländer stellten in der Folge sektorale Fachpläne für Großkraftwerke auf. Das Land Nordrhein-Westfalen legte im Landesentwicklungsplan VI im Jahr 1978 neben 20 Gebieten für flächenintensive Großvorhaben 27 Kraftwerksstandorte fest. Die dargestellten Flächen für Energieerzeugungsanlagen umfassten eine Größe von mindestens 20 ha, auf denen Kraftwerke von jeweils 2.000 MW errichtet werden konnten. Die Flächen wurden nach den Kriterien „Wasserversorgung" und der „Lage zu Rohstoffvorkommen und Absatzmärkten" ermittelt. Darüber hinaus wurden die Bereiche auf ihre potenziellen raumwirksamen Auswirkungen auf Wirtschaftsstruktur, Arbeitsmarktpotenzial, Immissionsschutz und Belange der Fachplanungen untersucht (Schneider 1977, S. 605).

Obwohl die sektoralen Energiefachpläne in die Landesentwicklungspläne übernommen und die Landesplanungsbehörden innerhalb des immissionsschutzrechtlichen Genehmigungsverfahrens angehört wurden, blieb der Einfluss der Landesplanung auf die Wahl der

2 Rahmenbedingungen der Energieversorgung

Standorte für Kraftwerke eher gering. Auch die Vorgaben der Landesentwicklungspläne wurden selten eingehalten. Nur 13 der insgesamt 50 Steinkohlekraftwerke, die sich im Jahr 1981 bundesweit im Genehmigungsverfahren befanden, deckten sich mit den Vorgaben der Landesplanungen. Es zeigte sich, dass die meisten Kraftwerke in räumlicher Nähe zu bereits bestehenden Anlagen entstanden (Wagner 1985, S. 250). Zudem bestand das Problem, dass die in den Landesentwicklungs- und Regionalplänen festgesetzten Standorte häufig nicht bebaut wurden und zum Teil der städtebaulichen Entwicklung von Gemeinden entgegenstanden. Die Bundesländer übten daher in den 80er Jahren in der Ausweisung von Flächen für Energieversorgungsinfrastruktur Zurückhaltung (Masuhr 1995, S. 223), bis die verstärkte Nutzung der Windenergie – zunächst in den norddeutschen, windreichen Küstenländern, später auch in den Binnenländern – eine regionale Steuerung durch die Regionalplanungsbehörden notwendig machte.

Als erstes Bundesland entwickelte Schleswig-Holstein 1989 einen Kriterienkatalog für die Ausweisung von Flächen für die Windenergienutzung, ohne dass dieser allerdings durch die Regionalplanung aufgegriffen und umgesetzt wurde. Erst in einem Erlass von 1991 bzw. in dessen Überarbeitung im Jahr 1995 wurden die Kreise dazu aufgefordert, in Abstimmung mit den Landesdienststellen und unter der Beteiligung der Gemeinden Standortkonzepte für die Windenergienutzung zu erarbeiten (Nr. 1 Erl. Nds. 1991). Im Jahr 1998 wurde im Landesraumordnungsprogramm eine Zielgröße von 1.400 MW installierter Leistung vorgegeben und durch Flächenausweisungen mit einer Größe von über 160 km^2 in den Teilfortschreibungen der fünf Regionalpläne des Landes umgesetzt (MFE SH 1999, S. 36). Niedersachsen hat aufbauend auf einer flächendeckenden Windpotenzialstudie durch eine Verordnung zum Landesraumordnungsprogramm im Jahr 1994 die Landkreise als Träger der Regionalplanung aufgefordert, in den regionalen Raumordnungsprogrammen Vorrangflächen für die Windenergienutzung auszuweisen. Jedem Landkreis wurden dabei Mindestwerte zugewiesen, die bis zu einer installierten Leistung von 300 MW (Landkreis Cuxhaven) reichen (C 3.5 VO LROP Nds. 1994).

Auch in anderen Bundesländern bestehen Vorgaben über die zu installierende Leistung durch Windkraftanlagen. Es sind zum Teil einzelne Regionen, die dem Beispiel der Regionalplanungsbehörden der norddeutschen Küstenländer gefolgt sind und Flächen für die Windenergienutzung ausgewiesen haben, so etwa die Region Franken (Regionalverband Franken 1999), die Region Trier (Clodius 1997, S. 81 ff.) sowie als einzige Region in Nordrhein-Westfalen der Regierungsbezirk Münster (ebd., S. 52 ff.). Hingegen bestehen – abgesehen von Bayern, Berlin, Bremen, Hamburg und dem Saarland – in allen Bundesländern Verwaltungsvorschriften zur genehmigungsrechtlichen und planerischen Behandlung von Windenergieanlagen (BfN 2000, S. 25 ff.).

3 Rahmenbedingungen der Windenergienutzung

Gegenstand des Kapitels 3 sind die Rahmenbedingungen der Windenergienutzung, die im Wesentlichen durch die technischen, genehmigungsrechtlichen und planerischen Aspekte gesetzt werden.

3.1 Entwicklung der Windenergienutzung

Obwohl die Nutzung der Windenergie eine lange Tradition hat und bereits zu Beginn des 20. Jahrhunderts technische Konzepte zur Stromerzeugung aus Windenergie vorlagen, konnte sie sich in Deutschland nach den Fehlschlägen großer Megawatt-Windkraftanlagen in den 70er Jahren erst in den vergangenen zehn Jahren auf dem Markt durchsetzen (Keuper/Molly/Stückemann 1992, S. 7). Um so erstaunlicher ist die Geschwindigkeit des Ausbaus, die sämtliche Prognosen übertrifft und voraussichtlich auch in den kommenden Jahren beibehalten wird (BMU 2001, S. 94).

3.1.1 Historischer Rückblick

Die mechanische Energie des Windes wird schon seit mehreren tausend Jahren für den Antrieb von Segelschiffen genutzt. Die ersten nachweisbaren Windmühlen mit einer vertikalen Achse stammen aus dem 7. Jh. v. Chr. aus dem Mittelmeerraum. In Europa hatte die Nutzung der Windmühlen eine erste Blüte im 12.-16. Jahrhundert. Bereits Mitte des 13. Jahrhunderts waren sie eine gewohnte Erscheinung der Landschaften. In diesen Zeitraum fällt auch der Beginn der Windkraftnutzung in Deutschland. Einsatzbereiche der ersten Windmühlen mit horizontaler Drehachse waren das Mahlen von Getreide, das Sägen von Holz und die Entwässerung von Flächen zur Landgewinnung (Schäfer 1994, S. 1417 ff.; Winterkemper 1998, S. 47).

Mitte des 19. Jahrhunderts erreichte die Nutzung der Windenergie ihren Höhepunkt. Es wird vermutet, dass in dieser Zeit in Europa über 200.000 Windmühlen existierten. In Deutschland gab es Ende des 19. Jahrhunderts etwa 19.000 Windmühlen. Die Verbreitung von Dampfmaschinen führte in der Folge zu einem rapiden Bedeutungsverlust. Zwar gab es um die nachfolgende Jahrhundertwende erste Konzepte, nach denen Windkraftanlagen mittels Generatoren elektrische Energie erzeugten, aber der Durchbruch auf dem Energiemarkt gelang aufgrund technischer und struktureller Hindernisse nicht (vgl. Winterkemper 1998, S. 48).

Erst zu Beginn der 70er Jahre setzten weltweite Bemühungen ein, Windkraftanlagen als eines der regenerativen Energiesysteme zur elektrischen Energieversorgung zu entwickeln. In Europa konzentrierten sich die Forschungsvorhaben zunächst auf die Entwicklung serienreifer großer Windkraftanlagen mit Nennleistungen bis zu vier MW, die sich jedoch als nicht praxistauglich erwiesen. Auch die deutsche Großwindkraftanlage GROWIAN, die ein Großteil der nationalen Forschungsgelder auf sich zog, scheiterte aufgrund technischer Mängel (Heymann 1995, S. 378).

3.1.2 Entwicklung seit Beginn der 80er Jahre

Während die Windenergienutzung in den 80er Jahren in Dänemark einen starken Aufschwung nahm, hielt sich der Ausbau in Deutschland aufgrund einer Vielzahl von strukturellen und genehmigungsrechtlichen Problemen in Grenzen.

- Da es keine bundesweit einheitlichen Bestimmungen zur Abnahme und Vergütung von in das öffentliche Netz eingespeisten Strom gab, waren Windkraftanlagenbetreiber der Willkür der Versorgungsunternehmen ausgesetzt, die die Einspeisekonditionen nach ihren Vorstellungen gestalten konnten. Die Vergütungssätze lagen weit unter der Grenze, ab der ein kostendeckender Betrieb möglich war (Allnoch 1998, S. 661).

- Bis zur Novellierung des Baugesetzbuches im Jahr 1996 waren Windkraftanlagen als Teil der öffentlichen Stromversorgung im Außenbereich nicht vorgesehen, weshalb Baugenehmigungen mit dem Hinweis auf eine fehlende Einpassung in die Eigenart der Umgebung häufig verweigert wurden (vgl. Heymann 1995, S. 421).

In den darauf folgenden Jahren änderte sich die Situation der Windkraftnutzung in Deutschland grundlegend. Zum einen wurde ein Kurswechsel in der Förderungspolitik vollzogen. Im Jahr 1986 wurde ein nationales Demonstrationsprogramm aufgelegt, das zum ersten Mal die Erprobung kleinerer Anlagen finanziell unterstützte. 1989 legte das Bundeswirtschaftsministerium das „100-MW-Programm" auf, das die Errichtung und den Betrieb von Windkraftanlagen bis zu einer Gesamtleistung von 100 MW subventionierte und zwei Jahre später wegen des großen Erfolgs auf 250 MW erweitert wurde (Winterkemper 1998, S. 46). Einen großen Beitrag für den darauf folgenden Aufschwung der Windenergienutzung in Deutschland leistete das In-Kraft-Treten des Stromeinspeisegesetzes zum 1.1.1991, durch das die Energieversorgungsunternehmen zur Abnahme des Stroms aus Windkraftanlagen nach bundesweit einheitlichen Vergütungssätzen verpflichtet wurden (Keuper/Molly/Stückemann 1992, S. 6). Die genehmigungsrechtliche Gleichstellung von Windkraftanlagen mit sonstigen privilegierten Vorhaben des baulichen Außenbereichs erfolgte schließlich durch die Novellierung des Baugesetzbuches im Jahr 1996. In den darauf folgenden vier Jahren vervierfachte sich die jährlich neu installierte Anlagenleistung. Im Jahr 2000 wurden Windkraftanlagen mit einer Leistung von mehr als 1.600 MW neu errichtet (Rehfeldt/Stand 2001, S. 53). Ein Jahr später waren in Deutschland über 9.000 Anlagen mit einer Gesamtleistung von knapp 7000 MW in Betrieb, was einem Anteil am nationalen Primärenergieverbrauch von 2,7 % entspricht (Ender 2001b, S. 33). Bezogen auf die installierte Leistung liegt Deutschland damit weltweit an der Spitze der Windenergienutzung (Ender 2001a, S. 46).

Die technische Weiterentwicklung hat größere Anlagen hervorgebracht. Betrug die durchschnittliche Höhe der im Jahr 1989 installierten Windkraftanlagen noch 50 m, erreichten die im Jahr 2001 neu errichteten Windkraftanlagen eine durchschnittliche Gesamthöhe von mehr als 120 m. Parallel dazu ist die Nennleistung der neu installierten Anlagen von durchschnittlich 50 kW im Jahr 1987 auf 1.200 kW im Jahr 2001 gestiegen (Ender 2001b, S. 39). Wann die Grenze der technischen Leistungsfähigkeit von Windkraftanlagen erreicht ist, lässt sich im Augenblick nicht einschätzen. Für die offshore[6]-Nutzung entwickelte Prototypen erreichen eine Nennleistung von 5 MW (BMU 2001, S. 94). Im Gegensatz dazu scheint den im Binnenland eingesetzten Anlagen aufgrund der Anforderungen an eine Einpassung in das Landschaftsbild ein Grenze gesetzt zu sein.

Was die regionale Verteilung betrifft, weist die Windenergienutzung in Deutschland ein ausgeprägtes Nord-Süd-Gefälle auf. In Schleswig-Holstein tragen bereits jetzt über 2000 Windkraftanlagen mit einer Leistung von über 1300 MW zu einem Anteil von 24,4 % am Nettostromverbrauch des Bundeslandes bei, gefolgt von Mecklenburg-Vorpommern mit einem Anteil von 15,4 %. Im Hinblick auf die installierte Leistung werden beide Länder noch von Niedersachsen übertroffen, wo die Anlagenleistung insgesamt knapp 2000 MW beträgt. Nordrhein-Westfalen liegt bei der Gesamtleistung bundesweit an vierter, beim Anteil am Nettostromverbrauch mit 0,9 % an zehnter Stelle. Aufgrund der geringen Windgeschwindigkeiten ist die Windenergienutzung in den süddeutschen Bundesländern Baden-Württemberg und Bayern mit einer Leistung von je weniger als 100 MW im Hinblick auf die Gesamtversorgung nahezu bedeutungslos (Ender 2001b, S. 34). Allerdings besteht eine Tendenz zur „Binnenwanderung". Während in den norddeutschen Küstenländern die verfügbaren Flächen beinahe ausgeschöpft sind und ein Rückgang der Wachstumsraten zu verzeichnen ist, findet ein verstärkter Ausbau in den Binnenländern statt (Allnoch/Schlusemann 2000, S. 12). Betrug der Anteil der elf Binnenländer Deutschlands an der Gesamtstromproduktion aus Windenergie im Jahr 1993 etwa 13 %, lag er im ersten Halbjahr des Jahres 2001 bei fast 50 %[7] (Ender 2001b, S. 35).

3.1.3 Zukünftiges Potenzial

Vor dem Hintergrund des angestrebten Ausbaus der erneuerbaren Energieträger sind Anfang der 90er Jahre eine Reihe von Potenzialstudien erstellt worden (Schulte/Zender 1995, S. 5). Den Studien liegt der Begriff des technischen Potenzials zugrunde. Da die Definition des Potenzials und die damit verbundenen Annahmen einen entscheidenden Einfluss auf die Ergebnisse haben, soll der Begriff zunächst kurz erörtert werden, um anschließend Potenzialstudien im Bereich der Windenergienutzung vorzustellen. Innerhalb der regenerativen Energieträger kommt der Windenergie im Hinblick auf den Ausbau eine herausgehobene Bedeutung zu. Über 60 % des technischen Potenzials (zum Begriff s. unten) der erneuerbaren Energien stammt aus Windenergieanlagen (UBA 2000, S. 315).

Grundsätzlich kann zwischen dem theoretischen, technischen und wirtschaftlichen Potenzial unterschieden werden (vgl. Kaltschmitt/Wiese 1993, S. 6).
- Das **theoretische Potenzial** regenerativer Energieträger ergibt sich aus dem physikalischen Angebot. Das derart definierte Potenzial übersteigt den jetzigen Energieverbrauch um ein Vielfaches, stellt aber keine maßgebliche Größe für Potenzialstu-

---

[6] Der Begriff *offshore* bedeutet „jenseits der Küste", „im Meer". Windkraftanlagengruppen im Meer werden als offshore-Windparks bezeichnet.
[7] alle Zahlen nach Angaben der Hersteller, Stand 30.6.2001

3 Rahmenbedingungen der Windenergienutzung

dien dar, da aufgrund technischer und räumlicher Einschränkungen nur ein Bruchteil des theoretischen Potenzials genutzt werden kann.

- Das **technische Potenzial** beschreibt das technisch Machbare unter Berücksichtigung der verfügbaren Energieumwandlungstechniken und ihren Nutzungsgraden, den zeitlichen und räumlichen Schwankungen von Energieangebot und -nachfrage und der Verfügbarkeit von Standorten hinsichtlich konkurrierender Nutzungen.
- Ob das technische Potenzial tatsächlich genutzt wird, hängt davon ab, ob Windkraftanlagen gegenüber anderen Energieträgern konkurrenzfähig sind, d. h. kostendeckend betrieben werden können. Dies wird als **wirtschaftliches Potenzial** bezeichnet.

Die meisten Potenzialstudien verwenden den Begriff des technischen Potenzials.

Aus den Definitionen wird zunächst ersichtlich, dass je nach den zugrunde gelegten Annahmen erhebliche Differenzen auftreten können. SCHULTE/ZENDER verglichen vier aus der ersten Hälfte der 90er Jahre stammende Studien über das Potenzial der Windenergienutzung in Deutschland. Dabei wurde deutlich, dass die Prognosewerte eine erhebliche Spannbreite aufweisen. Der in den Studien prognostizierte Anteil der Windenergie am Gesamtstromverbrauch lag zwischen 0,2-0,4 % und 1,1 % bezogen auf das Jahr 2000 und 0,2 % und 0,8 % bezogen auf das Jahr 2005[8]. Damit wurde das wirtschaftliche Potenzial der Windenergienutzung um ein Vielfaches unterschätzt. Tatsächlich betrug der Anteil der Windenergienutzung am Nettostromverbrauch des Jahres 2001 2,7 % (Ender 2001b, S. 34). Nicht vorhergesehen werden konnten insbesondere die durch Novellierung des Baugesetzbuchs erheblich vergrößerten Flächenpotenziale und die Entwicklungen der Anlagenleistungen. Auch die Zielsetzungen einiger Bundesländer zum Ausbau der Windenergienutzung sind bei weitem übertroffen worden[9]. ALLNOCH/WERNER ermittelten in einer älteren Studie für das Land Nordrhein-Westfalen ein technisches Windenergiepotenzial von 120 GWh bei einer Dichte von einer 50 kW-Anlage/10 km^2, was einem Anteil von weniger als 0,1 % des Nettostromverbrauchs des Jahres 2001 entspricht, während der tatsächliche Anteil der Windenergie am Nettostromverbrauch im Jahr 2001 Jahr bereits 0,9 % betrug (a. a. O.).

Aktuelle Prognosen des Deutschen Windenergie-Institutes gehen davon aus, dass sich der bestehende Wachstumstrend in den nächsten Jahren aufgrund von eingeschränkter Flächenverfügbarkeit abschwächen wird (BMU 2001, S. 95). Erst ab 2005 wird wieder ein Erreichen des Ausbauniveaus des Jahres 2000 erwartet, was insbesondere auf die zu erwartende Inbetriebnahme großer offshore-Windparks zurückzuführen ist (a. a. O.). Für den

---

[8] Welche Bedeutung dabei den zugrunde liegenden Annahmen im Hinblick auf das wirtschaftliche Potenzial zukommt, zeigt ein Vergleich der für die Windenergienutzung verfügbaren Flächen von WIESE/KALTSCHMITT. Ausgehend von einer durchschnittlichen Windgeschwindigkeit von 4-5 m/s (in einer Höhe von 10 m über der Erdoberfläche), ergibt sich für Deutschland eine Fläche von 4,75 Mio. ha, während durchschnittliche Windgeschwindigkeiten von mehr als 6 m/s lediglich auf einer Fläche von 90.000 ha vorliegen (Wiese/Kaltschmitt 1997, S. 97).
[9] Vgl. Ausbauziele der Länder Schleswig-Holstein für das Jahr 2010: 1200 MW (Stand 2001:1340 MW), Niedersachsen für das Jahr 2000: 1000 MW (Stand 2001: 1970 MW) und Nordrhein-Westfalen für das Jahr 2005: 1000 MW (Stand 2001: 760 MW).

Zeitraum bis 2030 wird für die Windenergienutzung an Land unter Berücksichtigung von repowering[10]-Effekten ein Anteil von 6,7 % an der Gesamtstromerzeugung für realistisch gehalten. Das wirtschaftliche Potenzial der offshore-Windparks[11] bis zum Jahr 2030 wird mit einem Anteil von 14,7 bis 18,3 % der Gesamtstromerzeugung angegeben. Insgesamt gesehen könnte damit unter optimistischen Annahmen die Windenergie langfristig einen Anteil von etwa einem Viertel an der bundesweiten Stromerzeugung liefern (BMU 2001, S. 93 ff.). Ob damit das Ziel der Bundesregierung, den Anteil der erneuerbaren Energieträger bis zum Jahr 2005 zu verdoppeln[12], erreicht werden kann, ist vor diesem Hintergrund als wahrscheinlich einzuschätzen. Der in der Studie des Deutschen Windenergie-Institutes für das Jahr 2005 prognostizierte potenzielle Jahresenergieertrag von 22.740 GWh entspricht in etwa dem Jahresenergieertrag sämtlicher regenerativer Energieträger des Jahres 1997 mit 23.861 GWh (UBA 2000, S. 2).

Der Beitrag der Windenergie zur Erreichung des Zieles, den CO_2-Ausstoß bis zum Jahr 2005 gemessen am Basisjahr 1998 um 25 % zu verringern, ist allerdings eher gering. Er beträgt entsprechend den Prognosen des Deutschen Windenergie-Institutes je nach unterstellter Substitutionsvariante zwischen 5,2 und 8,3 % (BMU 2001, S. 21).

3.2 Voraussetzungen für die Windenergienutzung

Windverhältnisse und Anlagentechnik tragen entscheidend dazu bei, ob die planungsrechtlich verfügbaren Standorte tatsächlich wirtschaftlich genutzt werden können. In Kapitel 3.2.1 stehen zunächst die theoretischen Aspekte der Windströmungen im Vordergrund. Daran anschließend sollen die technischen und physikalischen Grundlagen der Anlagen erörtert werden. Abschließend wird erläutert, in welchem Maße die Windenergienutzung konventionelle Kraftwerkskapazitäten ersetzen können.

3.2.1 Windverhältnisse

Die Windverhältnisse an einem Standort werden durch ein Zusammenspiel von globalen, regionalen und lokalen Windströmungen geprägt. Ursache für Windströmungen sind Unterschiede der Strahlungsintensität, durch die großräumige Hoch- und Tiefdruckgebiete entstehen. Die lokalen Windverhältnisse werden zudem durch kleinräumige Ausgleichsströmungen, etwa in Küstenregionen und Gebirgen, geprägt. In Küstenregionen kommt es infolge der unterschiedlichen Erwärmung der Land- und Wasseroberfläche zu tages- und nachtzeitlich auftretenden Meer-Land- bzw. Land-Meer-Winden, die bis zu einer Entfernung von 50 km in Landrichtung die Windverhältnisse prägen (Quaschnig 1998, S. 173; Gasch 1993, S. 94).

---

[10] Der Begriff *repowering* bezeichnet den Ersatz alter Windkraftanlagen durch moderne, leistungsstärkere Anlagen an einem Standort.
[11] Als Windparks werden Gruppen von Windkraftanlagen – in der Regel ab einer Anzahl von drei Anlagen – verstanden.
[12] bezogen auf das Basisjahr 1998

In Deutschland werden durchschnittliche Windgeschwindigkeiten von 3-7 m/s erreicht (Molly 1990, S. 34). Die höchsten Windgeschwindigkeiten sind in Küstenregionen und höheren Lagen von Mittelgebirgen zu verzeichnen. Dort treten konstant hohe durchschnittliche Windgeschwindigkeiten auf, weil dort neben den oben erwähnten lokalen Ausgleichsströmungen der Wind infolge des geringen Luftwiderstandes der Meeresoberfläche nur wenig abgebremst wird. Sie sind daher zur Windenergienutzung gut geeignet. Mit zunehmender Entfernung von der Küste nimmt die Windgeschwindigkeit aufgrund des wachsenden Einflusses der Bodenrauhigkeit ab (Allnoch/Schlusemann 2000, S. 13). Da die Untergrenze des wirtschaftlichen Betriebes einer Windkraftanlage heute bei einer durchschnittlichen Windgeschwindigkeit von etwa 4 m/s in 10 m Höhe über dem Erdboden anzusetzen ist, beschränkt sich die Windenergienutzung im Augenblick im Wesentlichen auf das norddeutsche Flachland und die Mittelgebirgsregionen (Ender 2001b, S. 34).

Anhand von Aufzeichnungen meteorologischer Stationen und Daten über regionale Windverhältnisse bzw. über die Rauigkeit des Geländes kann das Windpotenzial einer Region – angegeben durch die durchschnittliche Windgeschwindigkeit – ermittelt werden (vgl. DEWI 1993). Der Deutsche Wetterdienst liefert bundesweit und flächendeckend Daten über die Windgeschwindigkeitsverteilung mit einer Auflösung von bis zu 25 m. Diese Daten geben zunächst einen groben Überblick über die Windverhältnisse. Für konkrete Planungen sind zusätzliche Messreihen am jeweiligen Standort erforderlich (DEWI 1993, S. 11).

Die mikrostandörtlichen Verhältnisse werden zudem durch Vegetation, Geländerelief und Gebäude geprägt, die den Wind mit jeweils spezifischer Charakteristik („Rauigkeitslängen") abschwächen. Dadurch entstehen Luftturbulenzen, die auf der windabgewandten Seite bis zu einer Entfernung der 15-fachen Hindernishöhe den Wind abschwächen. Der gleiche Effekt tritt auf der windzugewandten Seite vor Baumgruppen und Gebäuden auf. Die Rauigkeit von Geländeoberflächen ist zudem die Ursache für den Anstieg der Windgeschwindigkeit mit zunehmender Höhe über dem Erdboden („Grenzschichtprofil") (Gasch 1993, S. 102).

Eine weitere wichtige Größe für die Bestimmung der Eignung eines Standortes für die Windenergienutzung ist die Häufigkeitsverteilung der Windstärke. Diese unterliegt starken, zum Teil periodisch auftretenden Schwankungen (Allnoch/Schlusemann 2000, S. 19). Da der Energieertrag von Windkraftanlagen mit zunehmender Windgeschwindigkeit bis zu einer bestimmten Grenze („Nenngeschwindigkeit") exponenziell ansteigt[13], ist die Häufigkeit hoher Windgeschwindigkeiten ausschlaggebend für den wirtschaftlichen Betrieb einer Anlage.

---

[13] $P = 0,5 \times p \times A \times v^3$ (mit P = Leistung, p = Luftdichte, A = durchströmte Fläche, v = Windgeschwindigkeit)

3.2.2 Technische Aspekte

Das Prinzip der Stromerzeugung durch Windkraftanlagen beruht auf der Umwandlung der kinetischen Energie des Windes in elektrische Energie mittels eines Generators. Hauptbestandteile von Windkraftanlagen sind Rotor, Getriebe, Generator und Turm. Insbesondere die mechanischen Belastungen des Materials sind lange Zeit unterschätzt worden und ein Grund für die durch erhebliche Rückschläge gekennzeichnete lange Entwicklungsdauer marktreifer und praxistauglicher Windkraftanlagen[14]. Heutige Windkraftanlagen zeichnen sich dagegen durch eine hohe technische Zuverlässigkeit von über 95 % aus (BWE 2001, S. 22).

Für die Stromerzeugung werden heute fast ausschließlich Windkraftanlagen mit drei Rotorblättern und einer horizontalen Achse verwendet. Der Vorteil von drei Rotorblättern liegt in ihrer größeren technischen und optischen Laufruhe und einer relativ geringen Materialbelastung. Windkraftanlagen mit vertikaler Achse werden lediglich für Spezialzwecke (Windmessungen, Entlüftungen) eingesetzt. Auch in Bezug auf Art und Bauweise des Turmes hat sich ein bestimmter Typ durchgesetzt. Anlagen mit Stahlgittermasten oder abgespannten Rohrtürmen kommen heute nur noch selten zum Einsatz, während massive Türme aus Beton aufgrund der höheren Standfestigkeit und Einpassung in das Landschaftsbild die Regel sind (Hau 1996, S. 374 ff.).

Seit Beginn der konventionellen Windkraftnutzung Anfang der 80er Jahre haben Windkraftanlagen eine aufstrebende Entwicklung hinsichtlich der Anlagenhöhe und der Leistungsstärke durchlaufen. Noch Ende der achtziger Jahre betrug die durchschnittliche Höhe der neu installierten Anlagen weniger als 16 m bei einer Nennleistung von etwa 50 kW (Mielke 1995, S. 13; Ender 2001b, S. 40). Heutige Anlagen weisen Gesamthöhen von bis zu 130 m und eine Nennleistung von bis zu 2 MW auf (vgl. auch Kapitel 3.1.2). Sie erreichen ihre Nennleistung in der Regel erst ab Windgeschwindigkeiten von mehr als 14 m/s in Nabenhöhe (Quaschnig 1998, S. 193). Da die produzierte Strommenge mit zunehmender Windgeschwindigkeit exponenziell ansteigt, tragen – relativ seltene – hohe Windgeschwindigkeiten überproportional zur produzierten Strommenge bei. Unterhalb einer bestimmten Windstärke stehen Windkraftanlagen still („Anlaufgeschwindigkeit"). In diesem Fall würde der Betrieb der Anlagen einen höheren Strombedarf benötigen als Strom produziert wird.

Im Hinblick auf die Schwankungen des Windenergieangebots sowie die eingeschränkte technische Verfügbarkeit wird deutlich, dass Windkraftlagen konventionelle Kraftwerke nur teilweise ersetzen können. Nach DANY liegt die durch Windenergie substituierbare Kraftwerksleistung zwischen 5 und 65 %. Der Anteil hängt insbesondere vom spezifischen Windangebot und dem Anteil der in einer Region installierten Windkraftanlagen-Leistung ab. Je höher der Windenergieanteil an der Gesamtstromerzeugung eines Systems, desto

---

[14] So sind sämtliche europäischen Forschungsprojekte in den 70er Jahren zur Entwicklung von großen Windkraftanlagen gescheitert. Der Betrieb der deutschen 3 MW-Windkraftanlage GROWIAN wurde aufgrund frühzeitiger Materialermüdungen nach etwas mehr als 400 Betriebsstunden eingestellt (Gasch 1993, S. 39).

geringer ist die ersetzbare Kraftwerksleistung. Diese beträgt in den von DANY untersuchten Systemen bei einem Anteil der Windenergie an der Kraftwerkshöchstlast von 10 % über 90 %. Wird der Strom eines Energiesystems vollständig aus Windkraftanlagen produziert, fällt die ersetzbare Kraftwerksleistung auf unter 40 % (Dany 2000, S. 84).

Die Einspeisung von Strom aus Windenergie in das nächstgelegene Mittelspannungsnetz ist unter normalen Umständen problemlos. Mittlerweile ist allerdings in einigen Regionen Norddeutschlands eine Einspeisung in ein Hoch- und Höchstspannungsnetz erforderlich (Luther/Santjer/Neumann 2001, S. 14). In einzelnen Fällen kann durch eine zusätzliche Stromeinspeisung die Kapazität des Netzes überschritten werden, was eine Verstärkung des Netzes erforderlich macht. Dies wird vor allem bei dem Anschluss von offshore-Windparks der Fall sein, deren geplante Nennleistung von mehr als 1000 MW in der Größenordnung konventioneller Kraftwerke liegt (Hinsch 2001, S. 22).

3.3 Genehmigung von Windkraftanlagen

Gegenstand des folgenden Abschnitts sind Genehmigungsanforderungen an die Errichtung und den Betrieb einer Windkraftanlage. Von Bedeutung sind neben den Bestimmungen des Baugesetzbuches und der Landesbauordnungen auch die Regelungen des Bundesnaturschutzgesetzes, des Bundesimmissionsschutzgesetzes und des Energiewirtschaftsrechts.

3.3.1 Bauplanungsrecht

Windkraftanlagen sind genehmigungspflichtige Vorhaben nach § 29 BauGB. Das Baugesetzbuch unterscheidet zwischen Vorhaben im Geltungsbereich eines Bebauungsplans (§ 30 BauGB), Vorhaben im Zusammenhang bebauter Ortsteile (§ 34 BauGB) sowie Vorhaben im baulichen Außenbereich (§ 35 BauGB). Aufgrund ihrer Höhe und Standortanforderungen werden Windkraftanlagen heute ausschließlich im Außenbereich errichtet. Aus diesem Grund wird im Folgenden auf die Fallunterscheidung verzichtet und stattdessen ausschließlich die Bestimmungen des § 35 BauGB betrachtet.

Seit dem 1.1.1997 zählen Windkraftanlagen im Außenbereich zu den privilegierten Vorhaben (§ 35 Abs. 1 Nr. 6 BauGB). Sie stehen damit auf einer Stufe mit einer kleinen Gruppe von Vorhaben, die trotz des grundsätzlichen Schutzes des Außenbereichs dort ausdrücklich vorgesehen sind. Die Privilegierung im Außenbereich besteht darin, dass bauliche Vorhaben zulässig sind, sobald

- öffentliche Belange nicht entgegenstehen (§ 35 Abs. 1 BauGB),
- eine ausreichende Erschließung gesichert ist (§ 35 Abs. 1 BauGB) und
- sie – soweit sie als raumbedeutsam einzustufen sind – den Zielen der Raumordnung nicht widersprechen (§ 35 Abs. 3 Satz 2 BauGB).

Öffentliche Belange stehen entgegen, wenn Ausweisungen in den Raumordnungs- und Flächennutzungsplänen Windkraftanlagen an anderer Stelle vorsehen (§ 35 Abs. 3 Satz 3 BauGB). Als öffentliche Belange sind gemäß § 35 Abs. 3 Satz 1 BauGB anzusehen: Darstellungen des Flächennutzungsplans und des Landschaftsplans; schädliche Umwelteinwirkungen; Belange des Naturschutzes, der Landschaftspflege, des Bodenschutzes und des Denkmalschutzes; die natürliche Eigenart der Landschaft und ihr Erholungswert sowie das Landschafts- und Ortsbild (§ 35 Abs. 3 Nr. 1, 2, 3 und 5 BauGB).

Die Aufnahme der Windkraftanlagen in den Katalog der privilegierten Vorhaben im Außenbereich beendete eine lange Phase der genehmigungsrechtlichen Unsicherheiten (Ritschel 1997, S. 100). Als privilegiertes Vorhaben konnten Windkraftanlagen bis zum 1.1.1997 in der Regel genehmigt werden, wenn sie einem land- und forstwirtschaftlichem Betrieb dienten und diesem räumlich untergeordnet waren (§ 35 Abs. 1 Nr. 1 BauGB). Dies war der Fall, wenn der überwiegende Teil des produzierten Stroms für die Eigenversorgung genutzt wurde. Mit fortschreitender Tendenz zu größeren und leistungsstärkeren Anlagen wurde eine Beeinträchtigung öffentlicher Belange immer wahrscheinlicher und damit das Erhalten einer Baugenehmigung zunehmend schwieriger (Ritschel 1997, S. 100). Nach einem Urteil des Bundesverwaltungsgerichts vom 16.6.1994 konnten Windkraftanlagen schließlich nur noch als sonstige Vorhaben des Außenbereichs (§ 35 Abs. 2 BauGB) genehmigt werden (Wagner 1996, S. 370). In der Folge sank die Zahl der genehmigten Windkraftanlagen und erreichte erst wieder im Jahr 1998 das Niveau von 1995 (Ender 2001b, S. 35).

Öffentliche Belange als Kriterien für die Beurteilung der Zulässigkeit von Windkraftanlagen

Auch nach der bauplanungsrechtlichen Privilegierung können Baugenehmigungen verweigert werden, wenn öffentliche Belange der Errichtung von Windkraftanlagen entgegenstehen. Herauszuheben sind Beeinträchtigungen des Landschaftsbildes, die nicht selten Gegenstand gerichtlicher Entscheidungen gewesen sind. Nach geltender Rechtsprechung stehen öffentliche Belange der Errichtung und dem Betrieb von Windkraftanlagen entgegen, wenn

- ein Kulturdenkmal wesentlich beeinträchtigt wird (OVG Schleswig, Urteil vom 20.7.1995),
- es sich um eine wegen ihrer Schönheit oder ihrer Funktion besonders schutzwürdige Umgebung oder um einen besonders groben Eingriff in das Landschaftsbild handelt, wobei bereits errichtete Windkraftanlagen die Schutzwürdigkeit einer Landschaft schmälern (OVG Lüneburg, Urteil vom 30.10.1997),
- Windkraftanlagen in Küstenregionen außerhalb von Eignungsgebieten errichtet werden sollen, obwohl diese einen Abstand von mehr als 5 km untereinander aufweisen (OVG Lüneburg, Urteil vom 14.9.2000).

Windkraftanlagen sind demgegenüber in Gebieten zulässig, die ihre Schutzwürdigkeit bereits durch andere Eingriffe – andere Windkraftanlagen, Hochspannungsleitungen – eingebüßt haben. Maßgeblich für die Beurteilung der Beeinträchtigung des Landschaftsbildes ist ein „für ästhetische Eindrücke offener Betrachter" (BVerwG, Urteil vom 28.6.1955)

Belange des Umweltschutzes, wie der Beitrag der Windenergie zur Verringerung des CO_2-Ausstoßes, sind bei der nach § 1 Abs. 5 BauGB gebotenen Abwägung öffentlicher Belange bei der Aufstellung von Bauleitplänen zu berücksichtigen (§ 1 Abs. 5 Nr. 7 BauGB), ohne jedoch im Rahmen der Zulässigkeitsentscheidung von entscheidender Bedeutung zu sein (von Mutius 1992, S. 1477). Auch die Ergebnisse einer Umweltverträglichkeitsprüfung und die rechtlichen Folgen der Eingriffsregelung gehen in die bauleitplanerische Abwägung ein, ohne auf eine Genehmigungsentscheidung maßgeblichen Einfluss zu haben. In Nordrhein-Westfalen stellen mehr als zwei nahe beieinander liegende Windkraftanlagen einen Eingriff in Natur und Landschaft dar (§ 4 Abs. 3 Nr. 4 LG NW). Entsprechend § 4 Abs. 5 LG NW ist ein Eingriff lediglich dann unzulässig, wenn „die Belange des Naturschutzes und der Landschaftspflege bei der Abwägung aller Anforderungen an Natur und Landschaft im Range vorgehen und die Beeinträchtigung nicht zu vermeiden oder nicht im erforderlichen Maße auszugleichen ist". Nach einem Urteilsspruch vom 20.4.2000 durch den Verwaltungsgerichtshof Mannheim ist die Errichtung eines Windparks mit vier Windkraftanlagen ein unvermeidbarer und nicht ausgleichbarer Eingriff (VHG Mannheim, Urteil vom 20.4.2000).

3.3.2 Bauordnungsrecht

Bauordnungsrechtliche Anforderungen sind innerhalb der Genehmigung von Windkraftanlagen von untergeordneter Bedeutung. Ihre Einhaltung wird im Rahmen der immissionsschutzrechtlichen Genehmigung, die mit dem Verabschiedung des UVP-Änderungsgesetzes für Windkraftanlagen vorgeschrieben ist, überprüft.

Die Anforderungen der maßgeblichen Landesbauordnungen beziehen sich im Wesentlichen auf die Standsicherheit von Anlagen und die Einhaltung von Mindestabständen zu Nachbargrundstücken und sonstige bauliche Vorhaben. Die Landesbauordnung NW bestimmt, dass Anlagen so zu errichten sind, dass „die öffentliche Sicherheit oder Ordnung, insbesondere Leben, Gesundheit oder die natürlichen Lebensgrundlagen nicht gefährdet werden" (§ 3 Abs. 1 Satz 1 BauO NW). Während es bei den technisch wenig ausgereiften Windkraftanlagen der ersten Generation vorkommen konnte, dass Rotoren aufgrund zu starker mechanischer Belastungen abbrachen (Gasch 1993, S. 39), ist dies bei neueren Anlagen nach dem Stand der Technik äußerst unwahrscheinlich. Moderne Windkraftanlagen sind bis zu Windgeschwindigkeiten von über 90 m/s standsicher („Überlebensgeschwindigkeit"). Zudem findet eine Überprüfung der Anlagen- und Standsicherheit durch die Bauaufsichtsämter statt. Da heute fast ausschließlich Serienanlagen hergestellt werden, liefern die Hersteller mit der Typenprüfung (§ 78 BauO NW) den Nachweis für die Standsicherheit mit, wodurch Einzelprüfungen entfallen (Schulte/Zender 1995, S. 28). Zudem sind nach den Bestimmungen der Landesbauordnung NW Sicherheitsabstände zu anderen baulichen Anlagen auf dem jeweiligen Grundstück und von öffentlichen Verkehrsflächen einzuhalten (§ 54 Abs. 2 BauO NW). Die erforderlichen Abstände zu anderen Gebäuden und Windkraftanlagen entsprechen dem dreifachen Rotordurchmesser, während zu Nachbargrundstücken ein Mindestabstand von der 0,8-fachen Gesamthöhe der Windkraftanlage eingehalten werden muss (Nr. 4.3.2 WEA-Erl. NW).

3.3.3 Immissionsschutzrecht

Das immissionsschutzrechtliche Genehmigungsverfahren umfasst die Prüfung aller baurechtlich relevanten Belange. Zu ihnen gehören die Einhaltung bauordnungsrechtlicher Abstände, Anlagen- und Standsicherheit, Immissions- und Landschaftsschutz.

Seit dem In-Kraft-Treten des UVP-Änderungsgesetzes (UVP-Ändg.) zum 1. August 2001, durch das eine Vielzahl von Gesetzen den europäischen Bestimmungen angeglichen wurde, sind Windkraftanlagen genehmigungspflichtige Vorhaben nach Bundesimmissionsschutzgesetz (BImSchG). Das Bundesimmissionsschutzgesetz fordert, dass genehmigungspflichtige Vorhaben so zu errichten und betreiben sind, dass „schädliche Umwelteinwirkungen und sonstige Gefahren, erhebliche Nachteile und erhebliche Belästigungen für die Allgemeinheit und die Nachbarschaft nicht hervorgerufen werden können" (§ 5 Abs. 1 Nr. 1 BImSchG). Um dies zu vermeiden, sind für die Errichtung und den Betrieb von Windkraftanlagen die Lärmimmissionsrichtwerte der Technischen Anleitung Lärm (TA-Lärm) zu beachten (OVG Greifswald, Urteil vom 8.3.1999). Danach müssen entsprechend unterschiedlicher Schutzwürdigkeit in reinen Wohngebieten 35 dB(A) (tags) bzw. 50 dB(A) (nachts) sowie in allgemeinen Wohngebieten 40 dB(A) (tags) bzw. 55 dB(A) (nachts) eingehalten werden (Nr. 6.1 TA-Lärm).

Bei einzelnen Windkraftanlagen mit einem Schallleistungspegel von über 100 dB(A) in Nabenhöhe entspricht dies in etwa Abständen von 550 m für reine Wohngebiete bzw. 340 m für allgemeine Wohngebiete (MURL 1998, Nr. 1a), in Einzelfällen (hohe Schallleistungspegel, starke Einzeltonhaltigkeit) bis zu 950 m (ebd., Nr. 2). Zur Einhaltung der Lärmrichtwerte sind auf den jeweiligen Standort bezogene Schallgutachten bei dem Antrag einer Baugenehmigung der Bauaufsichtsbehörde vorzulegen. In Nordrhein-Westfalen überwachen die staatlichen Umweltämter die Einhaltung der Immissionswerte während des Betriebs der Anlagen. Stellen diese eine Überschreitung fest, können sie ein zeitweiliges Abschalten der Anlagen oder Maßnahmen zur Schallreduzierung (technische Schallschutzmaßnahmen, Drehzahlbegrenzungen u. a.) verlangen (Schällig 1999, S. 130).

Für mögliche Beeinträchtigungen durch Schattenwurf oder Lichtreflexe durch in Betrieb genommene Anlagen existieren bislang noch keine Richtwerte. Die Rechtsprechung sagt, dass Schattenwurf von geringer Dauer hinzunehmen bzw. zumutbar ist (Piorr 2000, S. 36). In Nordrhein-Westfalen gilt nach der Empfehlung des Landesumweltamtes die Regelung, dass eine Beschattungsdauer von 30 Std./Jahr nicht überschritten werden sollte (Osten/ Pahlke 1998, S. 12)[15].

Zusätzliche Anforderungen entstehen jedoch durch die Aufnahme größerer Windkraftanlagengruppen in den Katalog der UVP-pflichtigen Vorhaben nach Anhang 1 des UVP-Gesetzes. Demnach ist

---

[15] Auch das OVG Greifswald empfiehlt, eine theoretische Beschattungsdauer von 30 Std./Jahr und 30 min./Tag als Anhaltswert für die Grenze der Zumutbarkeit zu verwenden (OVG Greifswald, Urteil vom 8.3.1999).

- bei einer Anzahl von bis zu drei bis fünf nahe beieinander liegenden Windkraftanlagen eine standortbezogene sowie
- bei einer Anzahl von sechs bis 19 Anlagen eine allgemeine Vorprüfung durchzuführen und
- bei einer Anzahl von mehr als 19 Anlagen in jedem Fall eine UVP durchzuführen (Art. 1 Anhang 1 Nr. 1.6 UVP-Ändg.).

Das Ergebnis der UVP ist als gutachterliche Stellungnahme von der Genehmigungsbehörde zu berücksichtigen.

3.3.4 Naturschutzrecht

Belange des Naturschutzes und der Landschaftspflege sind insofern für die Genehmigung von Windkraftanlagen relevant, als dass Windkraftanlagen in naturschutzrechtlich gesicherten Gebieten nicht errichtet werden dürfen, soweit sie diese Gebiete in ihren maßgeblichen Schutzzielen erheblich beeinträchtigen könnten. Hinsichtlich der Verträglichkeit von Windkraftanlagen mit den Zielen der naturschutzrechtlich gesicherten Gebiete sind von den einzelnen Bundesländern Empfehlungen erlassen worden. Eine Rechtsverbindlichkeit kommt ihnen allerdings nicht zu.

In allen Bundesländern gilt in Naturschutzgebieten ein Errichtungsverbot von Windkraftanlagen. Landschaftsschutzgebiete sind in den meisten Ländern lediglich in Teilbereichen für Windkraftanlagen Tabuzonen (BfN 2000, S. 25 ff.). Lediglich in Hessen die Regelung, dass die Errichtung von Windkraftanlagen in Landschaftsschutzgebieten unter Vorbehalt erlaubt ist (ebd., S. 26). Für die weiteren Schutzgebietskategorien gelten länderspezifische Regelungen.

In Nordrhein-Westfalen sind Windkraftanlagen grundsätzlich verboten in:
- Naturschutzgebieten, Naturdenkmalen und geschützten Landschaftsbestandteilen,
- gesetzlich geschützten Biotopen nach § 20 LG/§ 20c BNatSchG,
- FFH-Gebieten, Vogelschutzgebieten und Gebieten gemäß RAMSAR-Konvention sowie in nachgewiesenen avifaunistisch bedeutsamen Rast-, Nahrungs- und Brutplätzen (Nr. 5.1.2 WEA Erl. NW).

In Landschaftsschutzgebieten können darüber hinaus Windkraftanlagen in Einzelfällen genehmigt werden. Dazu muss allerdings ein allgemein in Landschaftsschutzgebieten geltendes Bauverbot aufgehoben werden, indem Windkraftanlagen als Ausnahmetatbestände in die Schutzgebietssatzungen aufgenommen werden (Nr. 5.1.3 WEA-Erl. NW).

Unterschiedliche Regelungen bestehen auch hinsichtlich der Frage, ob Windkraftanlagen einen Eingriff in Natur und Landschaft darstellen. In Niedersachsen gilt die Errichtung von bis zu fünf Windkraftanlagen nicht als ein Eingriff in die Landschaft (Erl. Nds. 1993, Nr. 7.1). In Nordrhein-Westfalen greift die Eingriffsregelung erst bei einer Anzahl von drei nahe beieinander liegenden Anlagen (§ 4 Abs. 3 Nr. 4 LG NW), was aus Sicht des Naturschutzes heftig kritisiert wird[16] und zum Teil dazu geführt hat, dass mehrere Windkraftanlagen in Gruppen zu jeweils zwei Anlagen errichtet werden, um die Pflicht der Kompensation des Eingriffs zu umgehen. Zudem bestehen in der Praxis Unsicherheiten, ab welchem Abstand von „nahe beieinander liegenden" Anlagen ausgegangen werden muss. Im Zuge der geplanten Änderung des nordrhein-westfälischen Windenergie-Erlasses sollen zukünftig bereits einzelne raumbedeutsame Anlagen ab einer Höhe von über 100 m ausgleichspflichtig sein (Herrmann, MSWKS NW[17]). Die Bemessung von Kompensationsmaßnahmen wird von den einzelnen unteren Landschaftsbehörden sehr unterschiedlich gehandhabt. SCHULTE/ZENDER stellen fest, dass eine gewisse Willkür vorliegt. Als Ursache vermuten sie unzureichende Vorgaben und unterschiedliche Einstellungen gegenüber der Windenergienutzung (Schulte/Zender 1995, S. 31). Die Ermittlung des Kompensationsumfangs bei Eingriffen in das Landschaftsbild geschieht in Nordrhein-Westfalen in der Regel nach der Methode nach NOHL. Allerdings entspricht diese, 1993 entwickelte Methode nicht mehr dem Stand der Anlagentechnik[18], so dass der berechnete Kompensationsumfang zu gering ausfällt.

3.3.5 Energiewirtschaftsrecht

Bestimmungen des Energiewirtschaftsrechts haben maßgeblichen Einfluss auf die Ausgestaltung der Energieversorgung. Aufgrund des Mangels an bundesweit einheitlichen Regelungen unterlag bis Ende der 80er Jahre die Einspeisung von Strom aus Windkraftanlagen in das öffentliche Versorgungsnetz den individuellen Konditionen der Netzbetreiber. Erst mit dem 1990 verabschiedeten Stromeinspeisegesetz verbesserten sich die Voraussetzungen für den wirtschaftlichen Betrieb großer, im Netzparallelbetrieb arbeitender Windkraftanlagen grundlegend. Diese unterliegen im Gegensatz zur Aufnahme der Stromversorgung durch konventionelle Kraftwerke nicht der Anzeigepflicht bei der Energieaufsichtsbehörde des jeweiligen Bundeslandes.

Das Stromeinspeisegesetz verpflichtete die jeweiligen Energieversorgungsunternehmen, Strom aus regenerativen Energiequellen in ihren jeweiligen Versorgungsgebieten abzunehmen und zu einem bestimmten Satz zu vergüten (§ 2 StrEG). Die Abnahmeverpflichtung endete bei einem Anteil von 5 % an der Gesamtstrommenge. Der darüber hinaus gehende Anteil musste dem Versorgungsunternehmen durch das vorgelagerte Versorgungsunternehmen wiederum bis zu einem Anteil von 5 % erstattet werden. Die Vergütungssätze richteten sich nach den von den Energieversorgungsunternehmen auf dem Markt durchschnittlich erzielten Verbraucherpreisen. Für Strom aus Windkraftanlagen wurde eine Vergütung von 90 % des durchschnittlichen Strompreises festgesetzt (§ 3 Abs. 2 StrEG).

---

[16] Entsprechend einem Positionspapier der Landesgemeinschaft Naturschutz und Umwelt (LNU) NRW zu Windkraftanlagen vom 16.3.2002. Nicht verständlich ist die bisherige Ausnahme der Windkraftanlagen von der Eingriffsregelung, wenn berücksichtigt wird, dass in Landschaftsschutzgebieten „jede Hundehütte" ausgleichspflichtig ist (so Dierks während einer von der LNU NRW veranstalteten Tagung „Windkraftanlagen und Landschaftsbild am 25.4.2002 in Neheim-Hüsten).
[17] Vortrag anlässlich o. a. Tagung in Neheim-Hüsten
[18] mündliche Auskunft Nohl nach Angaben Herr Schwardmann, Untere Landschaftsbehörde, Kreis Borken

Im Verlauf der 90er Jahre zeigte sich, dass die Regelungen des Stromeinspeisegesetzes einen kostendeckenden Betrieb von Windkraftanlagen nicht länger gewährleisten konnten (Oschmann 2000, S. 460) und damit überarbeitet werden mussten. Zum einen beklagten die Versorgungsunternehmen einen durch die Abnahmeverpflichtungen entstandenen Wettbewerbsnachteil gegenüber Unternehmen in Regionen mit geringem Windenergieanteil (Allnoch 1998, S. 663). Betreiber von Windkraftanlagen hingegen kritisierten die infolge allgemein sinkender Strompreise rückläufigen Vergütungssätze (a. a. O.). Zum anderen wurde in einigen Regionen ein Windenergieanteil von 5 % überschritten, was zum Teil dazu führte, dass der eingespeiste Windenergiestrom nicht mehr vergütet wurde (Oschmann 2000, S. 460).

Im Jahr 1998 wurde durch die Verabschiedung eines novellierten Energiewirtschaftsgesetzes (EnWG) der deutsche Strommarkt liberalisiert. Die Abschaffung von bis dahin geltenden Gebietsmonopolen, ein erleichterter Netzzugang sowie die Möglichkeit, weitere, parallel zum Netz verlaufende Stromleitungen zu errichten, sollten zu einem verstärkten Wettbewerb im Strommarkt beitragen. Zudem ist nach § 1 EnWG der Umweltschutz als Ziel der Energiewirtschaft gesetzlich verankert.

Im Jahr 2000 wurde schließlich das Erneuerbare-Energien-Gesetz (EEG) als Nachfolger des Stromeinspeisegesetzes verabschiedet. Es übernimmt zum Teil Bestimmungen des alten Gesetzes, enthält jedoch wesentliche Neuerungen:

- Die Vergütungssätze für Strom aus erneuerbaren Energiequellen sind zeitlich gestaffelt und richten sich nach Referenzstandorten[19] (§ 7 Abs. 1 EEG).
- Die Betreiber des nächstgelegenen Versorgungsnetzes sind unabhängig von der Einspeisemenge zur Abnahme des Stroms verpflichtet (§ 3 Abs. 1 EEG). Bedingung ist die wirtschaftliche Zumutbarkeit.
- Der Anteil der erneuerbaren Energieträger am Endenergieverbrauch soll bis zum Jahr 2010 im Interesse des Klima- und Umweltschutzes verdoppelt werden (§ 1 EEG).
- Zwischen den Netzbetreibern windenergiereicher und -armer Regionen sieht das Gesetz einen bundesweiten finanziellen Ausgleich vor (§ 11 EEG).

3.4 Steuerung von Windkraftanlagen

Gegenstand des folgenden Kapitels sind die sich aus den Vorschriften des Raumordnungs- und des Baugesetzbuches ergebenden Steuerungsmöglichkeiten der Regional- und Bauleitplanung. Trotz erheblicher Raumrelevanz ist der Bereich der Energieversorgung selten Gegenstand räumlicher Planung. Insbesondere die Bundesländer haben sich lange Zeit mit Ausweisung von Standorten für den Abbau von Energierohstoffen sowie der Energieerzeugung zurückgehalten (Masuhr 1995, S. 223). Windkraftanlagen sind seit Beginn der 90er Jahre mit zunehmender Größe und Anzahl eine Herausforderung der räumlichen Pla-

---

[19] Referenzstandorte sind Standorte gleicher Windbedingungen. Sie sind maßgeblich für die Vergütungshöhe. Diese ist so festgelegt, dass bei rationaler Betriebsführung ein wirtschaftlicher Betrieb einer Windkraftanlage grundsätzlich möglich ist. Die Vergütungssätze liegen in der Praxis zwischen 6,8 Eurocent/kWh an guten, windhöffigen und 8,87 Eurocent/kWh an Binnenlandstandorten (Oschmann 2000, S. 462).

nung. Eine Steuerung ist von großer Bedeutung, da nur so wesentliche Funktionen des Freiraums erhalten werden können.

3.4.1 Steuerung durch die Regionalplanung

Ausgehend von den spezifischen Standortanforderungen sind Windkraftanlagen der Gebietskategorie Freiraum zuzuordnen. Für diesen können in den Raumordnungsplänen zeichnerische Festlegungen getroffen werden, zu denen auch Standorte und Trassen der Versorgungsinfrastruktur zu zählen sind (§ 7 Abs. 2 Nr. 2 und 3 ROG). Damit erstreckt sich der Regelungsbereich der Raumordnungspläne auch auf den Bereich der Energieversorgung. Da sich die Raumordnungspläne auf die Abstimmung von raumbedeutsamen Planungen und Maßnahmen beschränken (§ 1 Abs. 1 Nr. 1 ROG), können auch Windkraftanlagen nur dann Gegenstand der Regionalplanung sein, wenn sie als raumbedeutsam einzustufen sind (Ritschel 1997, S. 101). Die allgemeine Begriffsbestimmung des Raumordnungsgesetzes, nach der von einer Raumbedeutsamkeit auszugehen ist, wenn Raum in Anspruch genommen wird und die räumliche Entwicklung oder Funktion eines Gebietes beeinflusst wird (§ 3 Nr. 6 ROG), lässt dies zunächst offen. Geht man allerdings davon aus, dass Windkraftanlagen wesentliche Freiraumfunktionen, insbesondere die der Erholung, aufgrund der Veränderung des Landschaftscharakters beeinflussen, wären sie generell als raumbedeutsam einzustufen.

In der Praxis löste die relativ abstrakte Definition der Raumbedeutsamkeit Diskussionen über die Abgrenzung des Aufgabenbereichs der Regionalplanung aus. In NW etwa schreibt der Windenergie-Erlass vor, dass von einer Raumbedeutsamkeit erst bei einer Anzahl von mehr als drei Windkraftanlagen auszugehen ist und nur im Einzelfall – der sich aus dem besonderen Standort, der Höhe der Anlage und der damit verbundenen Beeinträchtigung von Raumfunktionen ergeben kann – bereits eine einzelne Anlage als raumbedeutsam einzustufen ist (Nr. 2.2 WEA-Erl. NW). Im Gegensatz dazu bestimmt die Bezirksregierung Münster, dass davon ausgegangen werden sollte, dass Windkraftanlagen im baulichen Außenbereich grundsätzlich als raumbedeutsam einzustufen sind (Nr. 11 a GEP Münster, sachlicher Teilabschnitt Windenergie). Damit haben sich zwei Gegenpositionen herausgebildet, bei der die eine Seite – die Landesregierung – darauf verweist, dass eine Ausweitung des regionalplanerischen Geltungsbereichs auf einzelne Anlagen zu sehr in die verfassungsrechtlich garantierte kommunale Selbstverwaltung (Art. 28 Abs. 2 GG) eingreift (Ritschel 1997, S. 101), während die andere Seite – in diesem Fall die Bezirksregierung Münster – ihr Verständnis von Raumbedeutsamkeit mit den spezifischen Eigenschaften der Windkraftanlagen rechtfertigt.

Auch in den einzelnen Bundesländern wird die Raumbedeutsamkeit von Windkraftanlagen in unterschiedlicher Weise interpretiert. Während Brandenburg der gleichen Auffassung wie das Land Nordrhein-Westfalen ist, gelten in Baden-Württemberg und Sachsen-Anhalt mehr als fünf Anlagen, in Hessen Anlagen mit einer Gesamtleistung von mehr als 3 MW und einem Flächenverbrauch von mehr als 10 ha als raumbedeutsam (Stenneken 2000, S. 56 ff.)

MÜLLER ist der Auffassung, dass die Regionalplanung nur in Ausnahmefällen Festsetzungen treffen könne, die die Gebiete einzelner Gemeinden betreffen, etwa wenn Festlegungen von Rohstofflagerstätten aufgrund der geographischen Einmaligkeit zur Wahrung der öffentlichen Interessen erforderlich sind (Müller 1999, S. 241). Dies dürfte bei Windkraftanlagen nicht der Fall sein, da sie aufgrund geringer Anforderungen an Infrastrukturausstattung und sonstige Standortfaktoren nicht ortsgebunden sind[20]. Ob nach § 3 Abs. 6 ROG die räumliche Entwicklung oder Funktion eines Gebietes beeinflusst wird, lässt sich abschließend nur aufgrund der räumlichen Funktionszuweisung und der Empfindlichkeit eines Gebietes gegenüber Beeinträchtigungen ableiten. So können in Naturschutz- oder Erholungsgebieten bereits einzelne Anlagen den Schutzzielen entgegenlaufen.

Ungeachtet der voneinander abweichenden Definitionen sind größere Gruppen von Windkraftanlagen bundesweit als raumbedeutsam einzustufen. Die räumliche Steuerung von Windkraftanlagen fällt demnach grundsätzlich in den Kompetenzbereich der Regionalplanung. Zunächst ist daher zu untersuchen, welche Planinhalte zur regionalen Steuerung von Windkraftanlagen möglich sind. Nach § 7 Abs. 4 Satz 1 ROG können Festlegungen der Raumordnungspläne Gebiete bezeichnen,

- „die für bestimmte, raumbedeutsame Funktionen oder Nutzungen vorgesehen sind und andere raumbedeutsame Nutzungen in diesem Gebiet ausschließen, soweit diese mit den vorrangigen Funktionen, Nutzungen oder Zielen der Raumordnung nicht vereinbar sind (Vorranggebiete),
- in denen bestimmte, raumbedeutsame Funktionen oder Nutzungen bei der Abwägung mit konkurrierenden raumbedeutsamen Nutzungen besonderes Gewicht beigemessen werden soll (Vorbehaltsgebiete),
- die für bestimmte, raumbedeutsame Maßnahmen geeignet sind, die städtebaulich nach § 35 des Baugesetzbuches zu beurteilen sind und an anderer Stelle im Planungsraum ausgeschlossen werden (Eignungsgebiete)."

Vorrang- und Vorbehaltsgebiete treffen also Aussagen über die Priorität einer Nutzung gegenüber einer anderen Nutzung. Da Windkraftanlagen als punktuelle Nutzung nicht mit flächenhaften Nutzungen wie zum Beispiel der Landwirtschaft in Konflikt treten und daher beide Nutzungen möglich sind, erscheinen die Kategorien Vorrang- und Vorbehaltsgebiete für die Steuerung von Windkraftanlagen weniger geeignet. Eignungsgebiete binden eine Nutzung und schließen sie gleichzeitig an anderer Stelle aus. Sie sind damit in ihrer Wirkung mit kommunalen Konzentrationsflächen vergleichbar (siehe § 35 Abs. 3 Satz 3 BauGB). Gerade der Ausschlusswirkung kommt eine besondere Bedeutung hinsichtlich der räumlichen Steuerung zu. Eignungsgebiete sind daher für die regionalplanerische Ausweisung von Windkraftanlagen Vorbehalts- und Vorranggebieten vorzuziehen.

---

[20] Vgl. Rechtssprechung. Nach einem Urteil vom BVerwG vom 6.6.1994 dürfen Windkraftanlagen im Außenbereich nicht nach § 35 Abs. 1 Nr. 4 BauGB genehmigt werden

3.4.2 Steuerung durch die Bauleitplanung

Die kommunale Planung kann über die Ausweisung von Flächen in den Bauleitplänen Windkraftanlagen räumlich auf bestimmte Bereiche konzentrieren. Auf der Ebene der Flächennutzungspläne geschieht dies durch die Ausweisung von Konzentrationsflächen. Durch die Aufstellung von Bebauungsplänen können darüber hinaus Windkraftanlagen an konkrete Standorte gebunden werden sowie Art und Bauweise der Anlagen bestimmt werden. Konzentrationsflächen heben die Privilegierung von Windkraftanlagen im Außenbereich nach § 35 BauGB auf, nach denen Windkraftanlagen grundsätzlich an jeder Stelle des Außenbereichs genehmigungsfähig sind. Konzentrationsflächen binden Windkraftanlagen; außerhalb der Flächen sind diese in der Regel unzulässig (§ 35 Abs. 3 Satz 3 BauGB). Dies gilt allerdings nur, wenn die Gemeinde eine Untersuchung des gesamten Gemeindegebietes vorgenommen hat und ein schlüssiges Plankonzept erarbeitet hat (OVG Münster, Urteil vom 30.11.2001). So sind im Erläuterungsbericht zum Flächennutzungsplan die Kriterien für die Abgrenzung der Eignungsflächen offen zu legen (Nr. 3.2.2 WEA-Erl. NW).

Eine Besonderheit stellt § 245b BauGB dar, nach dem Gemeinden bis zum 31.12.1998 Bauanträge zurückstellen konnten, wenn sie nachwiesen, dass sie zum Zweck der Ausweisung von Konzentrationsflächen eine Änderung der Flächennutzungspläne beabsichtigten bzw. auf Regierungsbezirksebene die Ausweisung von Eignungsflächen geplant war (§ 245b Abs. 1 BauGB). War dies bis zum festgesetzten Zeitpunkt nicht erfolgt, galt die Privilegierung nach § 35 Abs. 1 BauGB.

3.4.3 Festlegung der Planungsebene

Die Frage nach der geeigneten Planungsebene für die räumliche Steuerung von Windkraftanlagen ist nicht so offensichtlich, wie es auf dem ersten Blick erscheinen mag. Grundsätzlich kommen beiden Planungsebenen wichtige Steuerungsfunktionen zu. Eine großräumige Lenkung von Windkraftanlagen kann nur auf der überkommunalen Ebene erfolgen. Nur auf der Ebene der Regionalplanung ist es möglich, schutzwürdige Bereiche großräumig von Eingriffen durch Windkraftanlagen freizuhalten. Für eine Ausweisung auf regionaler Ebene spricht, dass Länder wie Schleswig-Holstein und Niedersachsen, die einen hohen Problemdruck aufweisen, auf der Ebene der Regionen bzw. Landkreise Eignungsbereiche ausgewiesen haben.

Die kommunale Bauleitplanung kann durch Flächenausweisungen die Vorgaben der Regionalplanung konkretisieren. Ihre Festsetzungsmöglichkeiten reichen weit über die der Regionalplanung hinaus, indem Bauweise, Art der Anlagen sowie konkrete Standorte festgesetzt werden können. Die Erfahrungen der Gemeinden des Regierungsbezirks Münster, die bislang nur zu 43 % rechtskräftige FNPs mit Eignungsflächen für die Windenergienutzung besitzen (Bezreg. Münster 2002, Anlage 4; Stand: Februar 2002) und in denen der Ausbau der Windenergienutzung von kontroversen Diskussionen begleitet wird (Gespräch mit Herrn Jüster am 8.3.2002), zeigen die Problematik des Verzichts auf eine kommunale

Steuerung auf. Werden in Zukunft bereits einzelne Windkraftanlagen entsprechend dem Entwurf zum überarbeiteten Windenergie-Erlass NW als raumbedeutsam eingestuft, stellt sich allerdings die Frage der Notwendigkeit der kommunalen Steuerung, da sämtliche über 100 m hohe Windkraftanlagen innerhalb der in dem Gebietsentwicklungsplan ausgewiesenen Eignungsbereiche errichtet werden müssen. In den Regierungsbezirken Nordrhein-Westfalens ist nach Ansicht des Verfassers die Chance vertan worden, Windkraftanlagen großräumig aus wertvollen und empfindlichen Bereichen auszuschließen. Nachträgliche Ausweisungen in den Gebietsentwicklungsplänen helfen nicht weiter, da diese in diesem Fall die kommunalen Flächen nachrichtlich übernehmen würden, ohne eine Koordinierungsfunktion zu haben.

4 Bewertung von Flächen für die Windenergienutzung

Die Auswahl von Flächen für die Windenergienutzung ist mit hohen Anforderungen verknüpft. Da Windkraftanlagen im Zuge der baurechtlichen Privilegierung seit dem 1.1.1997 im Außenbereich grundsätzlich genehmigungsfähig sind (vgl. Kap. 3.3.1), müssen Gemeinden, die die Windkraftanlagen durch die Ausweisung von Eignungsflächen auf bestimmte Bereiche konzentrieren wollen, eine flächendeckende und alle relevanten Belange einbeziehende Untersuchung ihrer Gemeindegebiete durchführen (OVG Münster, Urteil vom 30.11.2001). Dies erfordert ein systematisches und standardisiertes Vorgehen.

In Kapitel 4.1 werden zunächst die in der raumplanerischen Praxis angewandten Bewertungsmethoden vorgestellt, deren Kennzeichen herausgearbeitet und daraus ihre potenzielle Eignung in Bezug auf die Bewertung von Flächen für die Windenergienutzung abgeleitet. Rationale Bewertungen benötigen zudem Bewertungsmaßstäbe, auf deren Grundlage beurteilt werden kann, ob und in welchem Maße ein Vorhaben ein Ziel erfüllt. Die für die Ausweisung von Eignungsflächen relevanten Bewertungsmaßstäbe sind Gegenstand des Kapitels 4.2. Kapitel 4.3 behandelt Bewertungskriterien für die Windenergienutzung, anhand derer die Flächenalternativen verglichen und bewertet werden können.

4.1 Bewertungsmethoden

Bewertungsmethoden[21] dienen der inhaltlichen und formalen Strukturierung von Bewertungen. Ziel ist es, den subjektiven Teil von Bewertungen zu begrenzen. Sie erhöhen die Legitimation von Handeln in der Verwaltung, weil sie durch die Offenlegung der Bewertungsmaßstäbe die Ergebnisse gegenüber Dritten legitimieren (Mäding 1987, S. 231).

4.1.1 Anforderungen

Aus theoretischer Perspektive werden folgende Anforderungen an Bewertungsmethoden erhoben:

- Bewertungsmethoden sollten gewährleisten, dass die durchgeführten Auswahl- und Bewertungsschritte jederzeit durch andere bewertende Personen zu den selben Ergebnissen führen (Wiederholbarkeit).
- Bewertungsmethoden sollten gewährleisten, dass Bewertungen möglichst objektiv sind und persönliche Wertmaßstäbe (Meinungen, Einstellungen, Werthaltungen) nicht in die Ergebnisse mit einfließen (Objektivität).
- Bewertungsmethoden sollten gewährleisten, dass Bewertungen transparent und nachvollziehbar sind. Dafür müssen Bewertungsmaßstäbe, einzelne Bewertungsschritte und Schwächen (unvollständige Daten, Unkenntnisse über Wirkungszusammenhänge) offengelegt werden (Nachvollziehbarkeit).

---

[21] Eine Bewertungsmethode wird in dieser Arbeit entsprechend dem Begriffsverständnis von MÄDING als eine strukturierte und standardisierte Vorgehensweise mit wissenschaftlichem Hintergrund verstanden (Mäding 1987, S. 213).

- Bewertungsmethoden müssen in der Praxis durchführbar sein. Sie dürfen nicht so komplex sein, dass sie das Auffassungsvermögen ihrer Anwender übersteigen (Praktikabilität) (vgl. Knospe 1998, S. 11; Weiland 1994, S. 51).

Dem stehen in der Praxis folgende Einschränkungen gegenüber:
- Zeitdruck und Personalmangel werden durch eine Vereinfachung und Verkürzung der Bewertungen ausgeglichen. Häufig werden daher Entscheidungen in der Verwaltung intuitiv getroffen.
- Fehlende Daten und Unkenntnisse über Wirkungszusammenhänge werden mit Analogieschlüssen „behoben".
- Der Einsatz von EDV ermöglicht zwar eine schnellere Verarbeitung von größeren Datenmengen, führt zugleich aufgrund der hohen Komplexität der Rechenschritte zu einem Verlust an Transparenz und Nachvollziehbarkeit.
- Die Zahl der in formalisierten Planungsverfahren beteiligten Personen nimmt zu. Mit ihnen wächst die Zahl der individuellen Wertmaßstäbe, die abgeglichen werden müssen.
- Bestrebungen, Planungs- und Zulassungsverfahren zu verkürzen und zu flexibilisieren, verringern den Spielraum für die Anwendung komplexer Bewertungsmethoden (vgl. Jacoby/ Kistenmacher 1998, S. 166).

Welche Bewertungsmethode im Einzelnen angewandt wird, liegt im Ermessensspielraum des Anwenders und wird sich in der Praxis nach der Art der Projekts oder den persönlichen Wertschätzungen des Anwenders richten. Universal anwendbare, optimale Methoden gibt es nicht (Langer 1996, S. 40). Das Planungsrecht ist grundsätzlich methodenoffen (Lendi 1998, S. 30). Ungeachtet dessen gibt es für einzelne Fachplanungen Empfehlungen[22].

4.1.2 Typisierung

Bewertungsmethoden werden nach dem Grad der Formalisierung und nach der Anzahl der Planungsziele und Bewertungskriterien unterschieden. Auch die Art der Bewertung wird häufig als Abgrenzungskriterium verwendet. Die hier vorgenommene Systematisierung und Kennzeichnung der Methoden basiert auf BECKMANN (1989) und JACOBY/KISTENMACHER (1998). Im Folgenden werden die einzelnen Bewertungsmethoden vorgestellt und ihre potenzielle Eignung in Bezug auf die Bewertung von Flächen für die Windenergienutzung überprüft.

Nicht-formalisierte Methoden
Nicht-formalisierte Methoden sind nach den oben genannten, aus der Theorie abgeleiteten Anforderungen nicht den Bewertungsmethoden im strengen Sinne zuzuordnen, da diese einen gewissen Formalisierungs- und Standardisierungsgrad voraussetzen. Sie werden an

---

[22] So empfiehlt die Verwaltungsvorschrift zum UVPG zur Bewertung von Verkehrsinfrastrukturprojekten die Anwendung von Kosten-Nutzen-Analysen und insbesondere ökologischen Risikoanalysen.

dieser Stelle dennoch vorgestellt, da sie in der Praxis häufig zur Anwendung kommen. Zu den nicht-formalisierten Bewertungsmethoden zählt BECKMANN:

- sog. intuitive Verfahren, in denen die Bearbeiter intuitiv auf persönliche Erfahrungen mit vergleichbaren Vorhaben zurückgreifen,
- sog. common-sense-Verfahren, in denen die Bewertungen auf allgemeinen Einschätzungen und Werthaltungen beruhen,
- Verfahren der Expertenurteile, in denen die Bewertungen auf den Kenntnissen einer sachkundigen Person beruhen (Beckmann 1989, S. 82).

Die nicht-formalisierten Bewertungsmethoden sind durch einen geringen Zeit- und Rechenaufwand charakterisiert. Sie werden vor allem bei Entscheidungen angewandt, die auf wenigen Daten basieren und bei denen die Auswirkungen des Projekts nur schwer abzuschätzen sind. Die Bewertung geschieht meist verbal-argumentativ.

Eignung in Bezug auf die Bewertung von Flächen für die Windkraftnutzung: Nicht-formalisierte Bewertungsmethoden kommen für die Bewertung von Flächen für die Windkraftnutzung nicht in Frage, da sie den Anforderungen an eine nachvollziehbare, objektive und gerichtlich überprüfbare Bewertung nicht genügen.

Einfache, eindimensionale Methoden
Eindimensionale Bewertungsmethoden werden bei einfachen Planungsproblemen angewandt. Kennzeichen eindimensionaler Methoden sind nominal skalierte Kriterienlisten. Sie werden eingesetzt, um die Zahl der Handlungsalternativen einzugrenzen und damit den Bearbeitungsaufwand zu verringern oder die rechtliche Zulässigkeit anhand von Grenz- und Richtwerten zu überprüfen. Einfache Bewertungsaufgaben ergeben sich bei Genehmigungsverfahen von gewerblichen Anlagen, bei denen der Investor ein Anspruch auf Genehmigung hat, solange er alle Zulassungskriterien erfüllt (Kistenmacher 1998, S. 150).

Eignung in Bezug auf die Bewertung von Flächen für die Windenergienutzung: Eindimensionale Bewertungsmethoden dienen im Fall der Flächenbewertung für die Windenergienutzung der Überprüfung der einzuhaltenden Immissionsrichtwerte und der Einhaltung der bauordnungsrechtlich gebotenen Abstände zu Verkehrseinrichtungen, Stromleitungen etc. Kriterienlisten können insbesondere für die Eingrenzung der für eine Windenergienutzung in Frage kommenden Flächen verwendet werden. Dies geschieht, indem die Regelungen der Bundesländer zu empfohlenen Abständen zu Baugebieten, naturschutzrechtlich gesicherten Gebieten u. a. tabellarisch aufgelistet und auf die konkrete Situation einer Gemeinde übertragen werden. Da es für die Bewertung der Flächenalternativen für die Windenergie lediglich lärmimmissionsbezogene Grenzwerte gibt und Aspekte wie die Veränderung des Landschaftsbildes oder die Beeinträchtigung von Vögeln „weiche" Standortfaktoren sind, müssen die Kriterienlisten durch weitere, komplexere Bewertungsmethoden ergänzt werden.

Monetäre Methoden
Monetäre Bewertungsmethoden wie die Kosten-Nutzen-Analyse und die Kostenwirksamkeitsanalyse beruhen darauf, dass die positiven und negativen Folgewirkungen eines Vorhabens durch Geldwerte abgebildet werden. Während die Kosten-Nutzen-Analyse sowohl

die Kosten- als auch die Nutzenseite monetarisiert, belässt die Kosten-Wirksamkeitsanalyse die Vorhabenauswirkungen bei ihren physischen Werten, indem die in unterschiedlichen Einheiten erfassten und transformierten Ergebnisse einander gegenübergestellt werden. Die Kosten-Wirksamkeitsanalyse wird heute nur noch selten angewandt und daher im Folgenden nicht weiter betrachtet. Die Kosten-Nutzen-Analyse bezieht zunächst nur die monetarisierbaren Kosten mit ein. Nicht monetarisierbare quantitative sowie qualitative Effekte werden zusätzlich durch eine verbal-argumentative Bewertung mit berücksichtigt. Kosten-Nutzen-Analysen werden sowohl in der Privatwirtschaft als auch im öffentlichen Sektor bei größeren Infrastrukturinvestitionen zur Auswahl von Vorhabenalternativen angewandt. Nur im öffentlichen Sektor wird versucht, soziale und ökologische Effekte eines Vorhabens mit einzubeziehen.

Die Vorteile der Kosten-Nutzen-Analysen liegen in der Verrechenbarkeit der einzelnen Bewertungskriterien sowie in der Anschaulichkeit der Ergebnisse. Kritik haben Kosten-Nutzen-Analysen vor allem darin erfahren, dass sie unterstellen, dass Marktpreise die gesamtgesellschaftlichen Bedürfnisse und Präferenzen widerspiegeln. Zudem existieren für öffentliche Leistungen und Wirkungen häufig keine Marktpreise. Daher ist die Ermittlung fiktiver Preise unsicher und mit Fehlern behaftet. An Grenzen stoßen monetäre Bewertungsmethoden auch bei der Erfassung und Abbildung von Umweltauswirkungen, da Kriterien wie die Schönheit der Landschaft oder die Schutzwürdigkeit von Tieren und Pflanzen sich kaum in „Schattenpreisen" ausdrücken lassen. Eine Unterart von monetären Bewertungsmethoden sind Zahlungsbereitschaftsanalysen, die über Befragungen ausgewählter Bevölkerungsgruppen die Wertschätzung von ansonsten nicht monetarisierbaren Umweltqualitäten wie die Reinheit der Luft oder eines Gewässers zu ermitteln versuchen (Schulz/Schulz 1991, S. 299 ff.).

Eignung in Bezug auf Flächenauswahl für Windkraftanlagen: Monetäre Bewertungsmethoden haben ihren Berechtigung bei öffentlichen Infrastrukturinvestitionen, bei denen die ökonomischen Wirkungen das Spektrum der Folgewirkungen dominieren. Die Folgewirkungen von privat finanzierten Windkraftanlagen beschränken sich jedoch hauptsächlich auf nicht monetarisierbare oder quantifizierbare Beeinträchtigungen von Umweltmedien. Es wäre denkbar, individuelle Wertschätzungen von windkraftanlagenfreien Erholungslandschaften über die Durchführung von Zahlungsbereitschaftsanalysen zu ermitteln. Dies soll jedoch nicht Gegenstand der Arbeit sein. Monetäre Methoden kommen bei der Bewertung von Flächen für die Windenergienutzung nicht in Betracht und werden daher im Folgenden nicht weiter berücksichtigt.

Mehrdimensionale, nutzwertanalytische Methoden
Kennzeichen von Nutzwertanalysen ist die Bewertung von Vorhabenalternativen anhand von fiktiven Nutzen. Die einzelnen Schritte laufen wie folgt ab:
- Mittels operationalisierbarer Ziele werden die wesentlichen Auswirkungen eines Vorhabens bestimmt und durch kardinal[23] skalierte Indikatoren abgebildet.

---

[23] Der Begriff kardinal bedeutet stufenlos, stetig. Beispiele für kardinale Skalierungen sind Entfernungen und Flächengrößen.

- Es werden Regeln aufgestellt, anhand derer die kardinalen Messerträge der jeweiligen Kriterien in eine „dimensionslose" Zielerfüllungsfunktion übertragen werden, so dass die verschiedenen Messeinheiten keine Rolle mehr spielen.
- Die Kriterien werden gemäß ihrer Bedeutung untereinander gewichtet, d. h. mit Gewichtungsfaktoren versehen.
- Durch das Produkt der Gewichtungsfaktoren und der Zielerfüllungsgrade wird der Teilnutzen ermittelt.
- Die Addition der Teilnutzen ergibt den Gesamtnutzwert einer Vorhabenalternative.
- Abschließend wird eine Rangfolge der Vorhabenalternativen gebildet, wobei das höchste Additionsergebnis die Alternative mit dem größten fiktiven Gesamtnutzen wiedergibt.

Voraussetzungen für die Nutzwertanalysen der 1. Generation sind die Unabhängigkeit der Kriterien untereinander sowie kardinal skalierte Messerträge. In der von BECHMANN im Jahr 1978 weiterentwickelten Version der Nutzwertanalyse sind beide Bedingungen aufgehoben (Bechmann 1988, Nr. 3555 S. 1 ff.). Stattdessen werden über Entscheidungsmatrices jeweils zwei Kriterien einander gegenübergestellt und ihre Ausprägungskombinationen zu einem Teilnutzen verknüpft. Die hierarchisch aufgebauten daran anschließenden Entscheidungsbäume sind in sich konsistent und logisch. Sie genügen den wissenschaftlichen Anforderungen an Bewertungsmethoden, sind allerdings zeitaufwändig und bei Vorhaben mit einer Vielzahl von Kriterien komplex und schwer verständlich. Sie haben sich daher in der räumlichen Planung nicht etablieren können (Jacoby/Kistenmacher 1998, S. 157). In der Praxis werden häufig vereinfachte nutzwertanalytische Ansätze durchgeführt. Eine Vereinfachung kann dadurch geschehen, dass zum einen „quasi-kardinale" Zielerfüllungswerte verwendet werden; von einer Herleitung mittels aufwändigen Transformationsfunktionen wird in diesem Fall abgesehen. Des Weiteren können einfache Gewichtungsfaktoren verwendet werden oder es wird auf eine explizite Gewichtung ganz verzichtet (ebd., S. 158). Die Vorteile der Nutzwertanalyse liegen in

- der Anschaulichkeit und leichten Vermittelbarkeit der Ergebnisse,
- der Offenlegung von individuellen Wertschätzungen des Bearbeiters durch Gewichtungen der Kriterien,
- der einfachen, mit relativ geringem Aufwand verbundenen Durchführung.

Die wesentlichen Kritikpunkte an der Nutzwertanalyse sind demgegenüber

- die bei der Aggregation der Einzelnutzen zugrunde gelegte Annahme, die einzelnen Kriterien seien unabhängig voneinander und es gäbe keine Zielkonflikte;
- die Addition von Einzelwerten, durch die suggeriert wird, dass die Einzelwerte verrechenbar sind. Eine Gesamtverrechnung von Einzelnutzen kann allerdings umgangen werden, indem die Einzelnutzen weitgehend unaggregiert gelassen und am Ende verbal-argumentativ gegeneinander abgewogen werden;
- die Tendenz, über exakte Zahlenwerte wissenschaftliche Genauigkeit vorzutäuschen.

Eignung in Bezug auf die Bewertung von Flächen für die Windenergienutzung: Trotz ihrer methodischen Schwächen erscheinen Nutzwertanalysen für die Bewertung von Flächen für die Windenergienutzung gerade vor dem Hintergrund der kontroversen Diskussionen im besonderen Maße geeignet. Durch die Bewertung durch mehrere Personen können unterschiedliche Sichtweisen und Einstellungen gegenüber der Windenergie wiedergegeben werden. Zudem ist es möglich, über die standortbezogenen konkreten Umweltauswirkungen hinaus weitere Nutzen (Klimaschutz, lokale Wertschöpfung) mit in die Bewertung einzubeziehen, was den Abwägungen der Vor- und Nachteile der Windenergienutzung nahe kommt.

Ökologische Risikoanalyse

Kennzeichen der von BACHFISCHER im Jahr 1978 entwickelten ökologischen Risikoanalyse ist die Ermittlung des Beeinträchtigungsrisikos durch anthropogene Nutzungen. Das Risiko wird hierbei als Produkt aus Beeinträchtigungsintensität des Vorhabens und Empfindlichkeit des Schutzgutes verstanden. Die Bewertung gliedert sich in folgende Schritte:

- Zunächst wird die Intensität der potenziellen Beeinträchtigungen durch ein Vorhaben oder eine Nutzung ermittelt. Dabei werden die Auswirkungen auf die einzelnen Schutzgüter bezogen. Die Zuordnung eines Vorhabens zu einer Empfindlichkeitsstufe erfolgt über einen Entscheidungsbaum, in dem für bestimmte Eigenschaften Schwellenwerte festgelegt werden. Die potenzielle Beeinträchtigungsintensität steigt mit zunehmender Nutzungsintensität.
- Der zweite Bearbeitungsschritt besteht in der Ermittlung der Beeinträchtigungsempfindlichkeit eines Ökosystems.
- Schließlich werden die vorhaben- oder nutzungsspezifische potenzielle Beeinträchtigungsintensität und Empfindlichkeit des betroffenen Raumes in einer Risikomatrix zu einem Beeinträchtigungsrisiko zusammengefasst. Je höher die Beeinträchtigungsintensität und die spezifische Empfindlichkeit, desto höher ist das Risiko. Trifft eine extrem umweltbelastende Nutzungsart (z. B. Abfalldeponie) auf ein sehr schutzwürdiges und empfindliches Medium (z. B. Trinkwasserschutzbereich mit hoher Bodendurchlässigkeit), so ergibt sich ein hohes Risiko; die Realisierung des Vorhabens ist aus ökologischer Sicht bedenklich.

Die ökologische Risikoanalyse stellt hohe Anforderungen an Datenbeschaffung, Kenntnisse über ökologische Wechselwirkungen und über zeitliches und räumliches Auftreten der Beeinträchtigungen. Wird für jedes Schutzgut und jede Nutzungsart eine spezifische Empfindlichkeit bzw. Beeinträchtigungsintensität ermittelt, ist sie zudem sehr komplex. Aus diesem Grund hat es eine Reihe von Änderungsvorschlägen gegeben, die auf Entscheidungsbäume verzichten und stattdessen Rangordnungstabellen verwenden, in denen die Kriterien den verschiedenen Werten zugeordnet werden. Die ökologische Risikoanalyse teilt mit anderen, umweltbezogenen Bewertungsmethoden das Problem, dass anerkannte Richt- und Orientierungswerte, die erforderlich sind, um Beeinträchtigungsklassen abzugrenzen und Schwellenwerte festzulegen, weitgehend fehlen. Dennoch wird die ökologische Risikoanalyse innerhalb der Umweltverträglichkeitsprüfung in einigen Sachbereichen wie z. B. der Verkehrsplanung, als Standardmethode verwendet (Jacoby/Kistenmacher 1998, S. 161).

Eignung in Bezug auf die Bewertung von Flächen für die Windenergienutzung
Die ökologische Risikoanalyse ist prinzipiell für die Bewertung von Flächen für die Windenergienutzung geeignet. Ob Windkraftanlagen an einem Standort mit der Funktion oder der Nutzung der jeweiligen Fläche verträglich sind, lässt sich durch die Gegenüberstellung

der spezifischen Umweltauswirkungen und der Empfindlichkeit des Raumes feststellen. Allerdings ist fraglich, ob der Umfang der Umweltauswirkungen durch Windkraftanlagen den Bearbeitungsaufwand für die Durchführung einer ökologischen Risikoanalyse rechtfertigen würde. Bestimmte Umweltmedien wie Wasser, Luft, Klima, Boden und Pflanzen werden durch Windkraftanlagen nicht oder nur in einem geringem Ausmaß betroffen. Bei der Beurteilung der Zulässigkeit reichen eindimensionale Methoden aus. Die ökologische Risikoanalyse wird daher in dieser Arbeit nicht weiter betrachtet.

Verbal-argumentative Ansätze
Verbal-argumentative Ansätze beruhen auf der rein verbalen Beschreibung und Bewertung von Auswirkungen eines Vorhabens. Sie sind aus der Kritik an herkömmlichen, quantitativen Bewertungsmethoden heraus entwickelt worden und besitzen einen geringen Formalisierungsgrad. Sie werden angewandt als

- abschließende, quantitativen Bewertungsmethoden folgende Gesamtbewertung,
- Bewertung nicht quantifizierbarer Auswirkungen oder als
- eigenständige Bewertungsmethode bei wenig komplexen Bewertungsaufgaben, bei denen die Vor- und Nachteile eines Vorhabens tabellarisch aufgelistet und einander gegenübergestellt werden.

Verbal-argumentative Ansätze eignen sich insbesondere für die Bewertung von nicht oder kaum quantifizierbaren, „weichen" Kriterien wie z. B. dem Landschaftsbild. Sie sind mit einen relativ geringen Arbeitsaufwand verbunden und durch ihre Argumentationsweise nachvollziehbar und leicht verständlich. Sie verzichten auf eine quantitative Aggregation von Einzelwerten und stehen nicht in Gefahr, über exakte Zahlenwerte wissenschaftliche Genauigkeit vorzutäuschen, die sich durch mangelnde Datenlage und Wissen über Wirkungszusammenhänge nicht rechtfertigen lässt. Die Nachteile verbal-argumentativer Ansätze liegen in der bewussten oder unbewussten Überbewertung einzelner Kriterien (Jacoby/Kistenmacher 1998, S. 162) durch eine mehr oder weniger begründete Auswahl bzw. Auslassung von Kriterien. Zudem ist die Forderung der Wiederholbarkeit aufgrund des geringen Formalisierungsgrades nicht gewährleistet. Verbal-argumentative Ansätze finden in der Praxis wegen ihrer einfachen Handhabbarkeit und Durchführbarkeit verstärkt Anwendung und drängen quantitative Bewertungsmethoden zurück (ebd., S. 153). In der Kombination mit quantitativen Bewertungsmethoden sind abwägende Bewertungen bei der abschließenden Gesamtbewertung sinnvoll und hilfreich. Sie können diese aber nicht ersetzen.

Eignung in Bezug auf die Bewertung von Flächen für die Windenergienutzung: Verbal-argumentative Ansätze sind für die Auswahl von Flächen für die Windenergienutzung prinzipiell geeignet, da sich ein Teil der anlagenbedingten Auswirkungen nicht oder kaum quantifizieren lässt. Sämtliche der in Kapitel 5 untersuchten Standortgutachten basieren im Wesentlichen auf der verbal-argumentativen Bewertungsmethode. Allerdings treten bei der Analyse einige Schwächen zu Tage, die zum Teil auf die Art der Bewertungsmethode zurückzuführen sind. Da die Analyse der Gutachten Gegenstand des nachfolgenden Kapitels 5 ist, sollen die Schwächen und Stärken dieser Bewertungsmethode anhand der konkreten Beispiele erläutert werden.

Kombinierte Methoden

Kennzeichen kombinierter Methoden ist die Aufeinanderfolge von Bewertungsschritten. Kombinierte Methoden sind keinem eigenständigen Methodentypus zuzuordnen, sondern setzen sich aus Varianten der cindimensionalen Bewertungsmethode, der ökologischen Risikoanalyse, der Nutzwertanalyse sowie des verbal-argumentativen Ansatzes zusammen. Kombinierte Verfahren gelten als Versuch, die Nachteile der einzelnen, in ihrer Reinform angewandten mit erheblichem Aufwand verbundenen quantitativen Methoden durch die Kombination mehrerer Methoden zu verringern. Kombinierte Verfahren werden insbesondere bei komplexen Planungsvorhaben angewandt, wie etwa bei der Bewertung der Eignung von Flächen für Wohnbauland.

Eignung für die Bewertung von Flächen für die Windenergienutzung: Bei der Bewertung der Eignung von Flächen für die Windenergienutzung werden eindimensionale und argumentative Bewertungsmethoden kombiniert, in dem zunächst die jeweiligen Gemeindegebiete flächendeckend untersucht und schrittweise ungeeignete oder konfliktträchtige Flächen ausgesondert werden. Am Ende des Auswahlverfahrens steht eine verbal-argumentative Eignungs- und Empfindlichkeitsbewertung der übrig gebliebenen, restriktionsfreien oder -armen Flächen. Da der in den Standortgutachten durchgeführten Methode eine alternative Bewertungsmethode gegenüber gestellt werden soll, werden kombinierte Verfahren im Folgenden nicht weiter betrachtet.

Fazit
Die Erörterungen der in der räumlichen Planung gebräuchlichen Methoden haben gezeigt, dass der nutzwertanalytische Ansatz eine Reihe von Vorteile aufweist und für eine Bewertung von Flächen für die Windenergienutzung geeignet erscheint. In dieser Arbeit soll die vereinfachte Nutzwertanalyse am Beispiel der Eignungsflächen für die Windenergienutzung in der Gemeinde Schöppingen (Kreis Borken) durchgeführt werden (Kap 6).

4.2 Bewertungsmaßstäbe

Bewertungsmaßstäbe sind notwendige Bestandteile standardisierter Bewertungsmethoden. Je nach dem Zweck von Bewertungen – im vorliegenden Fall zum Beispiel der rechtlichen Beurteilung der Zulässigkeit eines Vorhabens oder der Auswahl von Planungsalternativen – können als Bewertungsmaßstäbe allgemeine Leitbilder und Ziele, Umweltqualitätsziele bis hin zu gesetzlichen oder untergesetzlichen Grenz- und Richtwerten herangezogen werden.

Genehmigungsentscheidungen erfordern verbindliche, gesetzlich festgelegte Richtwerte. Die Bewertungen bauen hier auf dem Vergleich des durch das Vorhaben erreichten Istwertes mit dem gesetzlichen Sollwert (Grenzwert). Wird der Grenzwert überschritten, so ist das Vorhaben unzulässig. Ein Entscheidungsspielraum besteht nicht. Die Beurteilung von Vorhabenalternativen durch die Planung muss hingegen aufgrund des Charakters der Raumplanung als übergeordnete, überfachliche und koordinierende Planung auf Richtwerte als Bewertungsmaßstäbe verzichten. Bewertungsmaßstäbe in der räumlichen Planung sind abstrakter und weisen daher einen größeren Ermessens- bzw. Abwägungsspielraum auf. Sie sind zu berücksichtigen (Ziele der Raumordnung) oder gegeneinander abzuwägen (Grundsätze der Raumordnung), also in die Entscheidung für ein Planungsvorhaben mit einzubeziehen. Rechtliche Folgen entstehen nicht, es sei denn, sie sind offensichtlich missachtet worden.

Maßstäbe für die Bewertung von Standorten für Windkraftanlagen können den Gesetzen, Plänen und Programmen der Raumordnung entnommen werden. Relevant sind hier das Bundesraumordnungsgesetz, das Baugesetzbuch sowie in der dieser Arbeit die Pläne und Programme des Landes Nordrhein-Westfalen und des Regierungsbezirks Münster. Darüber hinaus sind die fachlichen Ziele des Naturschutzes und der Energiewirtschaft sowie Richtwerte von Bedeutung. Ihre Verbindlichkeit nimmt mit räumlicher und sachlicher Konkretisierung zu. Während die Grundsätze der Raumordnung lediglich Orientierungsmaßstäbe im Rahmen von planerischen Ermessens- und Abwägungsentscheidungen sind, sind die textlich oder zeichnerisch festgesetzten in den Regionalplänen dargestellten Ziele der Raumordnung konkrete Vorgaben für die kommunalen Bauleitplanungen und Genehmigungsentscheidungen. Für die Bewertung der Windenergienutzung stehen darüber hinaus nur wenige Bewertungsmaßstäbe zur Verfügung; auch hier zeigt sich der Mangel an Umweltstandards (Knauer 1989, S. 58). So bestehen die Leitbilder und Leitlinien für Natur und Landschaft (NATUR 2000) für die Naturräume Nordrhein-Westfalens aus dem Jahr 1990 lediglich in der Entwurfsfassung und sind für die Praxis der Beurteilung von Eingriffen in die Landschaft nicht von Bedeutung (Gespräch mit Schwardmann am 8.3.2002). Ein landesweites Landschaftsprogramm ist erst mit der Novellierung im Jahr 2000 in das Landschaftsgesetz NW (§ 15 LG NW) aufgenommen worden.

Aus dem Mangel an konkreten Bewertungsmaßstäben heraus muss daher für die Bewertung der Standortverträglichkeit von Windkraftanlagen im Folgenden auf die allgemein gehaltenen Grundsätze und Ziele der Raumordnung, auf die Zielvorgaben der Fachgesetze sowie auf fachliche Orientierungshilfen zurückgegriffen werden. Der Aufbau orientiert sich nach den in Kapitel 4.3 behandelten Bewertungskriterien. Dies sind die Auswirkungen der Windkraftanlagen auf Mensch (Lärmemissionen, Schattenwurf) und Umwelt (Flächenverbrauch, CO_2-Einsparung, Avifauna). Zielkonflikte entstehen insbesondere zwischen dem Ziel des Ausbaus der regenerativen Energien und dem Schutz des Freiraums.

Klimaschutz contra Freiraumschutz
Die Ausweisung von Flächen für Windkraftanlagen steht im Konfliktfeld des gesetzlich beabsichtigten Schutzes des Außenbereichs[24] und der Förderung der regenerativen Energieträger[25]. Seit der baurechtlichen Privilegierung von Windkraftanlagen im Außenbereich (§ 35 BauGB) ist diesen per Gesetz ein Vorrang vor dem Schutz des Freiraums eingeräumt worden. Der einzige Vorbehalt ist der Grundsatz des sparsamen Umgangs mit Grund und Boden (Bodenschutzklausel, § 1a Abs. 1 BauGB). § 20 Abs. 3 LEPro fordert die Träger der Regionalplanung auf, den Freiraum grundsätzlich zu erhalten und seiner ökologischen, sozialen und wirtschaftlichen Bedeutung entsprechend zu sichern und funktionsgerecht zu

---
[24] ausgedrückt durch die Begrenzung der Anzahl der im Außenbereich privilegierten Vorhaben (§ 35 BauGB)
[25] Zielbestimmung § 1 EEG, Vorgaben der Landes- und Regionalplanung u. a.

4 Bewertung von Flächen für die Windenergienutzung

entwickeln. Eine funktionsgerechte Entwicklung kann durch die Errichtung von Windkraftanlagen gefährdet werden, da diese Funktionen des Freiraums, wie z. B. die naturgebundene, stille Erholung, beeinträchtigen können. Bemerkenswert ist, dass der Gebietsentwicklungsplan des Regierungsbezirks Münster vorgibt, dass Nutzungsanforderungen an den Freiraum „an der unabdingbaren Notwendigkeit für die Region bemessen werden" (Nr. 316 GEP Münster). Diese ist für die Windenergienutzung wohl kaum nachzuweisen.

Ähnliches Konfliktpotenzial weist die Windenergienutzung in Bezug auf die Ziele des Naturschutzes und der Landschaftspflege (§ 20 LG NW) auf. Wie Kapitel 3.3.1 zeigt, beeinträchtigen Windkraftanlagen durch ihre Form, Größe und Farbe die Eigenart, Vielfalt und Schönheit der Landschaft, die nach § 20 LG NW als Voraussetzung für die Erholung des Menschen nachhaltig zu sichern sind[26]. Nach B.III. 2.2.2 LEP dürfen Gebiete für den Schutz der Natur und Feuchtgebiete von internationaler Bedeutung für Nutzungen, die das Ziel des Aufbaus eines landesweiten Biotopverbundes beeinträchtigen, nur in Anspruch genommen werden, wenn „die angestrebte Nutzung nicht an anderer Stelle realisierbar ist, die Bedeutung der Gebiete dies zulässt und der Eingriff auf das unbedingt erforderliche Maß beschränkt ist". Dies gilt demnach auch für Windkraftanlagen, die nicht an bestimmte Standorte gebunden sind und dem Aufbau des Biotopverbundes (Stichwort: Barrierewirkung) entgegenstehen können. Auch die Leitvorstellung der Raumordnung, die „prägende Vielfalt der Teilräume zu stärken" (§ 1 Abs. 2 Nr. 5 ROG), kann dahingehend ausgelegt werden, dass ein flächenhafter Ausbau der Windenergienutzung ihr entgegenläuft; dies verstärkt die Forderung nach einer gezielten Steuerung der Windenergienutzung durch die Raumplanung.

Auch mit dem Kulturlandschaftsschutz kann die Windenergienutzung in Konflikt treten. Das Landschaftsgesetz NW fordert, historische Kulturlandschaften und -landschaftsbestandteile von besonderer Eigenart zu erhalten (§ 2 Abs. 1 Nr. 13 LG NW). Dies gilt auch für die Umgebung geschützter oder schützenswerter Kultur-, Bau- und Bodendenkmäler, sofern dies für die Erhaltung der Eigenart oder Schönheit des Denkmals erforderlich ist. In die gleiche Richtung zielt der Grundsatz der Raumordnung, gewachsene Kulturlandschaften in ihren prägenden Merkmalen sowie mit ihren Kulturdenkmälern zu erhalten (§ 2 Nr. 13 ROG).

Auf der anderen Seite steht der politisch beabsichtigte Ausbau der Windenergienutzung. Zum ersten Mal bestehen mit der Verabschiedung des Erneuerbare-Energien-Gesetz (EEG) gesetzlich festgelegte, quantitative Ausbauziele. Ziel ist eine Verdopplung des Anteils der erneuerbaren Energien am Primärenergieverbrauch bis zum Jahr 2010 (§ 1 EEG). Auch die Raumordnungspläne von Nordrhein-Westfalen beinhalten Ziele zum Ausbau der Windenergie. Nach § 26 Abs. 2 LEPro sollen insbesondere einheimische und regenerierbare Energieträger eingesetzt werden. D. II. 2.1 des Landesentwicklungsplans enthält die Vorgabe, dass die Voraussetzungen für eine stärkere Nutzung der regenerativen Energien geschaffen und verbessert werden sollen. Insbesondere soll dies durch die Ausweisung von

---

[26] ähnlich in: B.III. 2.2.1 LEP, § 32 Abs. 2 LEPro

besonders geeigneten Gebieten in den Gebietsentwicklungsplänen als „Bereiche mit Eignung für die Nutzung erneuerbarer Energien" geschehen (D. II. 2.4 LEP). Zudem sollen die erneuerbaren Energien innerhalb der Abwägung gegenüber konkurrierenden Belangen aufgrund des besonderen Landesinteresses besonderes Gewicht erhalten. Dies gelte insbesondere für Standorte für eine linien- und flächenhafte Bündelung von Windkraftanlagen (D. II. 3 LEP). Auch bei der Aufstellung der Bauleitpläne ist die als Belang des Umweltschutzes angesehene Nutzung der erneuerbaren Energien zu berücksichtigen (§ 1 Abs. 5 Nr. 7 BauGB).

Avifauna

Der Schutz der Vogelwelt wird nicht ausdrücklich in den Programmen und Plänen der Raumordnung genannt. Er kann lediglich allgemein aus der Zielbestimmung des Naturschutzes, die Pflanzen- und Tierwelt zu schützen (§ 1 Abs. 1 Nr. 3 LG NW) oder indirekt aus dem naturschutzrechtlichen Flächenschutz (§§ 19 ff. LG NW) abgeleitet werden. Wichtigster Beurteilungsmaßstab für die Beeinträchtigung von Vögeln sind die nationale und die länderweiten Roten Listen der bedrohten Tier- und Pflanzenarten, in denen seltene Arten nach fünf Gefährdungskategorien (potenziell bedroht bis ausgestorben) klassifiziert sind. Je seltener eine Art ist und je empfindlicher sie auf äußere Störeinflüsse reagiert, desto höher ist die Schutzwürdigkeit einzustufen.

Lärmemissionen

Allgemeine, den Immissionsschutz betreffende Ziele formulieren sowohl das BauGB als auch das Bundesimmissionsschutzgesetz (BImSchG). Die von Windkraftanlagen ausgehenden Lärmemissionen können anhand der TA-Lärm beurteilt werden (vgl. Kap. 4.3.3). § 1 Abs. 4 Nr. 1 BauGB schreibt vor, dass die „allgemeinen Anforderungen an gesunde Wohn- und Arbeitsverhältnisse [...]" bei der Aufstellung von Bauleitplänen zu berücksichtigen sein. Auf vergleichbarer abstrakter Ebene bleibt das BImSchG, das vorschreibt, dass Anlagen so zu errichten sind, dass keine erhebliche Belästigungen für die Allgemeinheit oder die Nachbarschaft entstehen können (§ 5 Abs. 1 Nr. 1 BImSchG). Die TA-Lärm konkretisiert den Begriff „erhebliche Belästigungen" für Lärmpegel in Baugebieten. Demnach liegen die Immissionsrichtwerte für reine Wohngebiete bei 35 dB(A) (nachts) bzw. 50 dB(A) (tags), während in Dorf- und Mischgebieten lediglich 45 dB(A) (nachts) bzw. 60 dB(A) (tags) einzuhalten sind (Nr. 6.1 TA-Lärm). Darunter liegende Werte gelten als zumutbar.

Schattenwurf

Auch für den Schattenwurf von Windkraftanlagen bestehen keine rechtsverbindlichen Vorgaben, sondern lediglich Orientierungswerte für die Genehmigungsbehörden. Das Landesumweltamt NRW hält eine theoretische Beschattungsdauer von maximal 30 Stunden pro Jahr bzw. 30 Minuten pro Tag für zumutbar (Osten/Pahlke 1998, S. 10). Andere Länder wie Schleswig-Holstein und Niedersachsen haben vergleichbare Orientierungswerte festgesetzt (vgl. Kap. 4.3.3).

4.3 Bewertungskriterien

Obwohl Windkraftanlagen im Vergleich zu konventionellen Kraftwerken umweltschonend sind, können auch sie die Umwelt in vielfacher Hinsicht beeinträchtigen. Sie verändern das Landschaftsbild (Kap. 4.3.1), beeinträchtigen die Avifauna (Kap. 4.3.2) und Anwohner durch Lärmemissionen und Schattenwurf (Kap. 4.3.3 und 4.3.4) und nehmen Fläche in Anspruch (Kap. 4.3.5). Eine positive Standortvoraussetzung für die Nutzung der Windenergie stellt die Windhöffigkeit (Kap. 4.3.6) dar. Die in Kapitel 6 untersuchten Gutachten verwenden bis auf das Kriterium Flächeninanspruchnahme für die Ermittlung von Eignungsflächen für die Windenergie die oben genannten Kriterien. In der nutzwertanalytischen Bewertung des Kapitels 7 wird darüber hinaus als sozialer Faktor die Akzeptanz in der Bevölkerung mit berücksichtigt (Kap. 4.3.7). Auch ökonomische Einkommenseffekte sollen in die nutzwertanalytische Bewertung mit einfließen. Da diese nur am konkreten Fallbeispiel bestimmt werden können, sollen sie an dieser Stelle nicht näher erläutert werden.

4.3.1 Landschaftsbild

Die Veränderung des Landschaftsbildes stellt den am schwierigsten zu bewertenden Teil der Umweltauswirkungen von Windkraftanlagen dar. Die Landschaft ist Träger subjektiver emotionaler Werte, die über eine einfache Analyse des strukturellen Aufbaus nicht ermittelt werden können (Jessel 1998, S. 356). Leitbilder oder Leitlinien der Landschaftsentwicklung sind selten (Winkelbrandt 1997, S. 9). Zwar sind naturschutzfachliche Leitbilder für das nordwestdeutsche Tiefland aufgestellt worden (BfN 1997, S. 1 ff.), ohne jedoch für die Praxis von großer Bedeutung zu sein[27]. Die Subjektivität der Landschaftsbildbewertung (Winkelbrandt 1997, S. 10) und der Mangel an anerkannten Erfassungs- und Bewertungsmethoden (Köhler 1997, S. 23; Breuer 2001, S. 239) führen dazu, dass die Bewertungsergebnisse kaum nachvollziehbar sind (a. a. O.) und Belange des Landschaftsbildschutzes in der räumlichen Planung häufig hinter anderen Belangen zurücktreten (Demuth 2000, S. 169; Ritschel 1997, S. 101), obwohl diese Thematik in der Öffentlichkeit auf großes Interesse stößt (ebd., S. 72).

Die Veränderung der Landschaft durch Windkraftanlagen lässt sich durch folgende Aspekte beschreiben:

- Moderne Windkraftanlagen sind mit einer Höhe von bis zu 140 m von großer visueller Auffälligkeit (Nohl 2001, S. 365). Sie überragen die umgebende Vegetation bei weitem und können bei klaren Sichtverhältnissen bis zu einer Entfernung von 10 km wahrgenommen werden. Die Dominanz von Windkraftanlagen in der Landschaft wird häufig durch exponierte Standorte (Bergkuppen, Höhenrücken) verstärkt. Auch die weiße Farbgebung, die roten Markierungen der Rotoren zur Sicherung des Flug-

---

[27] So stammen die flächendeckenden Leitbilder für Natur und Landschaft des Landes Nordrhein-Westfalen (NATUR 2000) von 1990, während ein landesweites Landschaftsprogramm erst im Jahr 2000 in das Landschaftsgesetz NW aufgenommen worden ist (§ 15 LG NW).

raums und die Drehungen der Rotoren vor einem optisch ruhigen Hintergrund fallen auf.
- Die beschriebenen Kennzeichen führen dazu, dass sich Windkraftanlagen nicht in die Umgebung einpassen lassen. Unabhängig vom konkreten Standort verändern Windkraftanlagen den Charakter und die Eigenart der Landschaft (Breuer 2001, S. 23). Aus diesem Grund ist eine artgleiche Kompensation des Eingriffs in das Landschaftsbild nicht möglich (vgl. Breuer 2001, S. 242).
- Die Veränderung des Landschaftsbildes ist insbesondere in Regionen hoher Schutzwürdigkeit (z. B. Erholungsgebiete, naturschutzrechtlich geschützte Gebiete) kritisch zu betrachten. In Teilen Schleswig-Holsteins liegt die Aufstellungsdichte bei über drei Anlagen pro km^2. Dies hat zu Festsetzungen in den Regionalen Raumordnungsprogrammen geführt, die besagen, dass für zukünftige Planungen ein Mindestabstand von 5 km^2 zwischen Gruppen von Windkraftanlagen einzuhalten sind (Mielke 1995, S. 37). Im Gegensatz zu konventionellen Kraftwerken sind Windkraftanlagen aufgrund der geringen Energiedichte des Windes und den geringen Anforderungen an den Standort über die Landschaft verteilt. Vor dem Hintergrund des weiteren Ausbaus besteht daher die Gefahr, dass Windkraftanlagen ohne eine gezielte Konzentration auf bestimmte Flächen sowie dem Ausschluss von Anlagen aus sensiblen Landschaftsräumen zur Uniformität der Landschaft beitragen.
- Die große Zahl der Windkraftanlagen kann dazu führen, dass Funktionen der Landschaft (z. B. Freizeit, Erholung) verloren gehen und Bedürfnisse und Erwartungen (z. B. Heimat, Bewusstsein für Geschichte, Ursprünglichkeit) nicht mehr befriedigt werden können (Demuth 2000, S. 7).
- Der Eingriff in das Landschaftsbild lässt sich zusammenfassend durch die Begriffe Maßstabsverlust, Oberflächenverfremdung, Strukturzerstörung, Vielfalts- und Eigenartsverlust kennzeichnen (ebd. S. 38).

Da das Werturteil nicht allein aufgrund der objektiven Veränderung der Gestalt der Landschaft, sondern auch durch gesellschaftliche Werte und persönliche Einstellungen geprägt wird, stehen dem eine Reihe von positiven Aspekten gegenüber:
- Befürworter der Windenergie verweisen auf den Symbolgehalt von Windkraftanlagen. Aus ihrer Sicht stehen sie stellvertretend für eine klimafreundliche und zukunftsweisende Energieversorgung (Thayer und Freemann 1987, S. 389).
- Windkraftanlagen können aufgrund ihrer Neuartigkeit Neugierde wecken und Bedürfnisse nach Informationen und Überraschungen befriedigen. Die kreisförmigen Bewegungen der Rotorblätter und aerodynamische Gestalt können als faszinierend erlebt werden.
- Die finanzielle Beteiligung an Windparks erhöht die Akzeptanz gegenüber der Windenergienutzung. Die Veränderung des Landschaftsbildes durch Windkraftanlagen wird in diesem Fall nicht mehr als schwerwiegend wahrgenommen (Egert/Jedicke 2001, S. 380).
- Befürworter vergleichen moderne Windkraftanlagen mit Windmühlen. Sie argumentieren, dass Windmühlen schon immer prägende Bestandteile des norddeutschen Landschaftsbildes gewesen sind (Grauthoff 1991, S. 235) und dass zu jeder Zeit neue

Elemente hinzugefügt wurden, die später als Teile der Kulturlandschaft akzeptiert werden. Mit der Zeit trete also ein Gewöhnungseffekt ein. Darüber hinaus beeinflussen zeitliche Dauer und Motivation des Aufenthalts die Haltung gegenüber Landschaftsbildveränderungen. Touristen stehen Windkraftanlagen eher positiv gegenüber als Anwohner (Hennemann 2001, S. 85).

Ansätze zur Erfassung und Bewertung des Landschaftsbildes
Obwohl Landschaftsbild als „der sinnlich wahrnehmbare Teil von Natur und Landschaft" (Köhler 1997, S. 24) definiert werden kann, beziehen sich die angewandten Analyse- und Bewertungsmethoden ausschließlich auf den Gesichtssinn, der nach verbreiteter Auffassung als Indikator für das Landschaftsbild ausreicht (Winkelbrandt 1997, S. 11). Eine Ausnahme bilden psychologisch-phänomenologische und physiognomische Bewertungsansätze, die sämtliche Sinneseindrücke abzubilden versuchen. Für das vorliegende Fallbeispiel erscheint eine Beschränkung auf die visuellen Wirkungen ausreichend, da Lärm- und Geruchsemissionen von Windkraftanlagen im Hinblick auf die Wahrnehmung des Landschaftsbildes eine zu vernachlässigende Größe darstellen. Versuche, die einzelnen Analyse- und Bewertungsmethoden zum Landschaftsbild zu systematisieren, sind u. a. von Klöppel/Krause (1996), Nohl (1993), Gareis-Grahmann (1993) und Demuth (2000) unternommen worden.

Bewertungs- und Analysemethoden für das Landschaftsbild legen den Schwerpunkt auf die realen Gegebenheiten der Landschaft (geographische Ansätze), auf subjektive Wahrnehmungen (psychologisch-phänomenologische Ansätze) oder verbinden beide Ansätze. Vertreter der geographischen Ansätze betrachten das Landschaftsbild als eine Summe der objektiv beschreibbaren, naturräumlichen Ausstattung einer Landschaft (Demuth 2000, S. 99). Das Landschaftsbild ist hierbei mehr oder weniger identisch mit der optisch wahrgenommen Eigenart der Landschaft. Kulturhistorische Aspekte der Landschaft werden, wie auch die Kriterien Vielfalt und Schönheit, eher beiläufig behandelt.

Vertreter des physiognomischen Ansatzes (Krause/Klöppel 1996 u. a.) betrachten Landschaftselemente als Träger von Werten, die dazu beitragen, dass grundsätzliche Bedürfnisse wie Heimat, Geborgenheit und Freiheit befriedigt werden können. Aufgabe ist die Bestimmung jener Landschaftselemente, die den Ausdruckswert der Landschaft – Vielfalt, Eigenart, Schönheit u. a. – festlegen. Die Problematik dieses Ansatzes liegt in der pauschalen, durch psychologische Erkenntnisse nicht belegten Zuweisung von Werten und Stimmungen, die je nach Jahres- und Tageszeit und klimatischer Bedingung variieren können. Dabei wird die Hypothese zugrunde gelegt, dass zwischen den Landschaftselementen, die in ihrer Gesamtheit den Charakter der Landschaft prägen, und den Wirkungen auf Menschen feste Kausalbeziehungen bestehen.

Psychologisch-phänomenologische Analyse- und Bewertungsmethoden (Gareis-Grahmann 1993) versuchen über empirisch-analytische Untersuchungen Auskünfte zu bekommen, in welcher Weise Landschaften wahrgenommen werden. Das Landschaftsbild wird als ästhetisch-emotionaler Widerhall auf die erlebte Landschaft aufgefasst, indem Landschaftsbetrachter objektive Gegebenheiten mit subjektiven Erlebnissen und Bedürfnissen verknüpfen (Demuth 2000, S. 94). Je stärker die Bedürfnisse befriedigt werden können, desto ausgeprägter ist das Gefallensurteil (a. a. O.). Ansatzpunkt für Kritik ist hier das subjektive Gefallensurteil einer ausgewählten, nichtrepräsentativen Gruppe, die als Maßstab für den Wert eines Landschaftsbildes genommen wird. Bei einer gerichtlichen Beurteilung des Landschaftsbildes reicht das Gefallensurteil eines für ästhetische Eindrücke offenen Durchschnittsbetrachters als Bewertungsmaßstab für den Grad der Schönheit der Landschaft aus (Jessel 1998, S. 357). Dahinter steht die Absicht, die durch objektive Bewertungsverfahren nicht erfassbare Schönheit der Landschaft ohne aufwändige Untersuchungen und komplizierte analytische gerichtliche Begründungspflichten als Bewertungsmaßstab mit einzubeziehen. Als problematisch wird jedoch angesehen, dass das ästhetische Gefallensurteil mangels Kenntnissen über ökologische Zusammenhänge nicht zwangsläufig mit den Zielen des Naturschutzes und der Landschaftspflege identisch ist (Breuer 1993a, S. 21).

Wie oben bereits angedeutet, liegt das Bewertungsproblem des Landschaftsbildes in der Subjektivität der Landschaftswahrnehmung. Psychologisch-phänomenologische Methoden versuchen über Befragungen Meinungsbilder zu bekommen. Das Problem ist hier, dass eine Übertragung der Ergebnisse aufgrund zu kleiner Stichproben und Auswahl einzelner Gruppen (Touristen, Anwohner, Besucher) nicht möglich ist. Auslegungen zum Bundesnaturschutzgesetz stellen klar, dass nicht die Interessen von bestimmten Nutzergruppen zu erfüllen sind; flächendeckende Befragungen können aufgrund des hohen Aufwands nicht durchgeführt werden. Dennoch werden Befragungen zum Teil als einzige Möglichkeit gesehen, den eindeutig auf das subjektive Empfinden zielenden Begriff Schönheit zu erfassen und zu bewerten (Breuer 1993, S. 21; Winkelbrandt 1997, S. 13).

Operationalisierungen des Landschaftsbildes
Um das Landschaftsbild der wissenschaftlichen Analyse zugänglich zu machen, muss der Begriff operationalisiert werden. Auch bei den Bewertungskriterien werden in der Praxis eine Vielzahl von Begriffen verwendet, die weit über die naturschutzrechtlich vorgegebenen Begriffe Vielfalt, Eigenart und Schönheit hinausgehen. SCHWAHN hat in einer Untersuchung von 13 Verfahren zur Landschaftsbildbewertung über 40 verschiedene normative Kriterien ermittelt, ohne einen Schwerpunkt ausmachen zu können. Neben den Kriterien Vielfalt, Eigenart und Schönheit wurden u. a. die normativen Begriffe Natürlichkeit, Maßstäblichkeit, Ordnung, Heimat und Komplexität verwendet (Schwahn 1990, S. 10 ff.). Die Vielzahl dieser Begriffe ist zum einen Indiz für die Unterschiedlichkeit der methodischen Ansätze. Gleichzeitig führt dies zu einer mangelnden Vergleichbarkeit von Untersuchungen, wozu auch nicht vorgenommene Definitionen beitragen. Es spricht daher vieles dafür, die durch das Naturschutzrecht vorgegebenen – wenn auch nicht definierten – landschaftsbildspezifischen Schlüsselbegriffe Vielfalt, Eigenart und Schönheit als Hauptmaßstäbe für die Bewertung des Landschaftsbildes zu verwenden (Jessel 1998, S. 357)[28]. In der nutz-

---

[28] Winkelbrandt weist darauf hin, dass im Rahmen der Eingriffsregelung durch die Bestimmung der Eingriffsintensität bzw. des Umfangs der Kompensationsmaßnahmen Rechtsfolgen entstehen. Die Eingriffsbeurteilung muss justitiabel, d. h. nachvollziehbar und logisch begründet sein. Dies bedeutet, dass auch die der

wertanalytischen Bewertung der Flächen für Windkraftanlagen (Kap. 6) soll das Landschaftsbild daher durch die Begriffe Vielfalt und Eigenart konkretisiert werden. Zudem wird das Kriterium Einsehbarkeit in der nutzwertanalytischen Bewertung mit berücksichtigt, da es zur Bestimmung der landschaftsästhetischen Eingriffsintensität eines Vorhabens übereinstimmend verwendet wird (Nohl 1993, S. 48; Breuer 2001, S. 240; Köppel et. al., S. 258).

4.3.2 Avifauna

Die Auswirkungen von Windkraftanlagen auf die Avifauna stellen insbesondere in den norddeutschen Küstenländern ein umstrittenes und kontrovers diskutiertes Thema dar. Die potenzielle Gefährdung von Vögeln durch Kollisionen mit Rotoren und Meidungen von Flächen in der unmittelbaren Umgebung von Anlagen als Brut- und Rastplatz sind Gegenstand zahlreicher ornithologischer Untersuchungen (Vauk 1990 u. a.). Daraus abgeleitete Erkenntnisse fließen in die Ausweisung von Eignungsflächen oder die Ermittlung des Umfangs von Kompensationsmaßnahmen ein. Beobachtungen von Vögeln im Umfeld von Windkraftanlagen sind mit einer Reihe von methodischen Schwierigkeiten verbunden, die dazu führen, dass bis heute wenige gesicherte Erkenntnisse über das Ausmaß der Beeinträchtigungen durch Windkraftanlagen vorliegen (Bach/Handke/Sinning 1999, S. 118; Bergen 2001, S. 9).

Grundsätzlich können folgende Konfliktbereiche ausgemacht werden:
- Insbesondere in den Regionen Schleswig-Holsteins sind in den 80er Jahren Windparks in der Nähe von Deichen sowie entlang Zugrouten von internationaler Bedeutung errichtet worden. Küstennahe Windparks sind konfliktreich, da Küstenlinien, Seeketten und Höhenrücken Zugvögeln als Orientierungslinien dienen (Koop 1997, S. 203). Werden Windkraftanlagen optisch als Hindernisse wahrgenommen, reagieren die Tiere mit einem Über- oder seitlichem Umfliegen der Anlagen. Ist die Sicht infolge ungünstiger Wetterlagen eingeschränkt und die Flughöhe herabgesetzt, kann es zu Kollisionen mit den Rotoren kommen (Ketzenberg/Exo 1997, S. 352).
- Windkraftanlagen können Vögel bei Brut und Rast stören. Die von Windkraftanlagen ausgehenden Schatten, Lichtreflexe und akustischen Reize stellen ein je nach Sensibilität der Art mehr oder weniger großes Beeinträchtigungspotenzial dar. Gegenstand zahlreicher Untersuchungen über die Brut- und Rastplatzdichte im Umfeld einzelner Anlagen bzw. Windparks ist die Frage, in welchem Maße Windkraftanlagen die Nutzung von Flächen als Brut- und Rastplatz beeinträchtigen (Schreiber 1993, S. 133 ff., Bergen 2001, S. 1 ff.).

Untersuchungen zum Verhalten von Vögeln im Umfeld von Windkraftanlagen sind mit zahlreichen methodischen Schwierigkeiten behaftet (Handke 2000, S. 47). Jede Art stellt charakteristische Ansprüche an den Lebensraum und entwickelt arttypische Verhaltens-

---

Eingriffsbewertung zugrunde gelegten Bewertungskriterien exakt definiert und möglichst einheitlich sein sollten.

muster gegenüber äußeren Störeinflüssen (Bergen 2001, S. 3). Kulturfolger reagieren gegenüber Veränderungen der Umwelt relativ unempfindlich, während Arten baum- und strauchloser Landschaften dafür bekannt sind, dass sie besonders sensibel auf Störungen reagieren (Koop 1997, S. 204). Die Wahl des Rast- und Brutplatzes ist von einer Vielzahl von Faktoren wie Nahrungsangebot, Tradition, Ungestörtheit und sonstigen Ansprüchen an den Lebensraum abhängig (a. a. O.). Ergebnisse von Felduntersuchungen, nach denen stets eine Reihe von komplexen Umwelteinflüssen das Verhalten bestimmen, sind daher schwierig zu interpretieren. Eine Herstellung von Kausalbeziehungen ist häufig nicht möglich, d. h. ein mehrmals beobachtetes Verhalten erlaubt noch keine Rückschlüsse auf die Verhaltensursache (ebd., S. 5). Das Meiden einer anlagennahen Fläche kann daher auf ein verbessertes Nahrungsangebot außerhalb des Gebietes zurückzuführen sein. Auf der anderen Seite können Beobachtungen von Vögeln in unmittelbarer Nähe zu den Anlagen auch dahingehend interpretiert werden, dass die zusätzlichen von Windkraftanlagen ausgehenden Störeinflüsse die Standorttreue nicht überwiegen.

Trotz der Unsicherheiten in Bezug auf das Verhalten und einem bestehenden Mangel an systematisch durchgeführten Untersuchungen (Handke 2000, S. 47) lässt sich eine Reihe von Ergebnissen festhalten. Das Beeinträchtigungspotenzial von Windkraftanlagen ist in der Vergangenheit eher überschätzt worden. Darauf weisen neuere Untersuchungen zu Vogelschlag und Brut- und Raststandorten übereinstimmend hin (Bergen 2001, Bach/ Handke/Sinnning 1999, Schreiber 1993). Während frühere Untersuchungen noch von über 400 getöteten Tieren pro Megawatt und Jahr ausgingen, ist der Vogelschlag heute kaum noch Gegenstand von ornithologischen Erhebungen. Befürchtungen, Beobachtungen in den USA über massenhafte Kollisionen müssten auf europäische Windparks übertragen werden, haben sich nicht bestätigt. Dies gilt für Befürchtungen über ein erhöhtes Vogelschlagrisiko, die im Zusammenhang mit der zunehmenden Anlagengröße geäußert wurden (Koop 1994, S. 205).

Festzuhalten bleibt, dass die Zahl der getöteten Vögel in erheblichem Maße vom Standort abhängt. Ein hohes Risiko besteht an küstennahen Standorten, in avifaunistisch bedeutsamen Gebieten sowie auf Flächen, die als Rastflächen genutzt werden. Insgesamt gesehen sind die Zahlen der Vogelschlagopfer zu relativieren; nach einer Hochschätzung durch Bon und Boersma für die Niederlande betrug die Zahl der Vogelschlagopfer durch Hochspannungsleitungen im Jahr 1985 über 1.000.000 (Bon/Boersma, in: Vauk 1990, S. 107). Problematisch ist in dieser Hinsicht allerdings, dass in den durch bauliche Eingriffe unbelasteten Regionen Schleswig-Holsteins Windkraftanlagen zum Teil den Bau neuer Freileitungen erforderlich machen.

Eine Gesamtbewertung des Vogelschlags und der Verdrängung von Vögeln aus ihren Habitaten ist schwierig. Solange lediglich einzelne Individuen durch Windkraftanlagen zu Tode kommen oder Lebensraumverluste erleiden, sind die Folgen für die Art gering. Wenn allerdings keine vergleichbaren alternativen Lebensräume zur Verfügung stehen und die betroffenen Arten selten sind, können Lebensraumverluste zu einer Unterschreitung einer kritischen Populationsgröße führen (Bergen 2001, S. 4). Die Rote Liste der bedrohten Vogelarten ist damit ein wichtiger Bewertungsmaßstab für die Beurteilung der Eingriffserheblichkeit.

4.3.3 Lärmemissionen

Windkraftanlagen emittieren Schall. Durch die Drehung der Rotoren bilden sich Luftturbulenzen, die als Luftdruckunterschiede Schallwellen auslösen. Diese Schallemissionen werden als gleichmäßiges Grundrauschen, ähnlich des Geräuschs eines Segelflugzeuges, und zumeist nicht als unangenehm empfunden (Höf 1992, S. 84). Der Schallpegel moderner großer Windkraftanlagen liegt bei etwa 100 dB(A) bei einer Windgeschwindigkeit von 8-10 m/s (BWE 2001, S. 121 ff.). Zwar nimmt die Lautstärke über diese Geschwindigkeit hinaus weiter zu, sie wird jedoch in der Regel durch das zugleich zunehmende Hintergrundrauschen überdeckt (Keuper 1993, S. 39). Mit der technischen Fortentwicklung sind Windkraftanlagen wesentlich leiser geworden. Der Schallpegel der Anlagen der ersten Generation lag bei bis zu 120 dB(A) (Hau 1996, S. 560), was einer hundertfachen Wattleistung entspricht. Windkraftanlagen, die aufgrund aerodynamischer Effekte oder konstruktionsbedingter Defekte Einzeltöne erzeugen, entsprechen nicht dem Stand der Technik (Schällig 1999, S. 130). Auch der Ausstoß von Infraschall ist bei heutigen Anlagen ohne Bedeutung. Untersuchungen haben ergeben, dass der von Windkraftanlagen emittierte In-fraschallpegel weit unterhalb der Wahrnehmbarkeitsschwelle liegt (Piorr 2000, S. 35). Dennoch können Schallemissionen durch Windkraftanlagen Anwohner beeinträchtigen. So sind Windkraftanlagen zunehmend Gegenstand gerichtlicher Auseinandersetzungen (Schällig 2001, S. 127). Die für die Genehmigung von Windkraftanlagen maßgebliche Technische Anleitung zum Schutz vor Lärm gibt vor, dass nachts in reinen Wohngebieten 35 dB(A), allgemeinen Wohngebieten 45 dB(A), in Dorf- und Mischgebieten sowie bei Einzelgebäuden im Außenbereich hingegen 50 dB(A) nicht dauerhaft überschritten werden sollten (Nr. 6.1 TA-Lärm). In Einzelfällen können unter ungünstigen Bedingungen Abstände von bis zu 950 m erforderlich sein (Nr. 2b MURL 1998).

Im Rahmen der immissionsschutzrechtlichen Genehmigung von Windkraftanlagen überprüft die Bauaufsichtsbehörde, ob die Inbetriebnahme der Windkraftanlage zu einer Überschreitung dieser Richtwerte führen würde. Grundlage für den Genehmigungsentscheid ist in der Regel eine überschlägige Schallprognose (Piorr 1999, S. 118). Da die Ausbreitung des Schalls von vielen Faktoren – Windgeschwindigkeit und Windrichtung, Topographie, Vegetation, Luftdruck u. a. – abhängt, müssen Schallprognosen stets die individuellen Gegebenheiten des Ortes mit berücksichtigen. Ergibt die Schallprognose, dass der Schallleistungspegel den Richtwert nach TA-Lärm um weniger als 6 dB(A) unterschreitet und damit eine Beeinträchtigung der Anwohner zu befürchten ist, sind Schallemissionsmessungen am konkreten Anlagenstandort durchzuführen (ebd., S. 119). Erfüllt die zu errichtende Anlage nicht die Anforderungen, kann die Bauaufsichtsbehörde die Genehmigung mit Auflagen erteilen, d. h. zeitliche Beschränkungen des Betriebes, technische Schallschutzmaßnahmen oder eine Drehzahlbegrenzung fordern (Schällig 1999, S. 139). Um dies und die Beeinträchtigung von Anwohnern auszuschließen, sollten die Lärmissionen bereits bei der Ausweisung der Eignungs- und Konzentrationsflächen berücksichtigt werden. Da das

Lärmempfinden subjektiv ist[29] (Budach 1992, S. 373), sollten jedoch grundsätzlich möglichst große Abstände zu Wohngebieten gewählt werden; dies entspricht auch der Forderung des Bundesimmissionsschutzgesetzes nach der Minimierung von Umweltbeeinträchtigungen sowie dem Prinzip der Umweltvorsorge.

Das Landesumweltamt NRW hat überschlägig errechnet, dass bei einer Windkraftanlage mit einem Schallleistungspegel von 100 dB(A) sowie einer Windgeschwindigkeit von 8 m/s in einer Entfernung von 200 m etwa 50 dB(A), 340 m etwa 45 dB(A) und 550 m etwa 35 dB(A) erreicht werden, was den jeweiligen Richtwerten für reine und allgemeine Wohngebiete sowie Dorf- und Mischgebiete zur Nachtzeit nach der TA-Lärm entspricht. Allerdings weist das Landesumweltamt NRW auch darauf hin, dass sich die Träger der Planungshoheit bei Stellungnahmen hinsichtlich konkreter Abstandsempfehlungen zurückhalten sollten (Nr. 4 MURL 1998). Im überarbeiteten Genehmigungserlass des Landes Nordrhein-Westfalen aus dem Jahr 2000 ist die Empfehlung des Erlasses aus dem Jahr 1996, zu Siedlungsgebieten einen Abstand von 500 m einzuhalten (Nr. 2.4 WEA-Erl. NW i. d. F. vom 29.11.1996), zurückgenommen worden. In den Windenergie-Erlassen der anderen Bundesländer sind demgegenüber nach wie vor Abstandsempfehlungen zu Wohngebieten enthalten. Diese reichen entsprechend der Empfindlichkeit und Schutzwürdigkeit der jeweiligen Nutzungsart von 300 m zu Einzelhäusern (Rheinland-Pfalz, Niedersachsen, Schleswig-Holstein) über 500 m zu allgemeinen Wohngebieten (Niedersachsen) und ländlichen Siedlungen (Niedersachsen, Schleswig-Holstein) bis zu 1000 m zu städtischen und fremdenverkehrsbetonten Siedlungen (Mecklenburg-Vorpommern, Schleswig-Holstein) (Auge/Brink 1997, S. 42 ff.).

Bei der Ausweisung von Eignungs- oder Konzentrationsflächen sind zudem folgende physikalische Zusammenhänge zu bedenken:
Der Schallpegel nimmt mit zunehmender Entfernung vom Emissionsort nicht linear, sondern logarithmisch ab. Eine Verdopplung der Entfernung entspricht einem Rückgang des Schallpegels bei punktförmigen Schallquellen um 6 dB(A) (Budach 1992, S. 380). Dies bedeutet, dass der erforderliche Abstand zu reinen Wohngebieten (Richtwert 35 dB(A)) im Vergleich zu allgemeinen Wohngebieten (Richtwert 45 dB(A)) etwa das Doppelte beträgt. Der Schallpegel steigt bei einer Verdopplung der Anzahl von Windkraftanlagen um 3 dB(A) (Mielke 1995, S. 17). Die Anzahl der auf einer Konzentrationsfläche zu errichtenden Anlagen ist also bei der Abgrenzung von Eignungs- bzw. Konzentrationsflächen mit zu berücksichtigen, um zu verhindern, dass diese aus immissionsschutzrechtlichen Gründen nur zum Teil ausgenutzt werden kann. Möglich ist die Festsetzung von flächenbezogenen Schallleistungspegeln durch Bebauungspläne (Kötter 1999, S. 123).

---

[29] Untersuchungen haben ergeben, dass bei einzelnen Personen die Wirkung des Geräusches nur zu einem Drittel aus physikalischen Messgrößen erklärt werden kann (Dreyhaupt 1994, S. 744). Ein durchgängig hoher Lärmpegel kann sich auf das subjektive Wohlempfinden, auf die Leistungsfähigkeit und auf die Schlaftiefe negativ auswirken.

4.3.4 Schattenwurf

Windkraftanlagen werfen bei Sonnenschein Schatten. Drehen sich bei Wind die Rotorblätter, bewegt sich zugleich der Schatten, was als lästig empfunden werden kann (Keuper 1993, S. 40). In welchem Maße ein in der Nähe einer Windkraftanlage gelegenes Wohnhaus durch Schattenwurf betroffen ist, hängt u. a. von der Höhe der Windkraftanlage, der Entfernung, der Himmelsrichtung in Bezug auf die Sonne sowie den meteorologischen Verhältnissen ab (Behr 1992, S. 9). Die Rotoren von Windkraftanlagen reflektieren zudem das Sonnenlicht. Da die Hersteller dazu übergegangen sind, matte Farben zu verwenden, ist die Beeinträchtigung durch Lichtreflexe unerheblich und soll im Folgenden nicht weiter behandelt werden (Keuper 1993, S. 42).

Dass von den Schatten der Windkraftanlagen tatsächlich eine erhebliche Beeinträchtigung ausgeht, zeigt eine Untersuchung durch POHL et. al.. In dieser wurden 223 in der Nähe von Windkraftanlagen lebende Bewohner nach ihrem Wohlbefinden befragt. Ein Ergebnis war, dass zwischen der Dauer, in denen die befragten Personen dem Schattenwurf von Windkraftanlagen ausgesetzt waren, und dem Störungsempfinden ein signifikanter Zusammenhang besteht. 43 % der Befragten fühlten sich durch den Schattenwurf belästigt (Pohl/Faul/Mausfeld 1999, S. 5 ff.). Dies deckt sich in etwa mit den Ergebnissen einer Befragung durch KRAUSE, nach denen 35 % der innerhalb eines Radius von 500 m zu einer Anlage wohnenden Bevölkerung sich durch den Schattenwurf gestört fühlten (Krause 1995, S. 33). Die Störungsqualität besteht darin, dass Aufenthaltsbereiche gemieden werden oder allgemein die Lebensqualität sinkt. Auffallend ist, dass lediglich eine der an Windkraftanlagen finanziell beteiligten Personen angab, durch den Schattenwurf beeinträchtigt zu werden.

In den Bundesländern Schleswig-Holstein und Nordrhein-Westfalen gelten nach den Angaben der staatlichen Umweltämter Richtwerte für die theoretische Beschattungsdauer von maximal 30 Stunden pro Jahr bzw. 30 Minuten pro Tag (Osten/Pahlke 1998, S. 10). Die theoretische Beschattungsdauer gibt an, wie lange ein Beobachtungspunkt dem Schlagschatten einer Windkraftanlage unabhängig der tatsächlichen meteorologischen Verhältnisse (Bewölkung, Flaute) ausgesetzt ist (Osten/Pahlke 1998, S. 10). An typischen norddeutschen Standorten reduzieren sich die wahrscheinlichen, realen Beschattungszeiten auf weniger als 20 % der theoretischen maximalen Jahreswerte (a. a. O.). Das Niedersächsische Landesamt für Ökologie (NLÖ) empfiehlt, dass die reale Beschattungsdauer nicht mehr als 3 % der theoretischen Beschattungsdauer betragen sollte, was einer Beschattung von etwa 135 Stunden entspricht[30]. Länderübergreifende Richtlinien existieren bislang nicht (ebd., S. 6).

Die Vorgabe von Mindestabständen erweist sich als schwierig, da der Schattenwurf durch eine Vielzahl von Variablen bestimmt wird:

---

[30] Dieser hohe Wert kommt dadurch zustande, dass die Berechnung die Zeiten kurz nach Sonnenauf- bzw. kurz vor Sonnenuntergang mit einbeziehen, die gewöhnlich aufgrund der geringen Strahlungsintensität nicht berücksichtigt werden.

- Der Sonnenstand verändert sich je nach Tages- und Jahreszeit. Kurz nach Sonnenaufgang bzw. kurz vor Sonnenuntergang wirft eine Windkraftanlage einen theoretisch unendlichen, aber zugleich diffusen Schatten. Aus diesem Grund sind Sonnenhöhenwinkel von bis zu 3° für die Bestimmung des Schattens durch Windkraftanlagen irrelevant (ebd., S. 10).
- Mit zunehmender Entfernung von der Windkraftanlage verringert sich die Dauer des Schlagschattens. Die Sonne scheint „um die Anlage herum".
- Mit der Sonne wandert auch der Schatten. Südlich von Windkraftanlagen gelegene Wohnhäuser sind zu keiner Zeit dem Schatten ausgesetzt.

Berechnungen von KEUPER haben gezeigt, dass die theoretische maximale Beschattungsdauer an einem 200 m von einer Windkraftanlage liegenden Punkt ca. 45 Stunden pro Jahr an insgesamt maximal 88 Tagen beträgt. In einer Entfernung von 300 m wird eine theoretische Beschattung von etwa 20 Stunden pro Jahr erreicht (Keuper 1993, S. 41).[31] Ob damit die aus den Immissionsrichtwerten der TA-Lärm einzuhaltenden Abstände[32] auch im Hinblick auf den Schattenwurf ausreichen, um eine erhebliche Beeinträchtigung von Anwohnern durch Schattenwurf auszuschließen, lässt sich nur im Einzelfall unter Beachtung der spezifischen Standortbedingungen beurteilen. Vor dem Hintergrund der in diesem Abschnitt vorgestellten Ergebnisse sollten hinsichtlich des Schattenwurfs eher größere Abstände gewählt werden.

4.3.5 Flächeninanspruchnahme

Windkraftanlagen sind wie auch andere Anlagen der Energieerzeugung mit einer Inanspruchnahme von Fläche verbunden. Sie ergibt sich u. a. durch Versiegelung, Nutzungseinschränkungen und sonstige Beeinträchtigungen der angrenzenden Flächen durch Lärm-, Schadstoffemissionen. In der Literatur gibt es unterschiedliche Ansätze, den Begriff Flächeninanspruchnahme zu definieren. Rein flächenbezogene Betrachtungen liegen Flächennutzungsstatistiken zugrunde. LOSCH/NAKE unterscheiden zwischen einer direkten und indirekten Flächeninanspruchnahme. Während die direkte Flächeninanspruchnahme mit der versiegelten Fläche gleichgesetzt wird, beschreibt die indirekte Flächeninanspruchnahme oder Wirkungsfläche die in wesentlichen ökologischen Funktionen durch Schadstoffe, Lärm u. a. beeinträchtigte Fläche (Losch/Nake 1989, S. 14).

HARTMANN/KALTSCHMITT betrachten darüber hinaus die von verschiedenen Energieträgern in vorgelagerten Prozessen in Anspruch genommene Fläche (Flächen für Abbau und Transport u. a.) sowie die durch Emissionen ausgehende Schädigung von Fläche[33] (Hartmann/Kaltschmitt 2000, S. 63 ff.). DOSCH/BECKMANN definieren analog zum Flächenverbrauch Landschaftsverbrauch als Summe der versiegelten, beeinträchtigten und „entwerteten" Fläche (Dosch/Beckmann 1999b, S. 291).

---

[31] Diese Daten beziehen sich auf eine Anlage mit einer Gesamthöhe von 70 m. Da moderne 1,5 MW-Anlagen zum Teil eine Höhe von über 130 m erreichen, ist die Beschattungsdauer deutlich höher anzusetzen.
[32] So werden in einem Windpark der Gemeinde Schöppingen in einem Abstand von 400 m 45 dB(A) erreicht, die als Tagesrichtwerte für Dorfgebiete und Einzelhäuser festgelegt sind (TA-Lärm Nr. 6.1) (vgl. Kap. 6.2.2).
[33] Hierbei werden die Luftschadstoffe als Indikatoren für unterschiedliche Wirkungskategorien (z. B. Versauerung, Eutrophierung) angesehen.

Je nachdem, welche Definition für die Beurteilung der Flächeninanspruchnahme von Stromerzeugungsanlagen zugrunde gelegt wird, fällt die Bilanz zugunsten oder zu ungunsten der Windenergie aus. Die durch Windkraftanlagen versiegelte Fläche pro MW Nennleistung liegt in der Größenordnung konventioneller Heizkraftwerke (Jensch 1988, S. 95). In Bezug auf die von Windparks benötigte Fläche ist die Windenergie als eine vergleichsweise flächenintensive Nutzung anzusehen. Werden Flächen für Energieträgerbereitstellung mit in die Bilanz einbezogen, so schneiden Windkraftanlagen im Vergleich zu konventionellen Energieträgern wesentlich günstiger ab (Hartmann/Kaltschmitt 2000, S. 74). Der Vorsprung vergrößert sich, werden zusätzlich die durch Schadstoffemissionen beeinträchtigten Flächen berücksichtigt (a. a. O.).

Hinsichtlich der Flächennutzung erscheint es zweckmäßig, zunächst die durch Windkraftanlagen, Nebengebäude und Zufahrtswege versiegelte Fläche zu betrachten. Je nach Anlagengröße und Entfernung zur nächstgelegenen Straße beträgt die derart definierte versiegelte, nicht anderweitig nutzbare Fläche zwischen 100 und 500 m^2 (Mielke 1995, S. 14; Schulte/Zender 1995, S. 43). Diese Größe ist im Vergleich zur Zunahme der Siedlungs- und Verkehrsinfrastrukturflächen eher zu vernachlässigen.

Die von Windkraftanlagen, insbesondere Windparks benötigte Fläche ist erheblich größer als die versiegelte Fläche. Aufgrund von Verschattungseffekten[34] sind gewisse Abstände zwischen den einzelnen Anlagen erforderlich. Stehen die Anlagen nahe beieinander, so geht dies auf Kosten des erzielbaren Jahresenergieertrags. Mit zunehmenden Abständen der Anlagen untereinander steigt die für die Aufstellung einer Anlage benötigte Fläche; der Energieertrag pro Fläche nimmt ab. Die Aufstellung von Anlagen ist daher als ein Kompromiss aufzufassen zwischen einer optimalen Wirtschaftlichkeit und einer optimalen Ausnutzung der Flächen. Empfohlen werden Abstände zwischen den Anlagen, die zwischen einem sechsfachen (Pahlke/Keuper/Gerdes 1993, S. 33) und einem zehnfachen Rotordurchmesser (Scherweit 1994, nach: Mielke 1995, S. 15) liegen. Legt man den sechsfachen Rotorabstand zugrunde, ergibt sich z. B. bei einem Rotordurchmesser von etwa 70 m und einer Anzahl von zehn Anlagen ein Flächenbedarf von mehr als 70 ha[35], d. h. ein durchschnittlicher Flächenbedarf von 7 ha pro Anlage. Ein größerer Wert des Flächenbedarfs ergibt sich, berücksichtigt man zusätzlich die durch Erlasse der Länder und Landesbauordnungen vorgegebenen bzw. empfohlenen Abstandsrichtwerte zu Siedlungsbereichen, Verkehrs- und Energieversorgungstrassen, Naturschutzgebieten, benachbarten Grundstücken u. a., die zwischen 35 m^{36} und 1000 m^{37} liegen (Auge/Brink 1997, S. 42 f.). Damit wird auch deutlich, dass die tatsächlich für Windkraftnutzung in Frage kommenden

---

[34] Der Begriff Verschattungseffekte bezeichnet die Abschwächung der Windgeschwindigkeit durch bauliche oder sonstige Hindernisse. Nach dem Durchströmen der Rotorfläche entstehen Luftturbulenzen, die bei in Windrichtung gelegenen Windkraftanlagen zu einer höheren Belastung des Materials und einer geringeren Energieausbeute führen.
[35] Annahmen sind: Windpark mit zwei senkrecht zueinander stehenden Reihen a 5 Anlagen, ohne Abstandsflächen zu benachbarten Nutzungen
[36] Richtwert für Abstände zu Waldflächen entsprechend Windenergie-Erlass NW (Nr. 4.2.4.4 WEA-Erl. NW)
[37] Richtwert für Abstände zu Küstenlinien in Mecklenburg-Vorpommern (Auge/Brink 1997, S. 42)

Bereiche im Hinblick auf die hohe Bevölkerungsdichte Deutschlands auf wenige kleinere Flächen konzentriert sind.

Die Größe der durch Windkraftanlagen beeinträchtigte Fläche, die sich durch Lärmemissionen, Schattenwurf, Avifauna und Landschaftsbild ergeben, soll hier nicht weiter erörtert werden. Es soll an dieser Stelle lediglich erwähnt werden, dass sich die beeinträchtigten Flächen nur schwer quantifizieren lassen und nicht pauschal, sondern nur einzelfallbezogen nach dem jeweiligen Kriterium beurteilen lassen[38]. Per Gesetz oder Verordnung vorgegebene Richtwerte stellen Vereinfachungen der tatsächlichen Beeinträchtigungen dar.

4.3.6 Windhöffigkeit

Unter heutigen Einspeisebedingungen ist eine durchschnittliche Windstärke von mindestens 3,5 m/s in 10 m über dem Erdboden an einem Standort erforderlich, um einen wirtschaftlichen Betrieb zu gewährleisten. In Nordrhein-Westfalen wird dieser Wert in großen Teilbereichen erreicht (Mielke 1995, S. 29). Die Windenergienutzung ist dort unter Einhaltung von Abstandsflächen zu Ausschlussgebieten und zu baulichen und sonstigen Hindernissen im Hinblick auf die Windverhältnisse grundsätzlich möglich. Damit ist die Windhöffigkeit nicht als Ausschluss-, sondern als Restriktionskriterium zu betrachten, das unter Berücksichtigung der geltenden Einspeisevergütungen einen entscheidenden Einfluss auf die Wirtschaftlichkeit der Windkraftnutzung an einem Standort hat. Der Stromertrag wächst mit zunehmender Windgeschwindigkeit. Dabei steigt die Leistung des Windes mit der dritten Potenz der Windgeschwindigkeit, so dass bei gleicher Durchschnittsgeschwindigkeit ein Standort mit einem größeren Anteil höherer Windgeschwindigkeiten einen höheren Energieertrag abwirft als ein Standort mit einer gleichmäßigeren Verteilung der Windgeschwindigkeit (Quaschnig 1998, S. 181). Dabei bestimmt die Windgeschwindigkeit eines Standortes den Energieertrag, ohne die Kosten zu beeinflussen. Aus Sicht des Betreibers ist sie das ausschlaggebende Kriterium für die Eignung eines Standortes, da die Kosten (Anlagen, Pacht, Erschließung u. a.) im Wesentlichen standortunabhängig sind.

Einschränkend ist anzumerken, dass mit der Verabschiedung des Erneuerbare-Energien-Gesetzes im Jahr 2000 die Einspeisevergütungen für Strom aus Windkraftanlagen sich nicht mehr nach der Höhe der durchschnittlichen Stromabnahmepreise, sondern nach Referenzstandorten richten (§ 7 EEG). Strom aus Windkraftanlagen an windschwachen Binnenlandstandorten werden demnach mit einem höheren Satz vergütet als solcher in Küstenregionen. Damit wird die Bedeutung des Faktors Windgeschwindigkeit in Bezug auf die Wirtschaftlichkeit deutlich verringert.

4.3.7 Akzeptanz

Akzeptanz stellt ein komplexes Bewertungskriterium für die Standortwahl von Windkraftanlagen dar. Sie steht in einem engen Zusammenhang mit den in den vorherigen Abschnit-

---

[38] vgl. Untersuchungen zu von Vögeln gemiedenen Flächen (Kap. 4.3.2)

ten behandelten Kriterien. Windkraftanlagen können lokal Widerstände hervorrufen, da sie aufgrund der Funktion, Ausdehnung und des Störpotenzials hohe Anforderungen an den Raum stellen. Zudem übernehmen sie Aufgaben, die über den lokalen Raum hinausgehen und insofern unterschiedliche Belastungen und Begünstigungen von Teilräumen und Bevölkerungsgruppen auslösen (Schreck 1998, S. 5 ff.). Während die Belastungen in erster Linie von der lokalen Bevölkerung zu tragen sind, sind die positiven Auswirkungen – die Verringerung des globalen Temperaturanstiegs durch die Einsparung von CO_2-Emissionen oder der Beitrag zur Verringerung der Luftschadstoffemissionen – nicht direkt, sondern allenfalls langfristig wahrnehmbar. Dieser Widerspruch zwischen allgemeiner Befürwortung der Windenergie und der gleichzeitigen Ablehnung von konkreten Windkraftanlagen, wenn sie in der unmittelbaren Nachbarschaft errichtet werden, wird als NIMBY- („Not in my backyard") Effekt bezeichnet (Kriese 1993, S. 39).

Dass das Ausmaß der negativen Auswirkungen allein nicht ausreicht, zu einer ablehnenden Haltung gegenüber der Windenergie zu führen, zeigen Ergebnisse von Akzeptanzanalysen. EGERT/JEDICKE führten eine Umfrage unter 140 Bewohnern in vier kleineren Ortschaften durch, in deren Nähe sich 27 Windkraftanlagen befinden. Ein eher überraschendes Ergebnis war die generell hohe Zustimmung (Egert/Jedicke 2001, S. 378), die sich in einem hohen Wohnwert und einer hohen Zufriedenheit mit der landschaftlichen Umgebung äußerten, obwohl diese durch eine relativ hohe Windkraftanlagendichte (27 Anlagen/16 km^2) geprägt ist. Es stellte sich heraus, dass eine soziale Komponente der Akzeptanz vorhanden war (a. a. O.). Die Zustimmung zu den Anlagen war signifikant höher, wenn die befragten Personen in der Nähe von Anlagenbetreibern wohnten bzw. zu diesen Kontakte unterhielten. Aus der Befragung ausgeschlossen waren Anwohner, die an Windparks finanziell beteiligt waren und daher der Windenergienutzung voreingenommen gegenüberstanden. Es zeigte sich, dass persönliche finanzielle Vorteile stärker wiegen können als unter Umständen in Kauf zu nehmende Beeinträchtigungen. Eine enge Korrelation besteht nach Ergebnissen der Umfrage auch zwischen dem Grad der Zustimmung und der generellen Einstellung gegenüber der Windenergie (a. a. O.). Ein weiterer Erklärungsansatz berücksichtigt die landschaftsästhetische Komponente. Grundsätzlich überwog bei den Befragten in den Orten eine eher nüchterne, funktionale Betrachtungsweise der Landschaft. Windkraftanlagen auf einer ausgeräumten, strukturarmen und durch Landwirtschaft geprägten Hochfläche wurden als am wenigsten störend empfunden (ebd., S. 377). Eine auffallende Häufung von negativen Einstellungen gegenüber der Windenergienutzung zeigte sich bei Bewohnern eines Ortes, in dessen Nähe in einer Entfernung von weniger als 500 m Windkraftanlagen installiert waren (ebd, S. 378).

Eine empirische Untersuchung von ZOLL zeigt weitere Erklärungsansätze für lokalen Widerstand auf. In einem Fragebogen sollten Windkraftanlagenbetreiber angeben, wie groß der Widerstand einzelner Gruppen war. Dabei zeigte sich, dass ein starker Widerstand vor allem von Einzelpersonen ausging, während Naturschutzverbände und anlässlich der Windkraftanlagenplanung gegründete Bürgerinitiativen seltener am lokalen Protest beteiligt waren (Zoll 2001, S. 118). Häufigster Gegenstand der Proteste waren Beeinträchtigungen des Landschaftsbildes und des Vogelfluges sowie Lärmemissionen, während der Schattenwurf von Anlagen von untergeordneter Bedeutung war.

5 Vergleich von Gutachten über die Eignung von Flächen für die Windenergienutzung in neun Gemeinden des Regierungsbezirks Münster

5.1 Zielsetzung

Ziel dieses Kapitels ist die Beantwortung der Frage, mit welchen Methoden aus raumplanerischer Sicht optimale Standorte für die Windenergienutzung ermittelt werden können. Ausgangshypothese ist, dass unterschiedliche Bewertungs- und Entscheidungsmethoden angewendet werden, da es entsprechend den Ausführungen des Kapitel 4.1 keine allgemein beste Methode gibt, sondern jede ihre spezifischen Schwächen und Stärken aufweist. Zudem ist das Planungsrecht methodenoffen (Lendi 1998, S. 30), so dass alle Methoden „erlaubt" sind. Zudem soll untersucht werden, welche Qualität die den Ausweisungen von kommunalen Eignungsflächen für die Windenergienutzung zugrunde liegenden Gutachten aufweisen. Eine in diesem Zusammenhang aufschlussreiche Sekundäranalyse vorhandener Auswertungen von Umweltverträglichkeitsuntersuchungen (UVU) von verschiedenen Autoren liegt durch HARTLIK/BOESCHEN/WAGNER vor. Dabei zeigt sich, dass die UVUs Schwächen in Bezug auf die Begründung der verwendeten Methoden und die Nachvollziehbarkeit und Verständlichkeit der Bewertungen aufweisen (Hartlik/Boeschen/Wagner 2001, S. 35). Es ist zu vermuten, dass die Bewertungen von Standorten für die im Vergleich zu sonstigen UVP-pflichtigen Vorhaben mit geringen Auswirkungen verbundene Windenergienutzung ähnliche Schwächen zeigen.

5.2 Methodik und Auswahl der Gutachten

Die Fragestellung der optimalen Methode für die Standortwahl von Windkraftanlagen soll anhand einer Auswertung von unabhängigen, durch externe Planungsbüros erstellte Gutachten erfolgen. Da ein Überblick über den Methodenstand bezweckt ist, genügte die Untersuchung einer nicht-repräsentativen kleinen Stichprobe. Dazu musste eine Beispielregion ausgewählt werden, in der der Ausbau der Windenergie erst seit wenigen Jahren stattfindet, da wichtige landesweite Planungsvorgaben erst seit der Verabschiedung des ersten Windenergie-Erlasses NW vom 29.11.1996 existieren. Die Wahl fiel auf den Regierungsbezirk Münster, da sich dort die Ausweisung von kommunalen Eignungsflächen hauptsächlich in den vergangenen zwei Jahren vollzogen hat[39], während andere Regierungsbezirke Nordrhein-Westfalens im Planungsstand erheblich weiter sind (Regierungsbezirk Detmold[40]) oder vergleichsweise ungünstige Windverhältnisse aufweisen (Regierungsbezirk Arnsberg).
Zudem ist die Situation in den Gemeinden des Regierungsbezirks Münster durch einen hohen Antragsdruck gekennzeichnet. Mit über 400 Anträgen zur Errichtung einer Windkraftanlage wird die Zahl der Bauanträge der Regierungsbezirke Detmold (261) bzw. Arnsberg (77) bei weitem übertroffen (Bezreg. Münster 2002, S. 4; Stand: 3.8.2001).

---

[39] Im Februar 2002 besaßen dort 28 der 65 Gemeinden rechtskräftige Eignungsflächen für die Windenergienutzung (Bezreg. Münster 2002, Anlage 4).
[40] Im Februar 2002 besaßen dort 78 % der Gemeinden rechtskräftige Eignungsflächen für die Windenergienutzung (Bezreg. Münster 2002, S. 6).

Gegenstand der Analyse sind neun Gutachten, die im Zeitraum 1997 bis 2001 im Auftrag von Gemeinden des Regierungsbezirks Münster durch freie Planungsbüros bzw. einer Behörde erstellt wurden. Im Einzelnen liegen vor:

- Bredemann, C. / Windisch, S. (2001): Landschaftspflegerischer Fachbeitrag zur Ausweisung von Konzentrationszonen für Windkraftanlagen im FNP der Gemeinde Billerbeck
- Fietz, B. (2001): Vorrangstandorte für Windenergieanlagen im Gemeindegebiet Westerkappeln, Kreis Steinfurt
- Hardt, H. / Dormels, A. / Schreuder, V. (2001): Konzept zur Bestimmung von Konzentrationsflächen für Windenergieanlagen. Gutachten im Auftrag der Stadt Isselburg
- Weil / Winterkamp / Knopp (2000): Windenergienutzung in Heek. Untersuchung zur Ausweisung von Konzentrationszonen für Windenergieanlagen in Heek
- Weil / Winterkamp / Knopp (2001): Windenergienutzung in Gescher. Untersuchung zur Ausweisung von Konzentrationszonen für Windenergieanlagen in Gescher
- Willenbring, Egbert et. al. (1997): Gutachten zur Festlegung von Vorranggebieten für Windenergieanlagen. Gutachten im Auftrag der Stadt Hörstel
- Woltering, Udo / Ahrensmeyer, Georg (2001a): Ermittlung von Konzentrationszonen für Windenergieanlagen auf dem Gebiet der Gemeinde Reken (Fortschreibung)
- Woltering, Udo / Ahrensmeyser, Georg (2001b): Ermittlung von Konzentrationszonen für Windenergieanlagen auf dem Gebiet der Gemeinde Schöppingen
- Woltering, Udo / Ahrensmeyer, Georg (2001c): Ermittlung von Konzentrationszonen für Windenergieanlagen auf dem Gebiet der Gemeinde Velen

Bewertungsmaßstab für die Gutachten sind die Anforderungen der wissenschaftlichen Exaktheit und der Praxistauglichkeit. Die Gutachten sollten unter den bestehenden Einschränkungen (Datenmangel, Bearbeitungszeit, Personalkapazität) ein hohes Maß an Gültigkeit, Übertragbarkeit und Nachvollziehbarkeit aufweisen.

5.3 Ausgangssituation im Regierungsbezirk Münster

Am 9. Juni 1997 stellte der Bezirksplanungsrat der Bezirksregierung Münster für den Bereich des Münsterlandes den sachlichen Teilabschnitt „Nutzung der erneuerbaren Energien/Windenergienutzung" auf, um die von der Landesregierung Nordrhein-Westfalens formulierte Zielsetzung, bis zum Jahr 2005 eine installierte Windkraftleistung von mindestens 1000 MW zu erreichen, planerisch zu unterstützen und die Windenergienutzung auf ausgewählte, besonders geeignete Bereich zu konzentrieren. Ausgewiesen wurden Eignungsbereiche mit einer Gesamtfläche von über 230 km^2, auf denen rechnerisch über 1200 Anlagen errichtet werden können (Nr. 15 GEP Münster, sachlicher Teilabschnitt Windenergie). Der Gebietsentwicklungsplan sollte die Windenergienutzung im Münsterland abschließend steuern. Entsprechend den textlichen Erläuterungen ging die Bezirksregierung davon aus, dass bereits einzelne Windkraftanlagen als raumbedeutsam einzustufen sind (ebd., Nr. 11a). Da sich Regionalpläne auf raumbedeutsame Vorhaben zu beschränken haben, bedeutete dies den Ausschluss von Windkraftanlagen außerhalb der ausgewiesenen

Eignungsbereiche. Für die Gemeinden des Regierungsbezirks bestand daher keine Notwendigkeit, eigene Flächen in den Flächennutzungsplänen auszuweisen.

Drei Jahre später erließ das Land Nordrhein-Westfalen den Erlass „Grundsätze für die Planung und Genehmigung von Windkraftanlagen", der den seit 1996 bestehenden Windenergie-Erlass den geänderten rechtlichen und tatsächlichen Verhältnissen anpasste. Der neue Erlass enthält neben Empfehlungen zum genehmigungsrechtlichen und planerischen Umgang mit Windkraftanlagen auch eine Definition der Raumbedeutsamkeit von Windkraftanlagen. Er schreibt vor, dass Windkraftanlagen „in der Regel" erst ab einer Anzahl von drei Anlagen als raumbedeutsam einzustufen sind und nur in Einzelfällen, die sich aus der Höhe der Anlage, der exponierten Lage und der Empfindlichkeit des Landschaftsbildes ergeben, bereits bei einzelnen Windkraftanlagen von einer Raumbedeutsamkeit auszugehen ist (Nr. 2.2 WEA-Erl. NW).

Dies führte zu der Situation, dass die Ausweisungen des Gebietsentwicklungsplans Münster sich nur noch auf die Genehmigung von Windparks beschränkten. Die Bezirksregierung reagierte mit einem Rundschreiben an die Gemeinden des Regierungsbezirks, in der diese aufgefordert wurden, angesichts der Privilegierung von Windkraftanlagen eigene Flächen auszuweisen, um eine flächenhafte Errichtung von Windkraftanlagen im Außenbereich zu vermeiden. Die Gemeinden, die zu diesem Zeitpunkt noch keine Flächen ausgewiesen hatten, beauftragten in der Folge externe Gutachter mit der flächendeckenden Untersuchung der Gemeindegebiete auf restriktionsfreie Flächen für die Windenergienutzung. Die Aufgabe der Gutachter war es, auf der Grundlage der Empfehlungen des Windenergieerlasses, einschlägiger Rechtsprechung und den fachlichen Bewertungsmaßstäben geeignete Flächen zu ermitteln. Die Gutachter waren dabei nicht an die Vorgaben des Gebietsentwicklungsplans (GEP) gebunden; sie konnten Empfehlungen aussprechen, die GEP-Flächen zu verkleinern bzw. zu vergrößern oder darüber hinaus gehende Flächen auszuweisen. Inhaltliche und methodische Vorgaben gab es nur in Einzelfällen[41]. Zu beachten waren neben den Schutzgebietsausweisungen des GEPs und der Landschafts- und Flächennutzungspläne die Fachbeiträge des Naturschutzes und die fachlichen Richtwerte zu Lärmemissionen und Schattenwurf. Konkrete Vorgaben bestanden darüber hinaus durch den Windenergie-Erlass NW, der Richtwerte formuliert, welche Gebiete für eine Windenergienutzung nicht oder nur eingeschränkt in Frage kommen und welche Abstände zu schutzwürdigen Bereichen einzuhalten sind (s. Anhang 1).

5.4 Leitfragen der Analyse

Die neun vorliegenden Gutachten werden mittels eines Untersuchungsrasters in Anlehnung an Demuth (Demuth 2000, S. 115 ff.) bewertet. Dieses besteht aus Fragen zu den Themen:
- Datenmaterial

---

[41] Eine der Gemeinden, die Vorgaben machten, war die Gemeinde Schöppingen (Kreis Borken), die aufgrund von städtebaulichen Entwicklungsabsichten Abstände der Eignungsflächen zu Wohngebieten von 700 m für erforderlich hielt (vgl. Kap. 6).

- Bewertung
- Anforderungen an die wissenschaftliche Exaktheit
- Bewertungsergebnisse

Die Untersuchungsfragen ergeben sich aus den in Kapitel 4.1 vorgestellten Anforderungen an wissenschaftliche Bewertungen. Einen Überblick gibt die folgende Tabelle.

Fragenkomplexe
A) Datenmaterial
Sind eigene Bestandsaufnahmen durchgeführt worden?
Mit welchen Bewertungsmethoden wird gearbeitet?
Wird auf bestehende Untersuchungen zurückgegriffen?
Wie ist die Qualität der erhobenen oder vorliegenden Daten zu beurteilen?
B) Bewertung
Welche Bewertungsmethoden werden angewendet?
Werden zugrunde liegende Bewertungsmaßstäbe offengelegt?
Erfolgt eine Kritik der Bewertungsmaßstäbe?
Welche Bewertungskriterien werden verwendet?
Welche Kriterien liegen der Landschaftsbildbewertung zugrunde?
C) Anforderungen an die wissenschaftliche Exaktheit
Erfüllt das Gutachten das Kriterium der Differenziertheit?
Erfüllt das Gutachten das Kriterium der Vollständigkeit?
Sind die einzelnen Bewertungsschritte nachvollziehbar?
D) Bewertungsergebnisse
Ist die Gesamtbewertung nachvollziehbar?
Werden alle relevanten Kriterien in die Gesamtbewertung mit einbezogen?
Wird die Abhängigkeit der Bewertungsergebnisse von den zugrunde liegenden Annahmen erläutert?

Tab. 1: Leitfragen zum Vergleich der Gutachten

Die den Themenkomplexen zugeordneten Untersuchungsfragen bilden den Leitfaden des Vergleichs. Die Reihenfolge der Themen entspricht dabei in etwa der Vorgehensweise der Gutachter. Einen Überblick zu den Auswertungen der einzelnen Gutachten gibt Anhang 2. Die Leitfragen werden im Folgenden erläutert.

A) Datenmaterial

Sind eigene Bestandsaufnahmen durchgeführt worden?
Erläuterung: Im Rahmen der Eignungsuntersuchungen sollten eigene Bestandsaufnahmen durchgeführt werden, um die Empfindlichkeit und Schutzwürdigkeit der Gemeindeflächen unabhängig von den Vorgaben der Raumordnungs- und Bauleitpläne zu ermitteln. Vom methodischen Standpunkt sind eigene Erhebungen mit der Auswertung bestehender Untersuchungen gleichwertig. Während Bestandsaufnahmen des Landschaftsbildes mit einem relativ geringen Aufwand verbunden sind, sind avifaunistische Erhebungen aufgrund des

5 Vergleich von Gutachten

hohen Zeitaufwandes (Ketzenberg/Exo 1994, S. 354; Handke 2000, S. 48) nicht zu erwarten.
Indikator: Verweis auf Bestandsaufnahmen.
Stellenwert für die Qualität des Gutachtens: Von entscheidender Bedeutung für eine rationale, alle relevanten Aspekte berücksichtigende Entscheidung der Verwaltung.

Mit welchen Erhebungs- und Bewertungsmethoden wurde gearbeitet?
Erläuterung: Die Auswahl der Erhebungs- und Bewertungsmethode hängt von dem Gegenstand der Untersuchung ab. Während für die Bewertung des Landschaftsbildes mehrere Methoden zur Verfügung stehen (vgl. Kap. 4.3.1), ist die Erhebung und Bewertung des Zustimmungsgrades in der Bevölkerung oder der Lärm- und Schattenemissionen an bestimmte Erhebungsmethoden gebunden.
Indikator: Art der Methode.
Stellenwert für die Qualität des Gutachtens: Von geringer Bedeutung.

Wird auf bestehende Untersuchungen zurückgegriffen?
Erläuterung: Die Auswertung bestehender Untersuchungen ist im Vergleich zu eigenen Erhebungen erheblich weniger zeitaufwändig. Aus diesem Grund sollte erst ein Überblick gewonnen werden, welche Daten bereits vorliegen. Gerade zur Bewertung der Beeinträchtigungen der Avifauna und des Landschaftsbildes liegen Untersuchungen vor[42]. Diese sind in der Regel mit einem erheblichen größeren Aufwand durchgeführt worden, als dies innerhalb der kommunalen Eignungsflächenuntersuchungen möglich wäre.
Indikator: Verweis auf vorhandene Untersuchungen.
Stellenwert für die Qualität des Gutachtens: Von vergleichbar hoher Bedeutung wie die durchgeführten Eigenerhebungen.

Wie ist die Qualität der erhobenen Daten zu beurteilen?
Erläuterung: Die Qualität der Daten ist wesentlich von dem Erhebungsaufwand und dem Sachverstand des Bearbeiters abhängig. Eine Reduzierung des Erhebungsaufwandes führt zwangsläufig zur einem Qualitätsverlust der Bewertung, während umfangreiche und systematisch durchgeführte Erhebungen die Qualität der Bewertung erhöht. In der Praxis wird der Erhebungsaufwand ein Kompromiss zwischen den aus wissenschaftlicher Sicht erhobenen Anforderungen wie Vollständigkeit und Exaktheit und den Einschränkungen der Praxis in Bezug auf die Verfügbarkeit von Daten, Bearbeitungskapazität u. a. darstellen.
Indikatoren: Umfang und Detaillierungsgrad der Daten.
Stellenwert für die Qualität des Gutachtens: Von sehr hoher Bedeutung. Unvollständige und ungenaue Daten führen zu einer erheblichen Abwertung der Qualität des Gutachtens.

B) Bewertung

Welche Bewertungsmethoden werden angewendet?

---

[42] z. B. die Biotopkartierungen und Landschaftsanalysen im Rahmen des Kulturlandschaftsprogramms NRW und des Biotopkatasters NRW als Fachbeitrag des Naturschutzes und der Landschaftspflege

Erläuterung: Grundsätzlich kommen alle Typen von Bewertungsmethoden für die Ermittlung von Eignungsgebieten in Frage (vgl. Kap. 4.1). Allerdings haben sich in der Praxis je nach Aufgabenfeld bestimmte Methoden durchsetzen können (z. B. die Ökologische Risikoanalyse in der Verkehrsplanung) (Kistenmacher/Jacoby 1998, S. 161), während andere (z. B. die Nutzwertanalyse der 2. Generation) hingegen werden nur selten angewendet werden (ebd., S. 157). Es ist zu vermuten, dass aufgrund des geringen Bearbeitungsaufwandes, der niedrigen Anforderungen an den Datenbestand und der guten Eignung für die Bewertung von „weichen" Standortfaktoren wie das Landschaftsbild verbal-argumentative Verfahren in den Gutachten angewendet werden.
Indikator: Typ der Bewertungsmethode.
Stellenwert für die Qualität des Gutachtens: Von geringer Bedeutung. Die Qualität des Gutachtens ist im Wesentlichen unabhängig von den verwendeten Bewertungsmethoden. Jede Methode besitzt ihre spezifischen Schwächen und Stärken (vgl. Kap. 4.1).

Werden zugrunde liegende Bewertungsmaßstäbe offengelegt?
Erläuterung: Subjektive Einstellungen und Wertschätzungen sowie andere Bewertungsmaßstäbe müssen offengelegt werden, um die Bewertung nachvollziehbar und transparent zu machen. Dies gilt insbesondere für Gutachten als Vorbereitung von Entscheidungen in der Planung. Im vorliegenden Fall erscheint die Bezugnahme auf die Empfehlungen des Windenergie-Erlasses NW zu Ausschluss- und Restriktionsflächen aufgrund deren hohen Konkretisierung und Praktikabilität unverzichtbar (s. Anhang 1). Der Mangel an allgemeinen naturschutzfachlichen Leitbildern und Umweltqualitätszielen wird von mehreren Autoren hervorgehoben (Knauer 1989, S. 57; Kühling 1989, S. 31; Weiland 1994, S. 53).
Indikatoren: Verweise auf Leitbilder, Ziele, Richtwerte u. a..
Stellenwert für die Qualität des Gutachtens: Von mittlerer Bedeutung. Der Hinweis auf allgemeine Bewertungsmaßstäbe erhöht die Transparenz eines Gutachtens.

Erfolgt eine Kritik der Bewertungsmaßstäbe?
Erläuterung: Aus dem oben erwähnten Mangel an Leitbildern und Umweltqualitätszielen folgt, dass den Anwendungserlassen der Bundesländer ein hoher Stellenwert als Bewertungsmaßstab zukommt. Wie auch Umweltqualitätsziele (Kieslich/Neumeyer 2000, S. 53) sind Empfehlungen der Länder nicht ausschließlich wissenschaftlich begründet; sie können vielmehr als Ergebnisse politischer Abwägungsprozesse betrachtet werden[43]. Aus diesem Grund sollten diese mit Vorbehalt verwendet werden. Zumindest zu den zwischen den einzelnen Bundesländern extrem abweichenden Abstandsempfehlungen (Villbusch 1997, S. 199) sollte kritisch Stellung bezogen werden.
Indikatoren: Kritik der angeführten Leitbilder und Empfehlungen, Hinweis auf länderspezifische Regelungen.

---

[43] In welchem Maße politische Erwägungen bei der Festlegung von Mindestabständen eine Rolle spielen, zeigt ein Vergleich der Erlasse der Bundesländer. So betrug der von Windkraftanlagen einzuhaltende Mindestabstand zu Siedlungsbereichen in Mecklenburg-Vorpommern 1000 m (städtische Siedlungen) und in Nordrhein-Westfalen 500 m (Siedlungsbereiche) (Auge/Brink 1996, S.42 f.).

Stellenwert für die Qualität des Gutachtens: Von vergleichsweiser geringer Bedeutung. Eine kritische Stellungnahme zu den Empfehlungen der Länder ist wünschenswert, wenn auch im Hinblick auf die Gutachtenqualität nicht entscheidend.

Welche Bewertungskriterien werden verwendet?
Erläuterung: Die aus Sicht des Verfassers wesentlichen Bewertungskriterien wurden in Kapitel 4.3 vorgestellt. Bewertungskriterien sind erforderlich, um die Empfindlichkeit und Schutzwürdigkeit einer für die Windenergienutzung in Frage kommenden Flächen zu ermitteln. Die Bewertungskriterien sind zu definieren. Zudem ist zu klären, in welchem Verhältnis sie untereinander stehen, ob sie z. B. sich gegenseitig verstärken oder miteinander in Konflikt treten.
Indikatoren: Art der verwendeten Bewertungskriterien, Ableitung aus Bewertungsmaßstäben, Definitionen der Begriffe.
Stellenwert für die Qualität des Gutachtens: Von hoher Bedeutung. Im Zusammenhang mit der Forderung, dass sämtliche relevanten Kriterien berücksichtigt werden sollten, trägt die Auswahl der Kriterien wesentlich zu einer Verbesserung der Qualität des Gutachtens bei.

Welche Kriterien liegen der Landschaftsbildbewertung zugrunde?
Erläuterung: Wie in Kapitel 4.3.1 herausgestellt, ist die Bewertung des Eingriffs in das Landschaftsbild mit zahlreichen methodischen Schwierigkeiten (Subjektivität der Bewertung, Problem der Messung u. a.) verbunden, die dazu führen, dass die Durchsetzung des Landschaftsbildschutzes in der Öffentlichkeit erschwert wird. Es ist zu vermuten, dass die Bewertung der Schutzwürdigkeit und Empfindlichkeit des Landschaftsbildes der jeweiligen Flächen aufgrund der hohen Eingriffsintensität von Windkraftanlagen in den Gutachten einen großen Raum einnehmen wird. Kriterien des Landschaftsbildes sind z. B. Vielfalt, Eigenart, Schönheit und Empfindlichkeit der Landschaft (Winkelbrandt 1997, S. 13; Jessel 1998, S. 357 ff.).
Indikatoren: Art der Kriterien.
Stellenwert für die Qualität des Gutachtens: Von mittlerer Bedeutung. Wichtiger als die Art der verwendeten Kriterien ist die begriffliche Abgrenzung, in welchem Verhältnis sie untereinander stehen.

C) Anforderungen an die wissenschaftliche Exaktheit der Untersuchung

Erfüllt das Gutachten das Kriterium der Differenziertheit?
Erläuterung: Der Begriff Differenziertheit gibt die Detailschärfe und Genauigkeit der Ausführungen wieder. Die Aussagen müssen hinreichend räumlich differenziert sein, d. h. sich eindeutig auf ein räumliches abgrenzbares Gebiet beziehen. Die Aussagen müssen zudem sachlich differenziert sein. Die Grenzen der Differenzierung bilden die beiden Anforderungen Vollständigkeit und Angemessenheit. Die Erhebungen sollten der Größe und Bedeutung eines Vorhabens angemessen sein; aus dieser Hinsicht ist die Analyse auf die wichtigsten Aspekte zu beschränken.
Indikatoren: Exaktheit der Formulierungen, räumlicher und sachlicher Differenzierungsgrad.

Stellenwert für die Qualität des Gutachtens: Von entscheidender Bedeutung. Grobe und undifferenzierte Bestandsaufnahmen verringert die Qualität eines Gutachtens erheblich.

Erfüllt das Gutachten das Kriterium der Vollständigkeit?
Erläuterung: Vollständigkeit bedeutet in diesem Zusammenhang, dass alle relevanten Vor- und Nachteile eines Projektes bzw. die die Empfindlichkeit und Schutzwürdigkeit eines Gebietes kennzeichnenden Faktoren erfasst und bewertet werden. Maßstab für die Vollständigkeit ist in dieser Arbeit die vollständige Berücksichtigung der nach Ansicht des Verfassers wesentlichen Faktoren für die Bewertung der Windenergienutzung.
Indikatoren: Übereinstimmung der von den Gutachtern verwendeten Kriterien mit den von dem Verfasser behandelten Kriterien nach Kapitel 4.3.
Stellenwert für die Qualität des Gutachtens: Von wesentlicher Bedeutung. Vollständigkeit ist ein wichtiges Qualitätskriterium für ein Gutachten. Bleiben wesentliche Aspekte unberücksichtigt, so verliert ein Gutachten an Bedeutung im Hinblick auf rationale, alle Alternativen umfassenden Auswahlentscheidungen. Ein unvollständiges Gutachten ist zudem anfällig für Kritik und erschwert damit eine Konsensfindung.

Sind die einzelnen Bewertungsschritte nachvollziehbar?
Erläuterung: Die Nachvollziehbarkeit der einzelnen Bewertungsschritte eines Gutachtens kann unter formalen oder inhaltlichen Gesichtspunkten beurteilt werden. Formal nachvollziehbar sind Gutachten, in denen Vorgehensweise und Ergebnisse übersichtlich dargestellt werden. Inhaltlich nachvollziehbar sind Gutachten, in denen die einzelnen Schritte logisch aufeinander aufbauen und Vorgehensweisen und Datengrundlagen transparent gemacht werden. Dazu gehört auch, Unsicherheiten und Unkenntnisse in Bezug auf Daten und Wirkungszusammenhänge kenntlich zu machen und Bewertungsmaßstäbe offen zu legen.
Indikatoren: Vollständigkeit, Nachvollziehbarkeit, Schlüssigkeit der Argumentation, Offenlegen von Wertmaßstäben.
Stellenwert für die Qualität des Gutachtens: Von hoher Bedeutung in Bezug auf die Erhöhung der Glaubwürdigkeit und Akzeptanz des Gutachtens.

D) Bewertungsergebnisse

Ist die Gesamtbewertung nachvollziehbar?
Erläuterung: Der Gesamtwert einer Vorhabenalternative setzt sich aus der Summe der Einzelwerte zusammen. Bei der Verrechnung der Einzelwerte bei multikriteriellen Vorhaben entsteht das Problem, dass ihr eine kardinal skalierte, fiktive „Verrechnungseinheit" – Nutzwerte, monetäre Beträge – zugrunde liegen muss. Im Gegensatz dazu können ordinal skalierte Werte (z. B. gering/wenig/gut geeignet) nicht zu einem Gesamtwert addiert werden. Verbal-argumentative Ansätze umgehen diese methodischen Schwierigkeiten durch die verbale Gegenüberstellung und Abwägung von Vorhabenvor- und nachteilen. Auch diese muss nachvollziehbar sein.
Indikatoren: Aaufeinander aufbauende, schlüssige Argumentation; Berücksichtigung der Anforderungen an Verrechenbarkeit von Einzelwerten und den Regeln der Aggregation.

Stellenwert für die Qualität des Gutachtens: Von hoher Bedeutung in Bezug auf die Transparenz und Schlüssigkeit der Bewertung. Ist die Gesamtbewertung nicht nachvollziehbar, erschwert dies die Umsetzung der Planung.

Ist erkennbar, welche Kriterien und Merkmale der Flächen in die Empfehlungen eingehen?
Erläuterung: Diese Frage konkretisiert die Forderung nach einer nachvollziehbaren und transparenten Bewertung. Bei der Empfehlung von Flächen muss deutlich sein, welche Kriterien mit welchem Gewicht in die Gesamtbewertung eingehen. Aufgrund des geringen Formalisierungsgrades ist dies bei verbal-argumentativen Ansätzen nicht immer gegeben.
Indikatoren: Begründung der Bewertungsergebnisse
Stellenwert für die Qualität des Gutachtens: Von hoher Bedeutung für den nachfolgenden Entscheidungsprozeß.

Wird die Abhängigkeit der Bewertungsergebnisse von den zugrunde liegenden Annahmen erläutert?
Erläuterung: Die zu Beginn eines Gutachtens zu erläuternden Rahmenbedingungen und sonstigen Annahmen haben einen großen Einfluss auf das Ergebnis; bei der Auswahl von Flächenalternativen sind dies vor allem die von den Ländern empfohlenen, zu schützenswerten Gebieten einzuhaltenden Abstände. Werden diese Variablen verändert, kann dies die Größe der Eignungsgebiete erheblich beeinflussen. Dies sollte offengelegt werden.
Indikatoren: Erläuterung der Bedeutung der einzelnen Variablen im Hinblick auf das Bewertungsergebnis.
Stellenwert für die Qualität des Gutachtens: Im Vergleich zu den hier behandelten Aspekten von eher geringer Bedeutung.

5.5 Ergebnisse

A) Datenmaterial

Sind eigene Bestandsaufnahmen durchgeführt worden?
Bis auf eine Ausnahme sind keine systematischen Erhebungen durchgeführt worden. Lediglich die Gutachter BREDEMANN/WINDISCH haben eine Landschaftsbildanalyse vorgenommen, in der auf Basis der Abgrenzung von landschaftsästhetischen Raumeinheiten eine Bewertung der visuellen Empfindlichkeit vorgenommen wird. Positiv hervorzuheben ist, dass zudem die Unterkriterien (visuelle Vorbelastung, Eigenwert und Einsehbarkeit) definiert und gegeneinander abgegrenzt werden. WOLTERING/AHRENSMEYER haben das Landschaftsbild in den potenziellen Eignungsgebieten nach den Kriterien Vielfalt, Naturnähe, Eigenart, Vorbelastung und visuelle Verletzlichkeit bewertet, ohne jedoch die Zuordnung zu den Bewertungsklassen (gering/mittel/hoch) näher zu erörtern. Die Eigenerhebungen machen insgesamt nur einen geringen Teil der Gutachten aus.

Mit welchen Erhebungs- und Bewertungsmethoden wurde gearbeitet?
Nach der in Kapitel 4.3 aufgestellten, an DEMUTH angelehnte Systematik (Demuth 2000, S. 87 ff.) sind diese Untersuchungen dem geographischen Ansatz der Landschaftsbildana-

lyse zuzuordnen, in dem die landschaftsbildprägenden Elemente beschrieben werden, ohne dass auf die subjektive Seite der Wahrnehmung eingegangen wird. Die von den weiteren Gutachtern vorgenommenen Bewertungen der jeweiligen Landschaftsbilder beruhen auf mehr oder weniger ausführlichen Beschreibungen der natur- und kulturräumlichen Ausstattung der Landschaft. Diese gehen allerdings nicht über eine eher allgemeine Bestandsaufnahme hinaus. Aufwändige und systematisch durchgeführte Landschaftsbildanalysen (vgl. Kap. 4.3) sind bis auf eine Ausnahme (s. o.) im keinem der vorliegenden Gutachten zu finden. Bestandserhebungen der Avifauna sind im Rahmen der Gutachten nicht durchgeführt worden, was angesichts des damit verbundenen Zeitaufwandes angemessen erscheint.

Wird auf bestehende Untersuchungen zurückgegriffen?

Insbesondere in den Bereichen Avifauna und Landschaftsbild wurde häufig auf die im Auftrag der Landesanstalt für Ökologie, Bodenordnung und Forsten (LÖBF) durchgeführten Erhebungen zurückgegriffen. Sämtliche Gutachter beziehen sich hier auf den Biotopkataster NRW. Auch die Erhebungen der schutzwürdigen Kulturlandschaften Nordrhein-Westfalens werden in einigen Fällen erwähnt und in einem Fall (Woltering/Ahrensmeyer im Auftrag der Gemeinde Schöppingen) als Grundlage für die Bewertung der Eigenart der Flächenalternativen ungekürzt in das Gutachten übernommen. Diese Erhebungen sind detaillierter als die von den Gutachtern vorgenommenen allgemeinen Bestandserhebungen und daher im Rahmen der Eignungsflächenuntersuchung nach Ansicht des Verfassers unverzichtbar. Im Bereich Avifauna wurde der Mangel an weitgehend flächendeckenden Bestandserhebungen offensichtlich. Die Schutzwürdigkeit und Empfindlichkeit einer Fläche wurde indirekt aus den Ausweisungen der Landschafts- und Flächennutzungspläne abgeleitet. Darüber hinaus ist nur in Einzelfällen auf bestehende Untersuchungen zurückgegriffen worden, so etwa auf eine Erhebung zu schutzwürdigen Feuchtwiesen (Weil/Winterkamp/Knopp im Auftrag der Gemeinde Heek) und ein kommunales Erholungskonzept (Woltering/Ahrensmeyer im Auftrag der Gemeinde Reken).

Wie ist die Qualität der erhobenen Daten zu beurteilen?

Der von den Gutachtern betriebene geringe Erhebungs- und Analyseaufwand erscheint vor dem Hintergrund des Konfliktpotenzials von Windkraftanlagen nicht gerechtfertigt. Exaktere Analysen wären wünschenswert; etwa eine genauere Beurteilung der Verträglichkeit der Windkraftanlagen mit dem Landschaftsbild oder dem Erholungswert einer Landschaft. Um Umsetzungsproblemen vorzugreifen, wären zudem Akzeptanzbefragungen unter den Einwohnern der Gemeinden sinnvoll gewesen.

B) Bewertung

Welche Bewertungsmethoden werden angewendet?

Bei der Durchsicht der Gutachten hat sich die eingangs aufgestellte Hypothese bestätigt, dass die Gutachter übereinstimmend zwei Bewertungsmethoden anwenden. Dies sind eindimensionale Kriterienlisten sowie verbal-argumentative Ansätze. Die im vorderen Teil der Gutachten verwendeten Kriterienlisten haben die Funktion, die Gemeindegebiete auf jene Gebiete einzugrenzen, die für eine Windenergienutzung grundsätzlich in Frage kommen. Sie dienen damit der Verringerung des Analyseaufwandes. Verbal-argumentative Bewertungen ziehen sich als Leitfaden durch sämtliche Gutachten. Es hat sich gezeigt, dass die mit diesem Bewertungsansatz verbundenen Schwierigkeiten auch bei den vorliegenden Untersuchungen zu Tage treten. Schwächen weisen die Gutachten vor allem bei der Ableitung der Einschätzungen aus den Sachverhalten auf. Methodische Anforderungen (Nachvollziehbarkeit, Transparenz) werden nur bei einem Teil der Gutachten erfüllt. Es scheint, dass verbal-argumentative Bewertungen dazu verleiten, weniger Sorgfalt bei der Begründung und Argumentation der Wertungen anzuwenden als es den Vorhaben angemessen ist[44].

Werden zugrunde liegende Bewertungsmaßstäbe offengelegt?
Der bereits angesprochene Mangel an Umweltqualitätszielen und -standards bestätigt sich auch beim Vergleich der vorliegenden Gutachten. Es fehlen Standards[45], anhand derer etwa die Schutzwürdigkeit und Empfindlichkeit von Landschaften gegenüber Eingriffen bewertet werden können. So gründen die Einschätzungen zur Empfindlichkeit eines Landschaftsbildes auf abstrakten, schwer fassbaren Begriffen wie etwa Eigenart und Vielfalt. Diese haben den Nachteil, dass sie nur wenig anschaulich und daher schwer vermittelbar sind. Geht es um die Eingrenzung von für die Windkraftnutzung in Frage kommenden Flächen, so sind die Empfehlungen des Windenergie-Erlasses NW praktische, leicht handhabbare Orientierungsmaßstäbe. Dies gilt insbesondere für solche in den Raumordnungsplänen und Landschaftsplänen ausgewiesenen Gebiete, in denen eine Windkraftnutzung grundsätzlich auszuschließen ist. Schwieriger wird die Beurteilung der Verträglichkeit von Windkraftanlagen mit den Erhaltungs- und Entwicklungszielen in Bereichen, in denen eine Verträglichkeit nur anhand der lokalen Gegebenheiten beurteilt werden kann. Hier müssen die spezifischen, für das jeweilige Schutzgebiet festgesetzten Ziele als Bewertungsmaßstäbe des Eingriffs herangezogen werden. Ein ähnliches Problem ergibt sich, wenn die vorherrschende Nutzung oder Funktion eines Gebietes grundsätzlich mit der Windkraftnutzung zu vereinbaren ist, aber schutzwürdige Gebiete angrenzen. Obwohl der Windenergie-Erlass NW konkrete Abstandswerte vorgibt, sollte in jedem Fall schutzgutbezogen bewertet werden. Das bedeutet, dass z. B. der zu Naturschutzgebieten einzuhaltende Abstand von 500 m (Nr. 4.2.4.4 WEA-Erl. NW) lediglich ein Anhaltswert ist, der je nach Art des Naturschutzgebietes, der Windkraftanlagentypen und dem Aufstellungsmuster den lokalen Bedingungen anzupassen ist. Eine Forderung ist daher, die Festlegung von Abstandswerten nicht allein mit den Vorgaben des Landes zu rechtfertigen, sondern im Einzelfall zu begründen.

Erfolgt eine Kritik der Bewertungsmaßstäbe?
Bis auf eine Ausnahme übernehmen die Gutachter die Empfehlungswerte des nordrheinwestfälischen Windenergie-Erlasses, ohne darauf hinzuweisen, dass diese aus fachlicher

---

[44] Zu den einzelnen Kritikpunkten in Bezug auf die Anforderungen Nachvollziehbarkeit, Differenziertheit und Vollständigkeit s. Abschnitt C.
[45] Als Beispiel für Umweltstandards seien hier die Bestimmungen des novellierten Bundesnaturschutzgesetzes genannt. Nach § 5 Abs. 3 BNatSchG i. d. F. vom 25.3.2002 sollen die Bundesländer regionale Mindestdichten von punktförmigen und linearen Elementen, die zur Vernetzung von Biotopen erforderlich sind, festlegen.

Sicht im konkreten Fall unbegründet sein könnten. Lediglich die Gutachter BREDEMANN/WINDISCH erwähnen, dass für die Bewertung der Schallemissionen zwischen den Bundesländern und innerhalb Nordrhein-Westfalens unterschiedliche Auffassungen bestehen.

Welche Bewertungskriterien werden verwendet?
Auffallend geringe Unterschiede weisen die Gutachten in Bezug auf die verwendeten Bewertungskriterien auf. Es scheint, dass die von Windkraftanlagen betroffenen Umweltbereiche sich einfach identifizieren und abgrenzen lassen. Sämtliche Gutachter beziehen den Bereich Landschaftsbild und Avifauna in ihre Bewertung mit ein, wobei – wie bereits erwähnt – nur die Bewertung der Empfindlichkeit und Schutzwürdigkeit des Landschaftsbildes aus eigenen Beobachtungen und Beschreibungen abgeleitet wird. Das Kriterium Erholung wird in Zusammenhang mit ausgewiesenen Erholungsgebieten nach GEP berücksichtigt. Als positive Standortvoraussetzungen werden Windhöffigkeit, Netzanschlussmöglichkeit und Flächengröße berücksichtigt; ihnen kommt eine Ausschlussfunktion zu, da sie Mindestwerte überschreiten müssen. Indirekt fließen damit betriebswirtschaftliche Aspekte in die Bewertung ein. Auch der Flächengröße kommt die Funktion eines Ausschlusskriteriums zu. Unterschreitet eine Fläche eine vorgegebene Mindestgröße, kommt sie für die Windenergienutzung wegen fehlender Konzentrationswirkungen nicht mehr in Betracht. Ein Gutachter definiert zudem einen oberen Schwellenwert, der aufgrund der visuellen Wirkung von Windparks seiner Ansicht nach nicht überschritten werden sollte. Das Kriterium Akzeptanz der Windenergienutzung wird in keinem Fall berücksichtigt.

Welche Kriterien liegen der Landschaftsbildbewertung zugrunde?
Die Heterogenität der bei Landschaftsbildbewertungen verwendeten Begriffe (vgl. Kap. 4.3) zeigt sich auch bei den vorliegenden Gutachten. Kein Kriterium findet sich in sämtlichen Gutachten wieder. Selbst die Begriffe Vielfalt, Eigenart und Schönheit (§ 1 Abs. 1 Nr. 4 BNatSchG) werden nicht durchgehend verwendet, obwohl dies von fachlicher Seite gefordert wird (Breuer 1993, S. 19). Von den Gutachtern werden darüber hinaus verwendet: Natürlichkeitsgrad/Naturnähe, Einsehbarkeit, visuelle Vorbelastung, Attraktivität und visuelle Verletzlichkeit/Empfindlichkeit (vgl. Anhang 2).

C) Anforderungen an die wissenschaftliche Exaktheit

Die Qualität der Gutachten als rationale Entscheidungsgrundlage hängt u. a. von den Faktoren Differenziertheit, Vollständigkeit und Nachvollziehbarkeit ab, die im Folgenden anhand der vorliegenden Gutachten analysiert werden sollen. Weitere Anforderungen an rationale Bewertungen sind Objektivität, Gültigkeit und Reproduzierbarkeit (vgl. Kap. 4.1), Kriterien also, die sich in verbal-argumentativen Bewertungsansätzen an den vorliegenden Gutachten nur unzureichend überprüfen lassen. So ist die Anforderung, dass die Bewertung unter gleichen Prämissen, zu einem anderen Zeitpunkt und durch eine andere Person zu den gleichen Ergebnissen führen soll, praktisch kaum zu kontrollieren. Diese Bewertungskriterien wurden daher im Folgenden außer Acht gelassen.

Erfüllt das Gutachten das Kriterium der Differenziertheit?
Im Hinblick auf das Kriterium Differenziertheit fallen die großen Unterschiede der Gutachten auf. Die Beschreibungen und Bewertungen der Schutzwürdigkeit und Empfindlichkeit des Landschaftsbildes reichen von wenig detaillierten Schilderungen der naturräumlichen Ausstattung (Woltering/Ahrensmeyer im Auftrag der Gemeinde Velen) bis zu ausführlichen und begründeten Darstellungen der Nutzungen, des Reliefs und der landschaftsbildprägenden Vegetationselemente (Bredemann/Windisch im Auftrag der Gemeinde Billerbeck). Auch hinsichtlich der Exaktheit der verwendeten Begriffe und Formulierungen weisen die Gutachten erhebliche Unterschiede auf. Formulierungen wie „atypische Bauwerke" (Hardt/Dormels/Schreuder im Auftrag der Gemeinde Isselburg, S. 14) treffen eher den Sachverhalt als Aussagen wie „durch die Randstrukturen ist die Naturnähe dieses Bereichs eher mittel" (Woltering/Ahrensmeyer im Auftrag der Gemeinde Schöppingen, S. 20) oder „[die] Kuppenlage (...) ist gerade in ihrer traditionell offenen Landschaftsstruktur sehr gut erlebbar" (ebd., S. 18).

Erfüllt das Gutachten das Kriterium der Vollständigkeit?
Die zweite, an rationale Bewertungen erhobene Forderung ist die der Vollständigkeit. Inwiefern Gutachten alle relevanten Kriterien in die Bewertung mit einbeziehen, kann im Rahmen dieser Arbeit nur aufgrund der nach den Erörterungen des Kapitels 4.3 für notwendig erachteten Kriterien untersucht werden. Unter Berücksichtigung der dort gemachten Ausführungen erscheint es begründet, die Kriterien Landschaftsbild, Avifauna, Lärmemissionen und Schattenwurf als Mindestinhalte zu fordern. Legt man dieses Verständnis der Beurteilung zugrunde, dann erfüllen sämtliche vorliegenden Gutachten die Bedingung der Vollständigkeit.

Sind die einzelnen Bewertungsschritte nachvollziehbar?
Erhebliche Differenzen weisen die Gutachten in Bezug auf die Forderungen nach Nachvollziehbarkeit und Transparenz auf. Ein Indiz für die Schlüssigkeit und Nachvollziehbarkeit der Bewertungsschritte ist die Gliederung der Gutachten. In diesem Punkt reicht die Spannbreite von einer Arbeit mit 59 Gliederungspunkten (Bredemann/Windisch im Auftrag der Gemeinde Billerbeck) bis zu einer aus 13 Kapiteln bzw. Unterkapiteln bestehenden Inhaltsübersicht (Woltering/Ahrenmeyer im Auftrag der Gemeinde Reken). Auch die Offenlegung von Unsicherheiten, wie etwa die Gegenüberstellung von einander abweichenden, sich widersprechenden fachlichen Empfehlungen erhöht die Nachvollziehbarkeit und Glaubwürdigkeit von Gutachten. In diesem Punkt wird zum Beispiel nur in wenigen Gutachten auf den Stand der Forschung hingewiesen (etwa durch Weil/Winterkamp/Knopp im Auftrag der Gemeinde Gescher).

D) Bewertungsergebnisse

Auch für den letzten Schritt innerhalb des Verfahrens zur Auswahl von Eignungsgebieten gelten die gleichen Anforderungen an Nachvollziehbarkeit, Transparenz und Vollständigkeit. Dieser Schritt ist gekennzeichnet durch die Beschreibung und Bewertung der für die

Windkraftnutzung potenziell geeigneten Flächen, indem die Einzelwerte einer Alternative zu einem Gesamtwert aggregiert werden. Im Gegensatz zu quantitativen Bewertungsmethoden, die den Gesamtwert einer Alternative durch die Addition der Einzelwerte bzw. Einzelnutzen eines Vorhabens ermitteln, werden die Gesamtwerte in verbal-argumentativen Ansätzen verbal abgeleitet. Methodische Probleme bei der Aggregation nicht verrechenbarer Werteinheiten (z. B. seltene Tierart mit ökonomischem Nutzen) entstehen daher bei den untersuchten Gutachten nicht.

Ist die Gesamtbewertung nachvollziehbar?

Um den Vergleich der Flächenalternativen übersichtlicher zu gestalten, listen die meisten Gutachter die vorgenommenen Bewertungen tabellarisch auf. Obwohl damit eine größere Anschaulichkeit und formale Nachvollziehbarkeit erreicht wird, ist diese Art der Darstellung mit Gefahren verbunden. Dies soll anhand eines Beispiels erläutert werden.

WOLTERING/AHRENSMEYER haben die für die Windkraftnutzung in Frage kommenden Flächen anhand der Kriterien des Landschaftsbildes Eigenart, Vielfalt, visuelle Empfindlichkeit und Vorbelastung bewertet. Die Werteskala umfasst pro Kriterium jeweils die drei Klassen, einer niedrigen, mittleren und hohen Eigenart (Empfindlichkeit u. a.). Die tabellarische Auflistung suggeriert eine Verrechenbarkeit der Einzelwerte, die jedoch nicht gewährleistet ist. Zum einen können ordinal skalierte Werte nicht addiert oder subtrahiert, sondern nur in eine Rangfolge gebracht werden. Zudem müssen die Kriterien unabhängig voneinander sein und dürfen miteinander in Konflikt treten. Dies ist bei Kriterien des Landschaftsbildes nicht der Fall. So stehen die Begriffe Eigenart, Vielfalt und Schönheit (§ 1 Abs. 1 Nr. 4 BNatSchG) miteinander in enger Beziehung. Eine Landschaft mit hoher Eigenart und hoher Vielfalt wird in den meisten Fällen als schön angesehen. Demgegenüber sind vorbelastete Landschaften häufig von geringer Eigenart und Vielfalt, wobei zwischen den Eigenschaften kein unmittelbarer Kausalzusammenhang besteht.

Werden alle relevanten Kriterien in die Gesamtbewertung mit einbezogen?

Auch an dieser Stelle kann die Vollständigkeit der Gutachten nur anhand der vom Verfasser aufgestellten Bewertungskriterien beurteilt werden. Nimmt man diese in Kapitel 4.3 erläuterten Kriterien zum Maßstab, dann sind die Gutachten als vollständig zu bezeichnen. Allerdings werden einige Kriterien lediglich indirekt über die nach Windenergie-Erlass NW einzuhaltenden Abstände in die Bewertung mit einbezogen.

Wird die Abhängigkeit der Bewertungsergebnisse von den zugrunde liegenden Annahmen erläutert?

Die Auswertung der Gutachten hat in dieser Hinsicht ergeben, dass die Forderung, die der Auswahl der Eignungsfläche zugrunde liegenden Annahmen (Abstandswerte u. a.) zu verändern, um den kommunalen Entscheidungsträgern die Sensibilität der Ergebnisse aufzuzeigen, in der Praxis nicht durchzusetzen ist. Die Empfehlungen des Landes werden als starre Prämissen verwendet; keiner der Gutachter weist darauf hin, dass sich Abgrenzung und Größe der Eignungsgebiete erheblich verändern, je nachdem, auf welche Werte Bezug genommen wird.

5.6 Zusammenfassende Bewertung

Die Analyse der Gutachten zur Ermittlung von Eignungsflächen für die Windenergienutzung hat gezeigt, dass insgesamt ein relativ einheitliches Flächenauswahlverfahren angewendet wird. Sämtliche Gutachter bewerten verbal-argumentativ, wobei erhebliche Unterschiede in Bezug auf die Schlüssigkeit und Nachvollziehbarkeit der Bewertungen zu verzeichnen sind. Die Empfehlungen des Windenergie-Erlasses haben einen hohen Stellenwert für die Auswahl der Flächen. Neben den konkreten Planausweisungen des Gebietsentwicklungsplans und der Landschaftspläne beeinflussen die Vorgaben des Landes, welche Gebiete als Ausschluss-, Restriktions- und Eignungsbereiche anzusehen sind und welche Abstände zu diesen eingehalten werden müssen, erheblich die Lage und Größe der in den Flächennutzungsplänen ausgewiesenen Konzentrationszonen. Da sich diese Werte nur zum Teil durch Rechtsprechungen und fachliche Maßstäbe begründen lassen, sollten die Vorgaben mit denen anderer Länder abgeglichen werden und den örtlichen Gegebenheiten angepasste Werte als Grundlage der Eignungsflächenermittlung verwendet werden.

Was die Qualität der Daten betrifft, so sind zum Teil Mängel auszumachen. Eine stärkere Berücksichtigung der Avifauna im Hinblick auf die Gefährdung vieler Arten ist zu fordern, was jedoch mit intensiveren und umfangreicheren Bestandserhebungen verbunden ist. Die Beeinträchtigung des Landschaftsbildes wird zwar in sämtlichen Gutachten thematisiert, die Behandlung dieses Aspektes erscheint allerdings in vielen Fällen dem Konfliktpotenzial nicht angemessen zu sein. Zumindest bei großen Windparks sollten die Belange des Landschaftsschutzes stärkere Berücksichtigung finden. Um die emotional geführten Diskussionen um die Beeinträchtigung des Landschaftsbildes durch Windkraftanlagen zu versachlichen, sollten zudem einheitliche und verständliche Kriterien definiert werden, mit deren Hilfe die Beeinträchtigung des Landschaftsbildes bewertet werden kann.

Die in Kapitel 4.1 erläuterten Schwächen der verbal-argumentativen Bewertungsmethode konnten auch bei den ausgewerteten neun Gutachten festgestellt werden. Insgesamt werden

- durch die Gutachter vorgenommene Bewertungen nur unzureichend begründet,
- die Bewertungsmaßstäbe selten offengelegt,
- die Bewertungskriterien und -klassen nur in Einzelfällen definiert.

Dies führt dazu, dass die Gutachten als Grundlage für die kommunalen Entscheidungsträger an Wert verlieren, da sie nur zu einem Teil inhaltlich nachvollziehbar sind. Auch das den Gutachten zugrunde liegende Datenmaterial und die Bewertungsmaßstäbe erscheinen angesichts des Konfliktpotenzials der Windenergienutzung (vgl. Kap. 4.3) nicht ausreichend, denn „letztlich können Bewertungs- und Entscheidungsmethoden nicht besser sein als die Qualität der ihr zugrunde liegenden Informationen und Werturteile" (Kistenmacher/Jacoby 1998, S. 166).

Die eingangs des Kapitels gestellte Frage, welche die aus raumplanerischer Sicht optimale Methode zur Bewertung von Eignungsflächen für die Windenergienutzung ist, konnte durch die Analyse der ausgewählten Gutachten nicht beantwortet werden, da die Gutachter ausnahmslos einfache, eindimensionale und verbal-argumentative Bewertungsansätze verwenden. Eine Ursache ist sicherlich darin zu suchen, dass in drei Fällen derselbe Gutachter mit der Ermittlung der Eignungsflächen beauftragt wurde und dadurch nur sechs methodisch und inhaltlich unterschiedliche Gutachten vorlagen. Die Beauftragung des gleichen Gutachters durch Gemeinden eines Kreises stellte eher die Regel als die Ausnahme dar[46]. Insgesamt ist jedoch der hohe Grad der Übereinstimmung hinsichtlich der verwendeten Bewertungsmethoden nicht zu erwarten gewesen.

---

[46] So sind nach einer telefonischen Umfrage zwischen Januar und März 2002 allein durch das Büro WEIL/WINTERKAMP/KNOPP für mehr als zehn Gemeinden des Regierungsbezirks Münster Gutachten zu Eignungsflächen für die Windenergie erstellt worden.

6 Bewertung von Flächen für die Windenergienutzung anhand eines nutzwertanalytischen Ansatzes am Beispiel der Gemeinde Schöppingen (Kreis Borken)

Wie Kapitel 5 gezeigt hat, basiert die Bewertung in den analysierten Gutachten durchgängig auf einer verbalen Beschreibung und Bewertung der für die Windenergienutzung potenziell geeigneten Flächen. In diesem Kapitel soll mit dem nutzwertanalytischen Ansatz eine alternative Bewertungsmethode angewendet werden. Aufbauend auf das in Kapitel 4.1.2 erläuterte theoretische Konzept der Nutzwertanalyse wird zunächst die Auswahl begründet und der methodische Ablauf vorgestellt (Kap. 6.1.1). Es werden Bewertungskriterien definiert (Kap. 6.1.2) und anhand dieser die Bewertung der Eignungsflächen durchgeführt (Kap. 6.2.1 und 6.2.2). Diese Kriterien werden durch Experten und Laien gewichtet und durch eine eigene Gewichtung ergänzt (Kap. 6.2.3). Anschließend werden die Ergebnisse einander gegenübergestellt und diskutiert (Kap. 6.2.4). Kapitel 6 schließt mit einer zusammenfassenden Bewertung (Kap. 6.2.5).

6.1 Die Nutzwertanalyse

Der nutzwertanalytische Ansatz besitzt gegenüber der rein verbalen Argumentation den Vorteil, dass durch ihn individuelle Wertmaßstäbe offengelegt werden und damit einer Diskussion zugänglich gemacht werden können. Da das nutzwertanalytische Prinzip, eigentlich nicht verrechenbare, sehr verschiedene Kriterien über einen Nutzen verrechenbar zu machen, Alltagsentscheidungen ähnlich ist, ist es auch nicht sachfremden Personen leicht verständlich zu machen. Die Nutzen der zur Auswahl stehenden Flächenalternativen können tabellarisch dargestellt werden, was die Übersichtlichkeit verbessert. Ausschlaggebend für die Auswahl der Methode war jedoch die Eigenschaft der Nutzwertanalyse, dass im Gegensatz zur rein landschaftsanalytischen Bewertung der in Kapitel 5 untersuchten Gutachten über die umweltbezogenen Auswirkungen von Windkraftanlagen hinaus weitere – ökonomische und soziale – Aspekte berücksichtigt werden, denen bei kommunalen Entscheidungen eine wichtige Rolle zukommt. Zudem können Beeinträchtigungen durch Lärm und Schatten, die in den Gutachten lediglich durch pauschale Abstände mit einbezogen werden, durch die Vergabe von Nutzwerten differenzierter berücksichtigt werden. In dieser Arbeit wird ein vereinfachter nutzwertanalytischer Ansatz verfolgt. Dieser Ansatz ermöglicht es, nicht-kardinal skalierte Werte mit einzubeziehen (vgl. Kap. 4.3). Auf eine aufwändige Herleitung der Zielerfüllungswerte kann daher verzichtet werden.

6.1.1 Methodischer Ablauf

Der nutzwertanalytische Ansatz ist durch eine standardisierte Vorgehensweise gekennzeichnet, die zugleich den methodischen Leitfaden für dieses Kapitel darstellt. Die wesentlichen Ablaufschritte zeigt Abbildung 1.

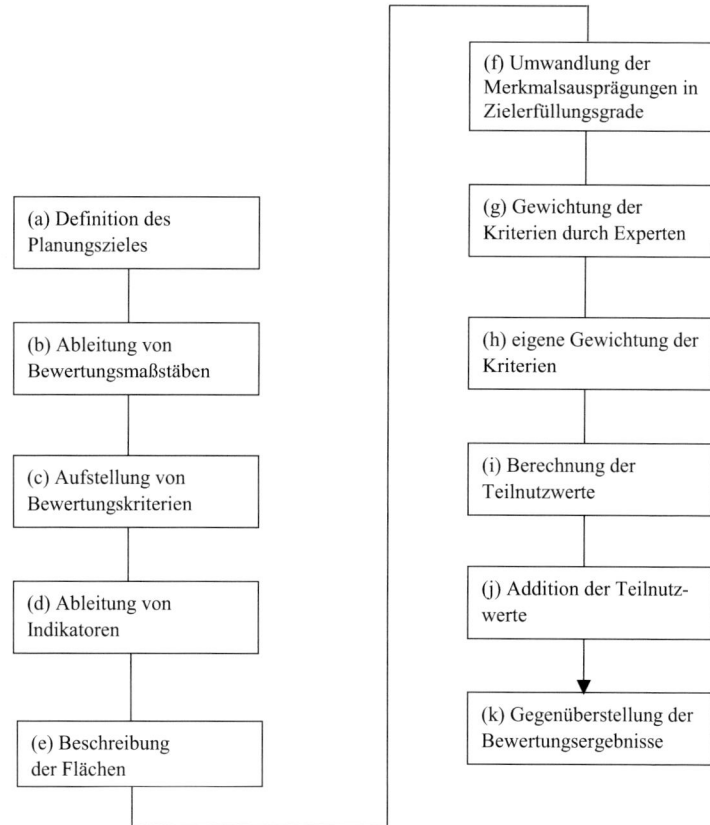

*Abb. 1: Methodischer Ablauf der Nutzwertanalyse
(Quelle: Runge 1998, S. 210, verändert)*

In einem ersten Schritt sind die von der Gemeinde Schöppingen aufgestellten bzw. sonstigen Ziele der Ausweisung von Eignungsflächen darzustellen (a) und daraus Bewertungsmaßstäbe abzuleiten (b). Aus den Planungszielen, Bewertungsmaßstäben und Projektauswirkungen werden Bewertungskriterien und Indikatoren abgeleitet (c und d). Anschließend werden die Merkmale der Flächenalternativen beschrieben und auf einer fünfstufigen Skala in Zielerfüllungsgrade umgewandelt (e und f). Die vom Gutachter empfohlenen, im Flächennutzungsplan der Gemeinde Schöppingen dargestellten Eignungsflächen werden fünf Personen unterschiedlicher Fachrichtungen zur Bewertung vorgelegt. Diese gewichten die Bewertungskriterien (g). Außerdem wird eine eigene Gewichtung vorgenommen (h). Die Multiplikation der Nutzwerte mit den Gewichtungsfaktoren ergeben die Teilnutzen (i), die zu einem Gesamtnutzwert addiert werden (j). Abschließend werden die Ergebnisse in tabellarischer Form einander gegenübergestellt und diskutiert (k).

Planungsziel
Die Ausweisung von Konzentrationsflächen für die Windenergienutzung dient
- der Erreichung des nationalen Ziels, den CO_2-Ausstoß bis zum Jahr 2005 um mindestens 25 % zu reduzieren (§ 1 EEG),
- der Unterstützung des landespolitischen Ziels Nordrhein-Westfalens, bis zum Jahr 2005 eine Leistung von 1000 MW durch Windkraftanlagen zu erreichen (Nr. 1.1 WEA-Erl. NW i. d. F. vom 29.11.1996),
- dem Schutz des Freiraums und seiner Erholungs- und Lebensraumfunktionen (vgl. B. III. 1 LEP NW) vor dem Hintergrund der baurechtlichen Privilegierung von Windkraftanlagen.

Konkrete Ziele sind von der Gemeinde Schöppingen nicht formuliert worden.

Ableitung von Bewertungsmaßstäben
Die erwähnten energiepolitischen Zielsetzungen können als Bewertungsmaßstäbe herangezogen werden. Zur Erreichung des Ziels „Schutz des Freiraums" (B. III. 1 LEP NW) sind die Ausweisungen und textlichen Festsetzungen des Gebietsentwicklungs-, Landschafts- und Flächennutzungsplans zu beachten. Neben diesen rechtlich verbindlichen Festsetzungen sind die politischen und fachlichen Richt- und Orientierungswerte[47] maßgebend. Für die Region westliches Münsterland existieren keine regionalen Landschaftsleitbilder, die zur Bewertung herangezogen werden könnten (Gespräch mit Herrn Schwardmann am 8.3.2002).

6.1.2 Bewertungskriterien

Die Auswahl der Bewertungskriterien erfolgt grundsätzlich nach den Prinzipien:
- Abdeckung der Themenfelder Umwelt, Wirtschaft und Soziales,
- formale Gleichgewichtung der Themenfelder durch die Berücksichtigung von jeweils drei Kriterien pro Themenfeld,
- Relevanz in Bezug auf die Windenergienutzung.

Die in diesem Abschnitt behandelten Bewertungskriterien werden anhand von einem bis fünf Punkten (Zielerfüllungsgrade) bewertet.

---

[47] Windenergie-Erlass NW; Technische Anleitung Lärm; Listen der Landesanstalt für Ökologie, Bodenordnung und Forsten (LÖBF) NW

Im Folgenden werden die einzelnen Bewertungskriterien erläutert. Die Bewertungsstufen basieren auf einer durch den Verfasser vorgenommenen Einteilung und Abgrenzung entsprechend den in Kapitel 4.2 behandelten räumlichen Vorgaben, Richtwerten und fachlichen Orientierungsmaßstäben sowie konkreten örtlichen Planvorgaben.

Landschaftsbild

Das Kriterium Landschaftsbild wird im Rahmen der Nutzwertanalyse durch die Unterkriterien Vielfalt, Eigenart sowie Einsehbarkeit abgebildet. Die Auswahl der Kriterien erfolgt entsprechend den Zielen des Naturschutzes (§ 1 Abs. 1 Nr. 4 LG NW) sowie der Methode zur Ermittlung des Kompensationsumfangs bei mastenartigen Eingriffen nach NOHL (Nohl 1993). Das Kriterium Schönheit von Natur und Landschaft wird in die Nutzwertanalyse nicht mit aufgenommen, da es sich der objektiven Erfassung und Beschreibung entzieht (Jessel 1998, S. 358). Das Kriterium Einsehbarkeit bezeichnet keinen dem Landschaftsbild eigenen Wert, ist jedoch in Bezug auf die Beeinträchtigungsintensität durch Windkraftanlagen von Bedeutung. Die Bewertung des Landschaftsbildes der Eignungsflächen der Gemeinde Schöppingen erfolgt anhand einer Ortsbegehung und der Auswertung von vorhandenen Erhebungen im Auftrag der Landesanstalt für Ökologie, Bodenordnung und Forsten NRW. Die Einteilung der Klassen wird durch den Verfasser vorgenommen.

Vielfalt: Der Begriff Vielfalt bezieht sich auf den Relief- und Vegetationsreichtum einer Landschaft (vgl. Jessel 1998, S. 357). In dieser Hinsicht vielfältige Landschaften sind abwechslungsreich und gegliedert, während wenig vielfältige Landschaften als ausgeräumt und monofunktional beschrieben werden können. Aus landschaftsästhetischer Sicht steigt mit zunehmender Vielfalt der Wert einer Landschaft, während zugleich die visuelle Verletzlichkeit einer Landschaft abnehmen kann. Der Begriff visuelle Verletzlichkeit ist Ausdruck dafür, inwiefern eine Landschaft bauliche Eingriffe visuell verkraften kann. Visuelle Verletzlichkeit wird hier als Teilkriterium der Vielfalt aufgefasst.

Die Bewertungsstufen sind:

sehr hohe Vielfalt:	1 Punkt
hohe Vielfalt:	2 Punkte
mittlere Vielfalt:	3 Punkte
geringe Vielfalt:	4 Punkte
sehr geringe Vielfalt:	5 Punkte

Sehr hohe Vielfalt: Bereiche mit einer sehr hohen Vielfalt an Vegetationselementen in unterschiedlichen Entwicklungsstadien und Höhenschichtungen *oder* mit einer sehr hohen Anzahl unterschiedlicher Landnutzungs-, Siedlungs- und Reliefformen.

Hohe Vielfalt: Bereiche mit einer hohen Vielfalt an Vegetationselementen in unterschiedlichen Entwicklungsstadien und Höhenschichtungen *oder* einer hohen Anzahl unterschiedlicher Landnutzungs-, Siedlungs- und Reliefformen.

Mittlere Vielfalt: Bereiche mit einigen Vegetationselementen mit unterschiedlichen Entwicklungsstadien und Höhenschichtungen *oder* mit in Teilen unterschiedlichen Landnutzungs-, Siedlungs- und Reliefformen.

Geringe Vielfalt: Bereiche mit Vegetationselementen überwiegend eines Entwicklungsstadiums, in denen naturnahe Bereiche auf kleine Bereiche beschränkt sind *oder* mit weitgehend einheitlichen Siedlungs- und Landnutzungsformen.

Sehr geringe Vielfalt: Weitestgehend ausgeräumte Bereiche mit monofunktionaler Nutzung mit wenigen oder ohne naturnahe Bereiche.

Eigenart: Der Begriff Eigenart bezeichnet den Grad der Übereinstimmung eines Gebietes mit dem Landschaftsbild eines historischen Referenzzeitraumes[48] (vgl. Jessel 1998, S. 358). Landschaften mit einer hohen Eigenart sind naturnahe, nur wenig durch anthropogene Einflüsse veränderte Bereiche. Sie weisen Nutzungen auf, die den natürlichen Standortbedingungen (Wasserhaushalt, Boden, Klima) angepasst sind (a. a. O.). Indikatoren für die Eigenart einer Landschaft sind historische Nutzungen sowie der Grad der visuellen Vorbelastung durch Verkehrs- und Versorgungsinfrastruktureinrichtungen. Je wertvoller die Landschaft in Bezug auf die Eigenart, desto größer ist die Eingriffsintensität durch Windkraftanlagen. Die Bewertungsstufen sind:

sehr hohe Eigenart:	1 Punkt
hohe Eigenart:	2 Punkte
mittlere Eigenart:	3 Punkte
geringe Eigenart:	4 Punkte
sehr geringe Eigenart:	5 Punkte

Sehr hohe Eigenart: Bereiche mit einer sehr hohen Naturnähe oder einer hohen Ablesbarkeit von historischen Nutzungen, in denen bauliche Eingriffe sich auf kleine Teilbereiche beschränken.

Hohe Eigenart: Bereiche mit einer hohen Naturnähe oder einem hohen Bestand an kulturhistorischen Zeugnissen.

Mittlere Eigenart: Bereiche mit mittlerer Naturnähe oder Ansätzen von kulturhistorischen Zeugnissen. Bauliche Eingriffe prägen in Teilbereichen das Landschaftsbild.

geringe Eigenart: Naturferne Bereiche mit einer starken Prägung und Veränderung des Landschaftsbildes durch bauliche Eingriffe.

Sehr geringe Eigenart: Naturferne Bereiche, in denen kein Bezug zu historischen Nutzungen erkennbar ist und deren Landschaftsbild sehr stark durch bauliche Eingriffe geprägt wird.

Einsehbarkeit: Die Eingriffsintensität von Windkraftanlagen hängt neben der Schutzwürdigkeit des Landschaftsbildes von der Größe des Gebietes ab, von dem aus Windkraftanlagen sichtbar sind (Nohl 1993, S. 42). Diese werden aus der visuellen Wirkungszone abzüglich der durch Vegetation und Relief sich ergebenden sichtverschatteten Bereiche berechnet (Köppel et. al. 1998, S. 258). Visuell empfindliche Landschaften sind ebene, strukturarme Landschaften; auch exponierte Lagen weisen eine hohe Einsehbarkeit und Empfindlichkeit auf. Die Bewertungsstufen sind:

sehr hohe Einsehbarkeit:	1 Punkt

---

[48] Köppel et. al. plädiert für die Bezugnahme auf einen höchstens zwei Menschengenerationen zurückliegenden Referenzzeitraum (Köppel et. al. 1998, S. 259).

hohe Einsehbarkeit:	2 Punkte
mittlere Einsehbarkeit:	3 Punkte
geringe Einsehbarkeit:	4 Punkte
sehr geringe Einsehbarkeit:	5 Punkte

Aus Gründen der Praktikabilität wird im Rahmen dieser Arbeit auf komplexe Sichtraumanalysen verzichtet, die mittlerweile mit Computerprogrammen durchgeführt werden können (z. B. WindPRO UMBRA der Firma EMD Software). Die Bewertung der Einsehbarkeit geschieht daher nicht durch die quantitative Ermittlung der Fläche, sondern anhand der Ableitung der Einsehbarkeit aus dem Vorkommen von sichtverschattenden Elementen (Vegetation) und dem Relief im Rahmen einer Ortsbegehung.

Sehr hohe Einsehbarkeit: Weite und ebene Flächen, in denen Strauch- und Baumvegetation gänzlich fehlen *oder* exponierte Lagen in einer flachen Landschaft.

Hohe Einsehbarkeit: Weite und ebene Flächen mit Resten an Strauch- und Baumvegetation *oder* leicht wellige Landschaften *oder* exponierte Lagen in Mittelgebirgen.

Mittlere Einsehbarkeit: Hanglagen in hügeligen Landschaften *oder* Mittelgebirgen oder Landschaften mit einem mittleren Anteil an Waldflächen, Hecken, Alleen u. a.

Geringe Einsehbarkeit: Tallagen in Mittelgebirgslandschaften *oder* Landschaften mit einem hohen Waldanteil.

Sehr geringe Einsehbarkeit: Muldenlagen in Mittelgebirgslandschaften *oder* Landschaften mit einem sehr hohen Waldanteil.

Avifauna

Das Bewertungskriterium Avifauna bezieht sich auf die potenzielle Beeinträchtigung seltener Vogelarten durch Windkraftanlagen. Viele Arten meiden die Flächen im Umfeld von Windkraftanlagen (Handke 2000, S. 50). Das Eingriffsrisiko hängt von der artspezifischen Empfindlichkeit gegenüber äußeren Störeinflüssen, der Seltenheit sowie der Lage des Lebensraums in Bezug auf eine Windkraftanlage ab (vgl. Bergen 2001, S. 3). Je empfindlicher und seltener eine Art, desto schwerwiegender sind die Folgen des Eingriffs. Die durch den Verfasser vorgenommene Einteilung der Klassen basiert auf den folgenden Gesichtspunkten:

- Abstand der Windkraftanlagen bzw. der Eignungsflächen zu Naturschutzgebieten und sonstigen avifaunistisch wertvollen Bereichen,
- artspezifisches Meidungsverhalten,
- Seltenheit der betroffenen Art entsprechend der Roten Liste NRW.

In einem Fall („Schöppinger Berg (Nord)") kann auf avifaunistische Erhebungen zurückgegriffen werden. Liegen keine Erhebungen vor, wird die Schutzwürdigkeit der Fläche aus der Nutzung und der naturräumlichen Ausstattung sowie Beobachtungen ortsansässiger Bürger abgeleitet. Die Bewertungsstufen sind:

sehr hohes Risiko:	1 Punkt
hohes Risiko:	2 Punkte
mittlere Risiko:	3 Punkte
geringe Risiko:	4 Punkte
sehr geringe Risiko:	5 Punkte

Der Begriff Risiko (vgl. Runge 1998, S. 229) wird hier definiert als das Produkt aus Empfindlichkeit bzw. der Schutzwürdigkeit einer Vogelart und der Beeinträchtigungsintensität der Windkraftanlagen durch Schallemissionen, Schattenwurf und den Drehungen der Rotoren. Je empfindlicher und seltener eine Art und je geringer der Abstand eines Lebensraumes zu Windkraftanlagen, desto höher ist das Eingriffsrisiko. Als Anhaltswerte für die Einteilung der Klassen dienen die Abstände des nordrhein-westfälischen Windenergie-Erlasses (Nr. 4.2.4.2 WEA-Erl. NW).

Sehr hohes Risiko: Bereiche innerhalb eines Radius von weniger als 200 m[49] zu Brutplätzen einer Vogelart der Gefährdungskategorien 1 oder 2 der Roten Liste NRW[50] *oder* mit einer sehr hohen Wahrscheinlichkeit des Vorkommens einer solchen Art aufgrund der naturräumlichen Ausstattung.

Hohes Risiko: Bereiche innerhalb eines Radius von 200 bis 500 m[51] zu Brutplätzen einer Vogelart der Kategorien 1 oder 2 der Roten Liste NRW *oder* mit einer hohen Wahrscheinlichkeit des Vorkommens einer solchen Art aufgrund der naturräumlichen Ausstattung.

Mittleres Risiko: Bereiche innerhalb eines Radius von 500 m bis 800 m zu brütenden Vogelart der Kategorien 1 oder 2 *oder* zu Nahrungsplätzen einer Art der Kategorien 3 oder 4 *oder* mit einer geringen Wahrscheinlichkeit des Vorkommens einer solchen Art aufgrund der naturräumlichen Ausstattung.

Geringes Risiko: Bereiche innerhalb eines Radius von 800 m bis 1000 m[52] zu einer brütenden Vogelart der Kategorien 3 oder 4 *oder* mit einer geringen Wahrscheinlichkeit des Vorkommens einer solchen Art aufgrund der naturräumlichen Ausstattung.

Sehr geringes Risiko: Bereiche innerhalb eines Radius von 1000 m zu Arten der Roten Liste NRW *oder* mit einer sehr geringen Wahrscheinlichkeit des Vorkommens solcher Arten aufgrund der naturräumlichen Ausstattung.

Klimaschonende Energieerzeugung

Obwohl der Beitrag der Windenergie zur Stromerzeugung in Deutschland noch gering ist (Ender 2001b, S. 34) und die Stromerzeugung nur eine von vielen Verursachern des Treibhauseffektes ist (IPCC 2001, S. 12), gilt der Beitrag zum Klimaschutz als das wichtigste Argument für die Windkraftnutzung (vgl. BMWi 2001, S. 69; UBA 2000, S. 1). Der Nutzen einer Eignungsfläche in Bezug auf den Klimaschutz wird in dieser Arbeit aus den Faktoren CO_2-Emissionen pro Kilowattstunde[53], Kilowattstunde pro Windkraftanlage und Jahr[54] und der Anzahl der auf einer Eignungsfläche installierten bzw. beantragten Wind-

---

[49] Empfohlener Abstand in Nordrhein-Westfalen zu naturschutzrechtlich geschützten Gebieten (Nr. 4.2.4.4 WEA-Erl. NW).
[50] Gefährdungsstufen der Roten Liste NRW: 1 = vom Aussterben bedroht, 2 = stark gefährdet, 3 = gefährdet, I = gefährdete wandernde Art, n = derzeit nicht gefährdet (Rote Liste NRW 1997)
[51] Empfohlener Abstand in Nordrhein-Westfalen zu naturschutzrechtlich geschützten Gebieten, die dem Schutz bedrohter Vogelarten dienen (Nr. 4.2.4.4 WEA-Erl. NW).
[52] Empfohlener Abstand in Brandenburg zu Brut- und Rastgebiete gefährdeter Vogelarten sowie Rast- und Überwinterungsbiete von Zugvögeln (Auge/Brink 1997, S. 42)
[53] Referenzwert für den CO_2-Ausstoß/kWh ist die nach dem derzeitigen Stand der Energieversorgung durch die Stromerzeugung in Deutschland emittierte Menge an Kohlendioxid. Sie betrug im Jahr 2000 1,556 kg CO_2/kWh (BMWi 2000, S. 4, S. 13 f.).
[54] Referenzwert für den jährlichen Stromertrag sind die Betriebsergebnisse ausgewälter, in Nordrhein-Westfalen errichteter Windkraftanlagen des Jahres 2000. Die durchschnittlichen Stromerträge betragen in

kraftanlagen[55] ermittelt. Die Daten basieren auf den Angaben der Betreibergesellschaft Schöppingen Haverbeck (Gespräch mit Herrn Kappelhoff am 29.4.2002), Referenzdaten des Bundesverbandes Windenergie (BWE 2001, S. 196 ff.) sowie den Statistiken des Bundesministeriums für Wirtschaft und Technologie (BMWi 2000, S. 4 ff.). Die Einteilung wurde vom Verfasser vorgenommen.

Die Bewertungsstufen sind:

sehr hohe Eignung:	5 Punkte
hohe Eignung:	4 Punkte
mittlere Eignung:	3 Punkte
geringe Eignung:	2 Punkte
sehr geringe Eignung:	1 Punkt

Sehr hohe Eignung: Zahl der errichteten oder geplanten Windkraftanlagen mehr als 14.

Hohe Eignung: Zahl der errichteten oder geplanten Windkraftanlagen 11 bis 14.

Mittlere Eignung: Zahl der errichteten oder geplanten Windkraftanlagen 8 bis 10.

Niedrige Eignung: Zahl der errichteten oder geplanten Windkraftanlagen 5 bis 7.

Sehr niedrige Eignung: Zahl der errichteten oder geplanten Windkraftanlagen weniger als 5.

Lokale Wertschöpfung

Obwohl die ökonomischen Nebeneffekte nicht Teil der Planungsziele sind, sollen sie im Rahmen der nutzwertanalytischen Bewertung mit einbezogen werden, weil sie für kommunale Windenergie-Planung von hoher Relevanz sind. Im Gegensatz zur CO_2-Einsparung sind die ökonomischen Aspekte der Planung vor Ort wirksam. Das Bewertungskriterium lokale Wertschöpfung bezieht sich auf die Einnahmen der Gemeinde aus Gewerbesteuern, die Einnahmen des Grundstücksbesitzers aus der Verpachtung der Fläche sowie das Einkommen der Anlagenbetreiber aus den Erlösen aus den Stromerträgen. Während aus den Gewerbesteuern- und Pachteinnahmen die lokale Bevölkerung direkt profitiert, sind Betreibergesellschaften nicht unbedingt an den jeweiligen Ort gebunden. Der Nutzwert einer Eignungsfläche in Bezug auf die lokale Wertschöpfung ist um so höher, je größer die Fläche und damit die Zahl der installierbaren Anlagen ist. Da der Schwerpunkt der Windenergienutzung in dünn besiedelten ländlichen Räumen liegt, kann die Erhöhung der lokalen Wertschöpfung als Instrument zur Angleichung der regionalen Unterschiede der Lebensverhältnisse (§ 1 Abs. 2 Nr. 6 ROG) aufgefasst werden.

Die Bewertungsstufen sind:

sehr hohe Einnahmen:	5 Punkte
hohe Einnahmen:	4 Punkte
mittlere Einnahmen:	3 Punkte
geringe Einnahmen:	2 Punkte

---

etwa für eine 600 kW-Anlage 1.000.000 kWh (BWE 2001, S. 196 f.), für eine 1 MW-Anlage 1.700.000 kWh (ebd., S. 198) und für eine 1,5 MW-Anlage 2.600.000 kWh (ebd., S. 199).

[55] Da lediglich zwei Eignungsflächen in der Gemeinde Schöppingen bereits durch Windkraftanlagen vollständig bebaut sind, ist für die beiden Flächen BOR 06 und BOR 07 die Zahl der beantragten Windkraftanlagen maßgeblich.

sehr geringe Einnahmen: 1 Punkt

Die Einnahmen werden aufgrund der höheren Praktikabilität nicht in relativen, sondern in absoluten Größen (Euro) erfasst. Während sich die Höhe der Einnahmen der Gemeinde aus Gewerbesteuern an der Höhe der Gewinne der Betreiber orientiert (Gespräch mit Herrn Kappelhoff am 29.4.2002), sind die Einnahmen der Grundstücksbesitzer und der Betreiber an die Erlöse aus der Stromeinspeisung gekoppelt (ebd.). Referenzdaten sind die durchschnittlichen Einspeiseerlöse von Windkraftanlagen gleicher Nennleistung an Standorten in NRW. Sämtliche Angaben beziehen sich auf den Zeitraum eines Jahres. Die Einteilung wurde wiederum vom Verfasser vorgenommen.

Sehr hohe Einnahmen: Mehr als 120.000 Euro (Grundstücksbesitzer[56]/Gemeinde), mehr als 180.000 Euro (Betreiber).

Hohe Einnahmen: 90.000 bis 120.000 Euro[57] (Grundstücksbesitzer/Gemeinde), 150.000 bis 180.000 Euro (Betreiber).

Mittlere Einnahmen: 60.000 bis weniger als 90.000 Euro (Grundstücksbesitzer/Gemeinde), 120.000 bis weniger als 150.000 Euro (Betreiber).

Niedrige Einnahmen: 30.000 bis weniger als 60.000 Euro (Grundstücksbesitzer/Gemeinde), 90.000 bis weniger als 120.000 Euro (Betreiber).

Sehr niedrige Einnahmen: Weniger als 30.000 Euro (Grundstücksbesitzer/Gemeinde), weniger als 90.000 Euro (Betreiber).

Lärmemissionen

Der Betrieb von Windkraftanlagen ist mit Schallemissionen verbunden, die je nach Pegel Anwohner nahegelegener Wohngebiete beeinträchtigen können (Schällig 1999, S. 127). Maßstab für die Bewertung der Lärmemissionen ist das Prinzip der Umweltvorsorge (§ 5 Abs. 1 Abs. 2 BImSchG). Je geringer die zusätzlichen Schallemissionen und je weniger Anwohner davon betroffen sind, desto höher ist die Eignung einer Fläche in Bezug auf das Kriterium Lärm. Grundlage für die Bewertung der Beeinträchtigungsintensität ist eine von einem unabhängigen Gutachter vorgenommene Schallprognose für die errichteten bzw. beantragten Windkraftanlagen in der Gemeinde Schöppingen (Gespräch mit Wagner-vom-Berg am 18.4.2002), die Richtwerte der Technischen Anleitung Lärm (TA-Lärm) sowie fachliche Orientierungswerte.

sehr hohe Beeinträchtigung: 1 Punkt
hohe Beeinträchtigung: 2 Punkte
mittlere Beeinträchtigung: 3 Punkte
geringe Beeinträchtigung: 4 Punkte
sehr geringe Beeinträchtigung: 5 Punkte

Sehr hohe Beeinträchtigung: Schallpegel an mehr als zehn Wohngebäuden mehr als 50 dB(A)[58] *oder* an über 100 Wohngebäuden mehr als 40 dB(A).

---

[56] Einnahmen sämtlicher Grundstücksbesitzer einer Eignungsfläche
[57] 90.000 Euro entsprechen den Einnahmen aus den Stromerlösen von etwa zehn 1 MW-Anlagen bei einem jährlichen Stromertrag von 1.700.000 kWh (BWE 2001, S. 198) und einer Vergütung von 9,1 Eurocent/kWh (17,8 Pf/kWh nach § 7 EEG).
[58] 50 dB(A) entsprechen bei mehreren, räumlich nahegelegenen Windkraftanlagen einem Abstand von ca. 200 m.

Hohe Beeinträchtigung: Schallpegel an über zehn Wohngebäuden 45 dB(A)[59] bis 50 dB(A) *oder* an über 100 Wohngebäuden 35 dB(A) bis 40 dB(A).
Mittlere Beeinträchtigung: Schallpegel an über zehn Wohngebäuden 40 dB(A)[60] bis 45 dB(A) *oder* an über 100 Wohngebäuden 30 dB(A) bis 35 dB(A).
Geringe Beeinträchtigung: Schallpegel an über zehn Wohngebäuden 35[61] bis 40 dB(A)
Sehr geringe Beeinträchtigung: Schallpegel an über zehn Wohngebäuden weniger als 35dB(A)[62].

Schattenwurf
Das Kriterium Schattenwurf bezieht sich auf die Beeinträchtigung der Anwohner durch den unter bestimmten Bedingungen (Sonnenschein, Sonnenstand, Wind) periodisch auftretenden Schatten der Rotoren von Windkraftanlagen. Das Landesumweltamt NRW gibt einen Richtwert der theoretischen Beschattungsdauer von 30 Stunden pro Jahr bzw. 30 Minuten pro Tag vor (Osten/Pahlke 1998, S. 10). Dieser Wert wird in der folgenden Einteilung der Klassen als Obergrenze für die Klasse 1 (sehr hohe Beeinträchtigung) verwendet. Die jeweils angegebene Schattendauer ist ein hypothetischer Wert. Der Indikator „Zahl der Wohnhäuser" orientiert sich an den örtlichen Gegebenheiten der Gemeinde Schöppingen.
Die einzelnen Bewertungsstufen sind:

sehr hohe Beeinträchtigung: 1 Punkt
hohe Beeinträchtigung: 2 Punkte
mittlerer Beeinträchtigung: 3 Punkte
geringe Beeinträchtigung: 4 Punkte
sehr geringe Beeinträchtigung: 5 Punkte

Sehr hohe Beeinträchtigung: Theoretische Beschattungsdauer an über zehn Wohnhäusern mehr als 30 Stunden pro Jahr.
Hohe Beeinträchtigung: Theoretische Beschattungsdauer an über zehn Wohnhäusern 24 bis 30 Stunden pro Jahr.
Mittlere Beeinträchtigung: Theoretische Beschattungsdauer an über zehn Wohnhäusern 18 bis 24 Stunden pro Jahr.
Geringe Beeinträchtigung: Theoretische Beschattungsdauer an über zehn Wohnhäusern 12 bis 18 Stunden pro Jahr.
Sehr geringe Beeinträchtigung: Theoretische Beschattungsdauer an über zehn Wohnhäusern weniger als 12 Stunden pro Jahr.

Akzeptanz in der Bevölkerung
Das Bewertungskriterium Akzeptanz in der Bevölkerung beschreibt den Grad der Zustimmung der Einwohner einer Gemeinde zur Windkraftnutzung. Im vorliegenden Fall wird die Einstellung der Bevölkerung aus schriftlichen Stellungnahmen im Rahmen der 11. Ände-

---

[59] 45 dB(A): Nacht-Richtwert für Dorf- und Mischgebiete, unterer Schwellenwert für Kommunikationsstörungen (Dreyhaupt 1994, S. 744)
[60] 40 dB(A): Nacht-Richtwert für allgemeine Wohngebiete (TA-Lärm)
[61] 35 dB(A): Nacht-Richtwert für reine Wohngebiete (TA-Lärm)
[62] weniger als 35 dB(A): sehr geringe Belästigung (Reiter 1999, S. 142)

rung des Flächennutzungsplans der Gemeinde Schöppingen (Gemeinde Schöppingen 2001) sowie aus Äußerungen von Betreibern und Vertretern der Gemeinde abgeleitet (Gespräche mit Herrn Kappelhoff und Herrn Teigeler jeweils am 29.4.2002). Die vom Verfasser vorgenommenen Bewertungsstufen beziehen sich auf die konkreten Verhältnisse der Gemeinde Schöppingen. Die Bewertungsstufen sind:

sehr hohe Akzeptanz:	5 Punkte
hohe Akzeptanz:	4 Punkte
mittlere Akzeptanz:	3 Punkte
geringe Akzeptanz:	2 Punkte
sehr geringe Akzeptanz:	1 Punkt

Sehr hohe Akzeptanz: Anzahl der kritischen Stellungnahmen pro Eignungsfläche unter 3 *oder* sehr hohe Zustimmung entsprechend mündlichen Aussagen.

Hohe Akzeptanz: Anzahl der kritischen Stellungnahmen pro Eignungsfläche 3 bis 6 *oder* überwiegende Zustimmung in der Bevölkerung.

Mittlere Akzeptanz: Anzahl der kritischen Stellungnahmen pro Eignungsfläche 7 bis 10 *oder* Zustimmung und Ablehnung in einem ausgeglichenen Verhältnis.

Niedrige Akzeptanz: Anzahl der kritischen Stellungnahmen pro Eignungsfläche 11 bis 14 *oder* überwiegende Ablehnung.

Sehr niedrige Akzeptanz: Anzahl der kritischen Stellungnahmen pro Eignungsfläche mehr als 14 *oder* sehr hohe Ablehnung.

6.2 Nutzwertanalytische Bewertung von Flächen in der Gemeinde Schöppingen

Auf der Basis der in Kapitel 6.1.3 aufgestellten Nutzwertklassen sollen im Folgenden die im Flächennutzungsplan der Gemeinde Schöppingen ausgewiesenen Eignungsflächen für die Windenergienutzung anhand eines nutzwertanalytischen Ansatzes bewertet werden. Nach einem Überblick über die Gemeinde (Kap. 6.2.1) werden die Eignungsflächen beschrieben sowie durch die Vergabe von Zielerfüllungspunkten bewertet. Die Kennzeichnung der Flächen erfolgt anhand einer am 29.4.2002 durchgeführten Ortsbegehung sowie der Auswertung von Gesprächen mit Vertretern der Gemeinde und der Betreibergesellschaft Schöppingen Haverbeck (Gespräche mit Herrn Teigeler und Herrn Kappelhoff jeweils am 29.4.2002) sowie vorhandener Literatur. Die vorliegenden Quellen sind:

- Landschaftsplan der Gemeinde Schöppingen (LP Schöppingen 1999),
- Gutachten zur Ermittlung von Konzentrationszonen für die Windenergienutzung in der Gemeinde Schöppingen (Woltering/Ahrensmeyer 2001),
- „Faunistischer Fachbeitrag des Landschaftspflegerischen Begleitplans zu fünf Windkraftanlagen im Eignungsbereich für Windenergie BOR 09" (Bals/Markus/ Lindemann 1999),
- Gutachten zu Schallemissionen von Windkraftanlagen in den Eignungsbereichen BOR 06 bis 09 im Auftrag der Betreibergesellschaft Windkraft Schöppingen Haverbeck e. V. (Plankon 2001).

6.2.1 Vorstellung der Gemeinde

Die Gemeinde Schöppingen wurde nach den Kriterien der potenziellen Eignung für die Windenergienutzung, der Zahl der Anlagen sowie des Konfliktpotenzials (Erholungsort nach 3-1.1 GEP Münster) ausgewählt. Sie besitzt seit dem Jahr 1998 vier mit den Ausweisungen des Gebietsentwicklungsplans BOR 06 bis 09 nahezu deckungsgleiche Eignungsgebiete für die Windenergienutzung.

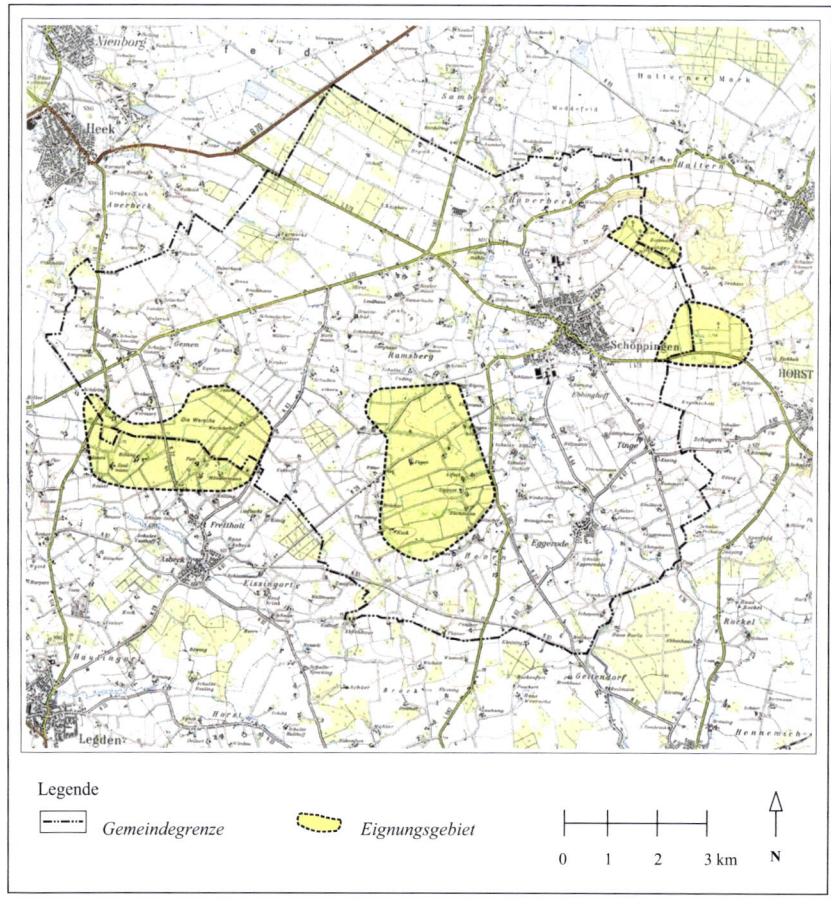

Karte 1: Übersicht über die Eignungsflächen für die Windenergienutzung in der Gemeinde Schöppingen
  (Quelle: TK 50, L 3908)

Gemeinde Schöppingen
Die an der Grenze zu den Kreisen Steinfurt und Coesfeld gelegene Gemeinde Schöppingen ist mit knapp 7.400 Einwohnern und einer Fläche von etwa 69 km² (GEP Münster Daten-

teil S. 49) eine der kleinsten Gemeinden im Kreis Borken (a. a. O.). Die höchste Erhebung ist der Schöppinger Berg (158 m), der als nördlicher Ausläufer der Baumberge bis weit in die Region sichtbar ist und ein Anziehungspunkt für Erholungssuchende darstellt. Abgesehen vom Schöppinger Berg ist das Gemeindegebiet von einer abwechslungsreichen, kleingegliederten und welligen Hügellandschaft geprägt, die in weiten Teilen ackerbaulich genutzt wird. Hecken, Knicks, Alleen sowie zahlreiche, verstreut liegende Einzelhöfe verleihen der Landschaft einen für das westliche Münsterland typischen parkähnlichen Charakter (BfN 1997, S. 188). Etwa ein Viertel der Fläche ist als Landschaftsschutzgebiet ausgewiesen (LP Schöppingen 1999). Darüber hinaus befinden sich vier Naturschutzgebiete auf dem Gemeindegebiet (a. a. O.). Die Gemeinde Schöppingen ist durch bauliche Eingriffe nur gering belastet. Abgesehen von den bereits errichteten weithin sichtbaren Windkraftanlagen und einem Richtfunkmasten auf dem Hochplateau des Schöppinger Berges beeinträchtigt lediglich eine in nördlicher Richtung verlaufende 220 kV-Freileitung das Landschaftsbild.

6.2.2 Bewertung der Eignungsflächen

Die im Flächennutzungsplan der Gemeinde ausgewiesenen Eignungsflächen sind:

- „Wersche" (440 ha), an der Grenze zur Gemeinde Legden,
- „Nördlich Heven" (450 ha), ca. 1 km südwestlich des Ortes Schöppingen,
- „Schöppinger Berg (Nord)" (50 ha) und
- „Schöppinger Berg (Süd)" (120 ha) an der Grenze zur Gemeinde Horstmar (Kreis Steinfurt).

Die Flächen werden im Folgenden beschrieben sowie in Bezug auf ihre Eignung für die Windenergienutzung anhand der Kriterien nach S. 75 ff. auf einer fünfstufigen ordinalen Skala bewertet.

6 Bewertung von Flächen nach nutzwertanalytischem Ansatz 82

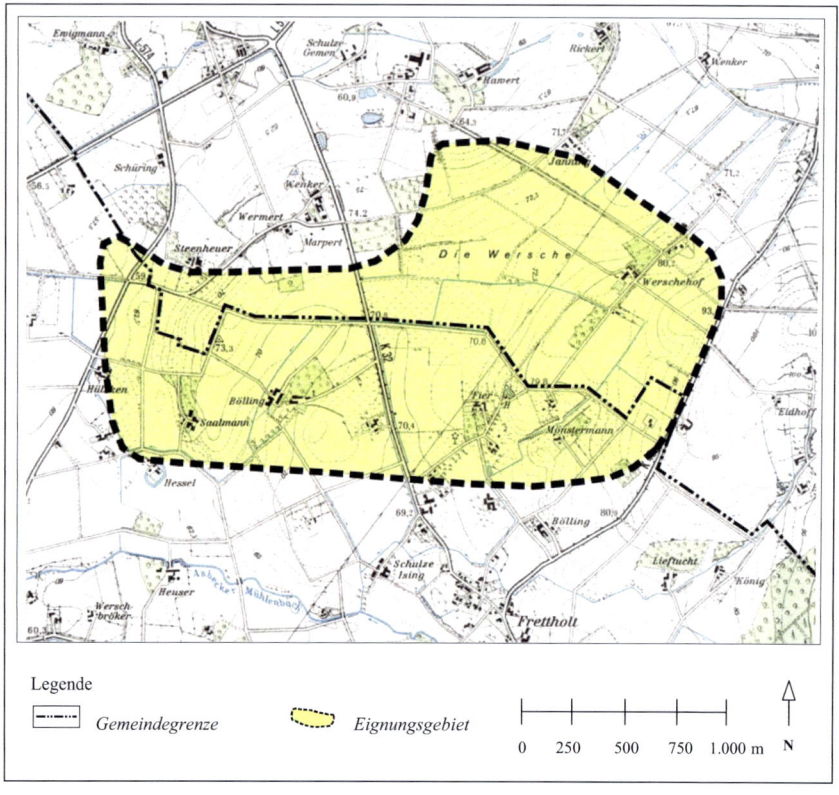

Karte 2: Eignungsfläche „Wersche"
(Quelle: TK 25, L 3908)

Beschreibung der Fläche „Wersche"

Die Eignungsfläche „Wersche" befindet sich im westlichen Teil der Gemeinde Schöppingen nördlich des Ortes Asbeck und umfasst eine Fläche von 440 ha. Ein Teil der Fläche befindet sich auf dem Gebiet der Gemeinde Legden. Die Fläche wird im Osten durch die Kreisstraße K 43 und im Westen durch die Landstraße L 574 begrenzt. Im auf dem Schöppinger Gemeindegebiet gelegenen nördlichen Teil der Fläche befindet sich der namensgebende Werschehof, während im südlichen Teil jenseits der Eignungsfläche mehrere Einzelhöfe liegen. Der landschaftliche Charakter des Gebietes wird durch die leicht wellige, nach Osten hin abfallende Topographie und eine überwiegend landwirtschaftliche Nutzung geprägt; grundstücksbegleitende Randgehölze (Hecken, Knicks u. a.) fehlen bis auf wenige Ausnahmen. Die anthropogene Vorbelastung ist gering. Lediglich zwei Freileitungen durchschneiden die Flächen. Daten zu Vorkommen von Brut- und Rastvögel liegen nicht vor.

Bewertung

Landschaftsbild
Eigenart: Im Vergleich zur Situation des Jahres 1895 hat sich der Charakter des Gebietes „Wersche" wesentlich verändert (Woltering/Ahrensmeyer 2001, S. 21). Nur noch geringe Teile der ursprünglichen Ackerflächen, Strauchvegetation und Waldparzellen sind erhalten. Das Gebiet ist von mittlerer Eigenart (3 Punkte).
Vielfalt: Die landschaftliche Vielfalt des Geländes wird durch das hügelige Relief und die kleinflächigen Laubwaldparzellen geprägt. Ein begradigtes Kleingewässer durchzieht das Gebiet; da es nur aus der Nähe wahrgenommen werden kann, ist es kein prägender Bestandteil des Landschaftsbildes. Da zudem ackerrandbegleitende Vegetationselemente weitgehend fehlen, ist die Vielfalt der Eignungsfläche „Wersche" insgesamt als gering einzustufen (2 Punkte).
Einsehbarkeit: Das leicht hügelige Relief, das Fehlen von ackerrandbegleitenden Vegetationselementen sowie die kleinen Waldparzellen kennzeichnen die Einsehbarkeit der Eignungsfläche, die daher als mittel eingestuft wird (3 Punkte).

Avifauna
Avifaunistische Daten liegen für diese Fläche nicht vor. Aufgrund der geringen Naturnähe sowie der überwiegend ackerbaulichen Nutzung ist auf ein geringes Beeinträchtigungsrisiko der Avifauna zu schließen (4 Punkte).

Klimaschonende Energieerzeugung
Für den auf dem Schöppinger Gemeindegebiet liegenden Teil der Fläche sind zwei Windkraftanlagen in Betrieb sowie für zehn weitere Anlagen eine Baugenehmigung beantragt. Legt man die insgesamt zwölf Anlagen der Berechnung zugrunde, so ergibt sich eine Ersparnis[63] von ca. 46.500 t CO_2 pro Jahr[64]. Dies entspricht etwa der Hälfte der auf dem Schöppinger Berg erzielten CO_2-Einsparungen. Aufgrund der im Vergleich zum Schöppinger Berg niedrigen Windgeschwindigkeiten mit etwa 6 m/s in 50 m über dem Boden[65]. sowie dem hohen Anteil von kleinen Anlagen unter 700 kW, aber der hohen Anzahl an installierbaren Windkraftanlagen ist die Eignung der Fläche „Wersche" in Bezug auf den Klimaschutz als hoch einzustufen (4 Punkte).

Lokale Wertschöpfung
Für den Bereich der Eignungsfläche „Wersche" liegen keine Daten zu Besitzverhältnissen und den Betreibern der Anlagen vor. Um die Vergleichbarkeit der Eignungsflächen der

---

[63] Anmerkungen zu diesem Punkt s. Kap. 6.1.2
[64] In Betrieb bzw. beantragt sind: sieben 1,5 MW-Anlagen, eine 1 MW-Anlage, zehn 600 kW-Anlagen sowie eine 200 kW-Anlage. Zugrunde gelegt werden Einspeiseergebnisse des Jahres 2000 der an Binnenlandstandorten betriebenen und hinsichtlich Nabenhöhe und Nennleistung vergleichbaren Windkraftanlagen (BWE 2001, S. 192 ff.).
[65] mdl. Kappelhoff

Gemeinde Schöppingen zu gewährleisten, werden Grundstücksverhältnisse und Finanzierungskonzept der Eignungsflächen des Schöppinger Berges auf die Fläche „Wersche" übertragen.

Einnahmen der Grundstücksbesitzer durch Pacht: Da bei diesem Finanzierungsmodell die Pachtabgaben an die jährlichen Einspeiseerlöse der Windkraftanlagen gekoppelt sind, ist die Zahl der Windkraftanlagen in Verbindung mit den jährlichen Stromerträgen maßgeblich. Aufgrund der im Vergleich zum Schöppinger Berg geringeren durchschnittlichen Windgeschwindigkeiten, der hohen Anzahl von kleinen Anlagen unter 700 kW und der hohen Gesamtzahl (19 Anlagen) wird die Eignung der Fläche „Wersche" in Bezug auf die Pachteinnahmen als mittel betrachtet (3 Punkte).

Einnahmen der Betreiber durch Stromerlöse: Die Eignung der Fläche in Bezug auf die Einnahmen der Betreiber lässt sich aus den Erlösen der Stromeinspeisung in das öffentlichen Versorgungsnetz ableiten. Da die Windhöffigkeit des Gebietes im Vergleich zum Schöppinger Berg relativ gering ist und eine hohe Anzahl von kleineren, leistungsschwächeren Anlagen betrieben werden, wird die Eignung der Fläche in Bezug auf die Einnahmen der Betreiber als mittel eingestuft (3 Punkte).

Einnahmen der Gemeinde durch Gewerbesteuer: Die Gewerbesteuerabgaben für Windkraftanlagen betragen in der Gemeinde Schöppingen 5 % der jährlichen Gewinne × Hebesteuersatz der Gemeinde [Faktor 2] (Gespräch mit Herrn Kappelhoff am 29.4.2002). Neben den Fixkosten für den Erwerb und die Errichtung der Windkraftanlagen sowie der Einspeisevergütung pro kWh wird die Wirtschaftlichkeit von Windkraftanlagen hauptsächlich durch die jährlichen Stromerträge der Anlagen bestimmt (Gewalt/Herrnsdorf 2001, S. 24). Die Stromerträge steigen mit zunehmender Nennleistung der Anlage sowie der durchschnittlichen Windgeschwindigkeit in Nabenhöhe. Die Differenzen der Stromerlöse (definiert als Stromertrag pro Jahr × Vergütungssatz pro kWh und Jahr) windhöffiger und windarmer Standorte werden durch die Regelung des Erneuerbare-Energien-Gesetzes, ab dem sechsten Betriebsjahr die Höhe der Vergütung an Referenzstandorten auszurichten (§ 7 Abs. 1 EEG), verringert. Aufgrund der im Vergleich zum Schöppinger Berg geringeren Windgeschwindigkeiten und der höheren Einspeisevergütung wird die Eignung des Gebietes „Wersche" als mittel betrachtet (3 Punkte).

Lärm

Die Eignungsfläche „Wersche" befindet sich in einer Entfernung von ca. 500 m zum südlich gelegenen Ort Frettholt. Entsprechend der Schallprognose für die bestehenden bzw. geplanten 19 Windkraftanlagen werden im Bereich von Frettholt unter ungünstigen Windverhältnissen (Nordwind) weniger als 35 dB(A) erreicht (Plankon 2001), womit der für allgemeine Wohngebiete zulässige Nacht-Immissionsrichtwert von 40 dB(A) nach TA-Lärm um mehr als 5 dB(A) unterschritten wird. Allerdings befinden sich innerhalb des Eignungsbereiches bzw. in unmittelbarer Nähe dazu 15 Einzelhöfe, an denen durch die Windkraftanlagen bei Mitwind Schallpegel von bis zu 47 dB(A) erreicht werden. Aufgrund der hohen, bei ungünstigen Windbedingungen an der Grenze der Zulässigkeit liegenden Lärmemissionen und der hohen Anzahl von Einzelhöfen ist die Eignungsfläche aus Sicht des Immissionsschutzes nur von mittlerer Eignung (3 Punkte).

6 Bewertung von Flächen nach nutzwertanalytischem Ansatz

Schatten
Obwohl einige Höfe im Bereich des Schattenwurfs von Windkraftanlagen befinden und sich dadurch eine Überschreitung der in Nordrhein-Westfalen als Orientierungswert geltenden maximalen theoretischen Beschattungsdauer von 30 Stunden pro Jahr ergeben kann, wird die tatsächliche Beeinträchtigung durch Schattenwurf sehr gering sein. Ein Großteil der Höfe liegt südlich der Eignungsfläche und ist damit dem Schatten zu keiner Zeit ausgesetzt; lediglich vier im südwestlichen Teil der Fläche könnten durch Schattenwurf beeinträchtigt werden. Nach dem Kriterium Schattenwurf ist die Fläche „Wersche" daher von hoher Eignung (4 Punkte).

Akzeptanz in der Bevölkerung
In der Gemeinde Schöppingen ist eine sehr hohe Akzeptanz der Windenergienutzung zu verzeichnen. Ein Indiz dafür ist die während der Bürgeranhörung im Rahmen der 11. Änderung des Flächennutzungsplanes der Gemeinde geringe Anzahl eingegangener kritischer Stellungnahmen. Darüber hinaus weist die Fläche „Wersche" mit den Eignungsbereichen des Schöppinger Berges vergleichbare Verhältnisse auf. Die Eignung der Fläche in Bezug auf die Akzeptanz in der Bevölkerung ist daher trotz der durch Lärm- und Schattenwurf potenziell beeinträchtigten Anwohner als hoch einzuschätzen, da in diesem Fall offensichtlich die positiven subjektiven Einstellungen gegenüber der Windenergie stärker wiegen als die messbaren Größen Schattenwurf und Lärmemissionen. Die Eignungsfläche „Wersche" wird daher nach dem Kriterium Akzeptanz in der Bevölkerung als hoch eingestuft (4 Punkte).

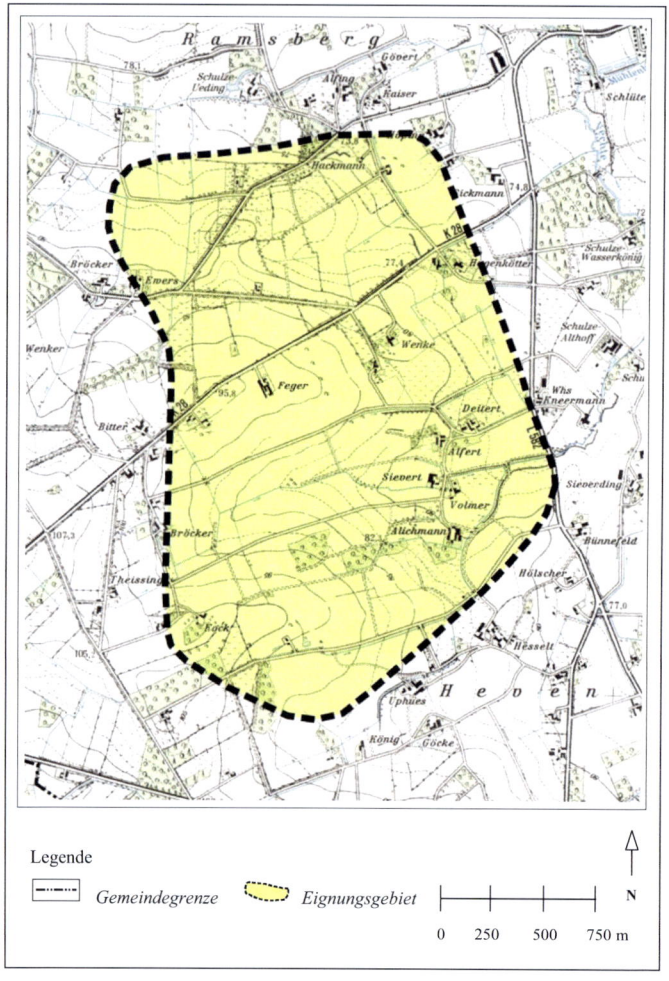

Karte 3: Eignungsfläche „Nördlich Heven"
(Quelle: TK 25, 3909)

Beschreibung der Fläche „Nördlich Heven"

Die Eignungsfläche „Nördlich Heven" befindet sich ca. 1 km südwestlich des Ortes Schöppingen und umfasst eine Fläche von 450 ha. Das nach Osten hin leicht abfallende, wellige Gebiet grenzt im Osten an die Landstraße L 582 sowie im Süden an die namensgebende Streusiedlung Heven. Auf dem Gebiet befinden sich zehn Einzelhöfe; zudem liegen innerhalb eines Abstandes von 500 m zur Eignungsflächengrenze knapp 30 Höfe. Das Gebiet ist gekennzeichnet durch einen hohen Anteil an ackerbaulich genutzter Fläche, die im Umfeld der Höfe durch Wald- und Grünlandparzellen gegliedert werden. Einige Gräben durchschneiden die landwirtschaftliche Fläche. Der nördliche Bereich ist Teil des Landschaftsschutzgebietes L 223 (LP Schöppingen 1999, S. 28), für das im Landschaftsplan der Gemeinde als Schutzzweck u. a. der Erhalt und die Optimierung der vielfältig gegliederten Kulturlandschaft festgesetzt ist (a. a. O.). Hecken, Knicks und eine Obstbaumallee von kulturhistorischer Bedeutung prägen dort das Landschaftsbild (Woltering/Ahrensmeyer 2001, S. 22). Auch der südliche Teil des Gebietes ist als Landschaftsschutzgebiet ausgewiesen. Westlich des Gebietes befindet sich ein über 24 km^2 großer Bereich von besonderer kulturhistorischer Bedeutung (ebd., S. 39), der durch Gehölzbestände, kleinere Waldflächen, eine Streusiedlung und zahlreiche Einzelhöfen geprägt wird und eine hohe Eignung für die stille, naturgebundene Erholung aufweist (ebd., S. 40). Für die Eignungsfläche „Nördlich Heven" liegen zur Zeit zehn Bauanträge für die Errichtung von Windkraftanlagen vor (Gespräch mit Herrn Teigeler am 29.4.2002).

Bewertung

Landschaftsbild
Vielfalt: Die Eignungsfläche „Nördlich Heven" weist eine in Teilbereichen abwechslungsreiche und gegliederte Landschaft auf. Insbesondere das Umfeld der innerhalb bzw. unmittelbar außerhalb der Eignungsflächen liegenden Höfe ist durch einen kleinräumigen Nutzungswechsel gekennzeichnet. Südlich der Kreisstraße K 28 hingegen befinden sich offene große Ackerflächen ohne gliedernde Gehölzstrukturen (Woltering/Ahrensmeyer 2001, S. 22). Der Eignungsfläche „nördlich Heven" wird insgesamt ein mittlerer Eigenwert in Bezug auf die landschaftliche Vielfalt zugeordnet (3 Punkte).
Eigenart: Im Vergleich zur landschaftlichen Situation im Jahr 1895 ist das Gebiet relativ stark verändert. Von den zu dieser Zeit zahlreichen Waldflächen und Obstbaumwiesen sind nur noch Reste erhalten (a. a. O.). Nur im nördlichen Teil und im Umfeld der Höfe sind historische Nutzungen zum Teil noch ablesbar (a. a. O.). Die landschaftliche Eigenart der Eignungsfläche ist insgesamt als mittel zu bezeichnen (3 Punkte).
Einsehbarkeit: Aufgrund der welligen Topographie des Geländes ist die Eignungsfläche von geringer Einsehbarkeit. Insbesondere die südlich der Fläche gelegenen größeren zusammenhängenden Waldgebiete schränken den sichtbaren Bereich ein (4 Punkte).

Avifauna
Für die Eignungsfläche „Nördlich Heven" liegen keine Daten zum Vorkommen von Vögeln vor. Aufgrund der geringen Naturnähe, der weitgehend ackerbaulichen Nutzung der Eignungsfläche und der angrenzenden Gebiete wird das Beeinträchtigungsrisiko als gering angesehen (4 Punkte).

Klimaschonende Energieerzeugung
Da auf der Fläche „Nördlich Heven" zur Zeit lediglich zwei ältere Anlagen betrieben werden, muss bei der Ermittlung des Beitrags zur klimaschonenden Energieerzeugung auf Betriebsergebnisse von Referenzanlagen zurückgegriffen werden. Bei den zehn für die Fläche

beantragten Windkraftanlagen handelt es sich ausschließlich um 1,5 MW-Anlagen (Gespräch mit Herrn Teigeler am 29.4.2002). Legt man die im Jahr 2000 an vergleichbaren Standorten erzielten Einspeiseergebnisse von 2.600.000 kWh für 1,5 MW-Anlagen (BWE 2001, S. 199) zugrunde, so ergibt sich bei zehn Anlagen eine CO_2-Einsparung von ca. 40.460 Tonnen pro Jahr. Da auf der 450 ha großen Eignungsfläche weitere Windkraftanlagen errichtet werden können, ist das CO_2-Einsparungspotenzial eher noch höher einzuschätzen. Nach dem Kriterium der klimaschonenden Energieerzeugung ist die Eignungsfläche „Nördlich Heven" aufgrund der durchschnittlichen Windgeschwindigkeiten von 6 m/s (Gespräch mit Herrn Kappelhoff am 29.4.2002) sowie der Größe von 450 ha von hoher Eignung (4 Punkte).

lokale Wertschöpfung
Grundstücksbesitzer: Für die Fläche „Nördlich Heven" gilt das gleiche Betreibermodell wie für die Eignungsflächen auf dem Schöppinger Berg. Da im Vergleich zum Schöppinger Berg geringere Windgeschwindigkeiten vorliegen, ist die Höhe der Vergütung pro kWh vergleichsweise hoch. Die Eignung der Fläche „Nördlich Heven" ist aus der Sicht der Grundstücksbesitzer als hoch zu betrachten (4 Punkte).
Betreiber: Wie auch für die Grundstücksbesitzer richten sich die Einnahmen der Betreiber nach den jährlich erzielten Einspeiseerlösen. Diese liegen bei 1,5 MW-Anlagen an vergleichbaren Standorten bei etwa 460.000 DM pro Jahr[66]. Da im Vergleich zum Schöppinger Berg auf der Fläche „Nördlich Heven" relativ geringe Windgeschwindigkeiten vorherrschen, jedoch leistungsstarke Anlagen errichtet werden (Gespräch mit Herrn Teigeler am 29.4.2002), ist die Eignung der Fläche aus Sicht der Betreiber insgesamt als „mittel" zu bewerten (3 Punkte).
Gemeinde: Die Einnahmen der Gemeinde aus den Gewerbesteuerabgaben der Betreiber betragen für die Eignungsfläche „Nördlich Heven" 5 % der jährlich erzielten Gewinne/ Windkraftanlage × Hebesteuersatz der Gemeinde Schöppingen (Faktor 2). Da der Gewinn aus dem Betrieb einer Windkraftanlage in erster Linie eine Funktion des Stand der Technik, den Kosten für die Anlagen sowie der erzielten Einspeiseerlöse ist, ist aufgrund der leistungsstarken Anlagen sowie der mittleren Windgeschwindigkeit die Eignung der Fläche „Nördlich Heven" als „hoch" zu betrachten (4 Punkte).

Lärm
Innerhalb der Eignungsfläche bzw. angrenzend an die Eignungsfläche „nördlich Heven" befinden sich 25 Wohngebäude, für die ein nächtlicher Immissionspegel von maximal 45 dB(A) (Nr. 6.1 TA-Lärm) anzusetzen ist. Selbst bei ungünstigen Windverhältnissen (Mitwind) liegen die Pegel an den Wohngebäuden bei schallreduziertem Nachtbetrieb bis auf wenige Ausnahmen mehr als 3 dB(A) unter den geforderten Werten (Plankon 2001). Dennoch ist aufgrund der hohen Anzahl von Einzelgebäuden die Fläche „Nördlich Heven" nach dem Kriterium des Immissionsschutzes nur als mittel geeignet zu bewerten (3 Punkte).

---

[66] Die Erlöse errechnen sich aus den durchschnittlichen Einspeiseerlösen von 1,5 MW-Anlagen (2.600.000 kWh/Jahr) und den Einspeiseerlösen (9,1 Eurocent/kWh). Zum Vergleich: Die Kosten für eine 1,5 MW-Anlage (Enron Wind 1.5sl) mit einem 100 m hohen Turm betragen 925000 Euro (BWE 2001, S. 94).

Schatten
Ähnlich wie bei dem Kriterium Lärm wirkt sich die hohe Siedlungsdichte im Umfeld des Eignungsgebietes negativ auf die Eignung der Fläche in Bezug auf den Schattenwurf von Windkraftanlagen aus. Dies gilt insbesondere für weitere geplante Windkraftanlagen. Nach dem Kriterium Schattenwurf wird die Fläche „Nördlich Heven" als „gering geeignet" eingeschätzt (2 Punkte).

Akzeptanz in der Bevölkerung
Trotz der vergleichsweise hohen potenziellen Beeinträchtigung durch Schattenwurf und Lärmemissionen ist die Akzeptanz gegenüber der geplanten Windkraftnutzung in der Eignungsfläche „Nördlich Heven" hoch (Gemeinde Schöppingen 2001) (4 Punkte).

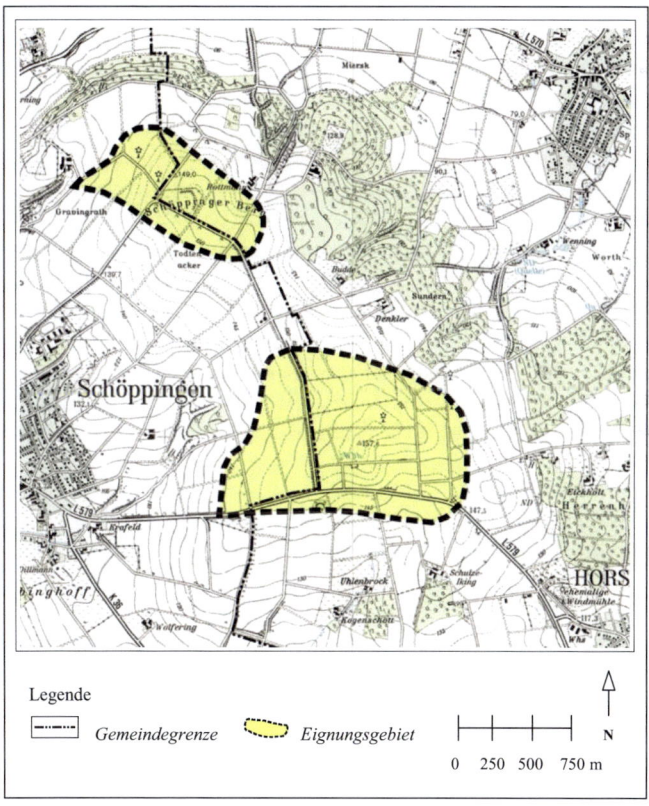

Karte 4: Eignungsflächen „Schöppinger Berg (Nord) und (Süd)"
  (Quelle: TK 25, 3809 bzw. 3909)

Beschreibung der Flächen „Schöppinger Berg (Nord) und (Süd)"

Die beiden im Gebietsentwicklungsplan als BOR 08 und BOR 09 ausgewiesenen, insgesamt 170 ha umfassenden Flächen liegen auf einer hochplateauartigen Ebene des Schöppinger Berges. Der Schöppinger Berg bildet als nördlicher Ausläufer der Baumberge mit einer Höhe von 158 m die höchste Erhebung im Kreis Borken. Am stark abfallenden Nordhang des Schöppinger Berges befindet sich das Naturschutzgebiet „Buchenwald", das zahlreiche schutzwürdige Vogelarten beherbergt (Bals/Markus/Lindemann 1999, S. 19). Die Hochfläche wird aufgrund des fruchtbaren Bodens traditionell ackerbaulich genutzt (Woltering/Ahrensmeyer 2001, S. 23). Abgesehen von dem westlich der Hochfläche liegenden, als FFH-Gebiet gemeldeten und für die Erholung genutzten Buchenwaldes ist der Schöppinger Berg vegetationsarm und offen. Senkrecht zueinander verlaufende Wirtschaftswege führen über den Berg. Die beiden Konzentrationsflächen werden durch einen 138 m hohen Fernmeldeturm und einen Richtfunkmast getrennt, die aufgrund der einzuhaltenden Richtfunkstrecken für die Windkraftnutzung nicht zur Verfügung stehen. Die südliche der beiden Flächen wird von der Landstraße L 570 durchschnitten. Beide Flächen sind frei von Einzelhöfen. Abgesehen von dem Naturschutzgebiet „Buchenwald" und dem FFH-Gebiet „Herrenholz" befindet sich das kleinere, stark eingeschnittene Naturschutzgebiet „Mackendahl" am Westhang in einer Entfernung von ca. 500 m zu den Eignungsflächen. In Westen grenzen die Windparkflächen an den Ort Schöppingen. Da es sich um ein städtebauliches Entwicklungsgebiet handelt, ist die Fläche BOR 08 nach dem Willen der Gemeinde bereits verkleinert worden, so dass ein Abstand von 700 m zur Wohnbebauung eingehalten wird (Woltering/Ahrensmeyer 2001, S. 11). Auf dem Hochplateau sind Vogelarten beobachtet worden, die als empfindlich gegenüber äußeren Störeinflüssen gelten. Während bei auf dem Schöppinger Berg beobachteten Kiebitzen Brutverdacht besteht, sind Brutvorkommen von Turteltauben[67] nachgewiesen worden (Gespräch mit Herrn Lindemann am 30.4.2002). Weitere gefährdete bzw. potenziell gefährdete, auf dem Schöppinger Berg gesichtete Vogelarten sind Rohrweihen, Wachteln und Rauchschwalben (Bals/Markus/Lindemann, S. 10). Über Kiebitze liegen Untersuchungen vor, die ergaben, dass sie bis zu einem Umkreis von 200 m Windkraftanlagen als Brutplatz meiden (Handke 2000, S. 52). Beide Konzentrationsflächen sind bereits vollständig durch Windkraftanlagen bebaut (Gespräch mit Herrn Teigeler am 29.4.2002). Auf der im Norden gelegenen Fläche BOR 08 sind acht Windkraftanlagen in Betrieb, darunter fünf 135 m hohe 1,5 MW-Anlagen (Gespräch mit Herrn Kappelhoff am 29.4.2002). Auf der südlichen Fläche BOR 09 stehen 14 weitere 1,5 MW-Windkraftanlagen. Da sämtliche großen MW-Anlagen mit einer Höhe von über 100 m in den Flugraum hineinragen, sind sie durch rote Markierungen der Rotorblätter gesichert.

---

[67] Sowohl Kiebitze als auch Turteltauben sind Arten der Gefährdungsstufe 3 (gefährdet) der Roten Liste NRW (Bals/Markus/Lindemann 1999, S. 10)

Bewertung

Landschaftsbild
Eigenart: Die strukturarmen, offenen Hochflächen des Schöppinger Berges haben sich in ihrem äußeren Erscheinungsbild gegenüber der Situation von 1895 wesentlich verändert (Woltering/Ahrensmeyer 2001, S. 37). Die zu jener Zeit angelegten über den Bergkamm verlaufenden Hohlwege sind einschließlich der Randvegetation im Rahmen von Flurbereinigungsmaßnahmen beseitigt worden (a. a. O.). Die beiden Flächen sind daher von geringer landschaftlicher Eigenart (4 Punkte).

Vielfalt: Die einzigen landschaftsgliedernden Elemente bilden die an den Berghängen liegenden bereits erwähnten Naturschutzgebiete; die Konzentrationsflächen selbst sind strauch- und baumlose Ebenen. Auch hinsichtlich des Kriteriums Vielfalt sind die beiden Flächen daher von geringem landschaftlichen Wert (4 Punkte).

Einsehbarkeit: Die Windkraftanlagen sind aufgrund ihrer Höhe von über 135 m und des exponierten Standortes weithin sichtbar. Auch im Bereich der mittleren visuellen Wirkungszone (bis 1,5 km) prägen die Windkraftanlagen das Landschaftsbild. Die Silhouetten der am Fuße des Schöppinger Berges gelegenen Orte Schöppingen und Horstmar werden durch die Windkraftanlagen stark verändert. Die Konzentrationsflächen sind aufgrund der weiten Einsehbarkeit von sehr hoher visueller Empfindlichkeit (1 Punkt).

Avifauna
Die an die Eignungsflächen angrenzenden Naturschutzgebiete „Buchenwald" und „Mackendahl" sowie das auf dem Gebiet der Gemeinde Horstmar liegende FFH-Gebiet „Herrenholz" beherbergen zahlreiche, zum Teil seltene Vogelarten (Bals/Markus/Lindemann 1999, S. 10). Die Hochflächen werden von Kiebitzen, die in Nordrhein-Westfalen als gefährdet eingestuft werden, als Brutstandorte genutzt (Gespräch mit Herrn Berning am 29.4.2002). Zudem sind einige Nahrungsgäste beobachtet worden (Bals/Markus/Lindemann 1999, S. 10). Da bei Kiebitzen in einigen Untersuchungen eine hohe Empfindlichkeit gegenüber Störeinflüssen festgestellt wurde und eine Beeinträchtigung nicht auszuschließen ist, ist die Fläche „Schöppinger Berg (Nord)" nach dem Kriterium Avifauna als „gering geeignet", die Fläche „Schöppinger Berg (Süd)" als „mittel geeignet" zu bewerten (2 Punkte (Fläche Süd) bzw. 3 Punkte (Fläche Nord)).

Klimaschonende Energieerzeugung
Die exponierten Standorte auf dem Schöppinger Rücken weisen sehr gute windklimatischen Voraussetzungen für eine Windkraftnutzung auf; die durchschnittlichen Windgeschwindigkeiten liegen mit etwa 6,9 m/s (Gespräch mit Herrn Kappelhoff am 29.4.2002) weit über dem Durchschnitt des übrigen westlichen Münsterlandes. Zur Zeit sind auf beiden Flächen 21 Windkraftanlagen, davon achtzehn 1,5 MW-, zwei 600 kW- und eine 500 kW-Anlage in Betrieb (ebd.). Legt man Einspeiseerlöse von 3.225.000 kWh pro Jahr (1,5 MW-Anlage)[68], 1.000.000 kWh pro Jahr (600 kW-Anlage)[69] und 800.000 kWh pro

---

[68] Auf das Jahr hochgerechnete Betriebsergebnisse von vier auf dem Schöppinger Berg seit März 2000 betriebene 1,5 MW-Windkraftanlagen der Firma Tacke des Jahres 2000 (BWE 2001, S. 199).

Jahr (500 kW-Anlage)[70] zugrunde, so ergibt sich rechnerisch eine CO_2-Einsparung von etwa 94.400 Tonnen pro Jahr. Aufgrund der günstigen Windverhältnisse ist die Fläche „Schöppinger Berg (Nord)" von guter, die Fläche „Schöppinger Berg (Süd)" aufgrund der größeren Anzahl an Anlagen von sehr guter Eignung (4 Punkte (Fläche Süd) bzw. 5 Punkte (Fläche Nord)).

Lokale Wertschöpfung
Grundstücksbesitzer: Für den Bereich der Eignungsfläche „Schöppinger Berg (Nord)" ist die Betreibergesellschaft Schöppingen Haverbeck gegründet worden, deren Anteilhaber zu 80 % aus Einwohnern der Gemeinde Schöppingen bestehen (Gespräch mit Herrn Kappelhoff am 29.4.2002). Legt man die oben angeführten Einspeiseergebnisse auf dem Schöppinger Berg aus dem Jahr 2000 zugrunde, dann ergibt sich für die insgesamt acht Anlagen umfassende Eignungsfläche „Schöppinger Berg (Nord)" bei einer Vergütung von 9,1 Eurocent pro kWh eine Pacht von insgesamt 82.770 Euro pro Jahr, die auf die Grundstücksbesitzer der Fläche aufgeteilt werden (ebd.). Durch die Kopplung der Pachtabgaben an die jährlich erzielten Einspeiseerlöse sind die Eignungsflächen aus Sicht der Pachteinnahmen als gut bzw. sehr gut zu bewerten (4 Punkte (Fläche Süd) bzw. 5 Punkte (Fläche Nord)).
Betreiber: Die Einnahmen der Betreiber richten sich nach den jährlich erzielten Stromeinspeiseerlösen (ebd.). Da die beiden Flächen hohe Windgeschwindigkeiten aufweisen (ebd.) sowie große vergleichsweise wirtschaftliche Windkraftanlagen betrieben werden, ist die Eignung der beiden Flächen nach dem Kriterium der Einnahmen der Betreiber als sehr hoch einzuschätzen (lokale Wertschöpfung – Einnahmen aus den Einspeiseerlösen: 5 Punkte).
Gemeinde: Die Gewerbesteuereinnahmen der Gemeinde betragen für die Anlagen auf dem Schöppinger Berg ca. 13.240 Euro pro Windkraftanlage und Jahr. Die Gewerbesteuereinnahmen der Gemeinde steigen mit der zunehmenden Anzahl von in Betrieb genommenen Windkraftanlagen. Auf den bereits vollständig ausgenutzten Eignungsflächen sind acht („Schöppinger Berg (Nord)") bzw. vier Anlagen („Schöppinger Berg (Süd)") in Betrieb. Nach dem Kriterium der Einnahmen der Gemeinde aus Gewerbesteuern ist die Fläche „Schöppinger Berg (Nord)" von hoher, die Fläche „Schöppinger Berg (Süd)" aufgrund der relativ geringen Anzahl an Anlagen auf dem Schöppinger Gemeindegebiet von niedriger Eignung (4 Punkte (Fläche Nord) bzw. 2 Punkte (Fläche Süd)).

Lärm
Die beiden Eignungsbereiche „Schöppinger Berg (Nord)" und „Schöppinger Berg (Süd)" liegen mit ihren äußeren Grenzen jeweils etwa 850 m zum Schöppinger Ortsrand entfernt. Durch die bestehenden Windkraftanlagen wird am Ortsrand im Bereich eines für Sportanlagen genutzten Geländes ein Schallpegel von 40 dB(A) erreicht (Plankon 2001). Etwa die Hälfte des Ortes Schöppingen liegt im Bereich zwischen 35 und 40 dB(A) (ebd.). Höhere Werte werden lediglich bei wenigen vereinzelten Höfen in geringerer Nähe zu den Wind-

---

[69] Referenzwert entsprechend der Betriebsergebnisse von 600 KW-Anlagen an windhöffigen Standorten in NRW des Jahres 2000 (BWE 2001, S. 196/197).
[70] Referenzwert entsprechend der Betriebsergebnisse von 500 KW-Anlagen an windhöffigen Standorten in NRW des Jahres 2000 (BWE 2001, S. 195/196).

kraftanlagen erreicht. Die jeweiligen Nacht-Schallpegelrichtwerte liegen nach TA-Lärm bei 45 dB(A) (Einzelhöfe) sowie 40 dB(A) (Allgemeine Wohngebiete des Ortes Schöppingen). Sie werden zum Teil nur geringfügig unterschritten. Zu beachten ist, dass die Schallpegel nur unter ungünstigen Bedingungen (Mitwind) erreicht werden (ebd.). Da der Ort Schöppingen westlich der Eignungsflächen liegt und westliche Windrichtungen vorherrschen, ist davon auszugehen, dass die kritischen Richtwerte nur selten erreicht werden. Dennoch wird das Eignungsgebiet „Schöppinger Berg (Nord)" aufgrund der relativen Nähe zur Ortschaft Schöppingen nach dem Kriterium Lärmemissionen als gering geeignet betrachtet (2 Punkte), während das Gebiet „Schöppinger Berg (Süd)" aufgrund des Abstandes von über 800 m zum Ort Schöppingen als gut geeignet bewertet wird (4 Punkte).

Schatten
Über die Beeinträchtigung der Anwohner durch Schattenwurf liegen für die Eignungsbereiche des Schöppinger Bergs keine Daten vor. Aufgrund des Höhenprofils des Schöppinger Bergs – Hochplateau, stark abfallendes Gelände am Westhang zur Ortschaft Schöppingen – und der Entfernung von über 850 m zu Schöppingen ist davon auszugehen, dass die Beeinträchtigungen durch Schattenwurf minimal sind. Lediglich auf der Hochfläche selbst kann es zu Beeinträchtigungen von Erholungssuchenden kommen; diese setzen sich dem Schattenwurf von Windkraftanlagen allerdings nur zeitweilig und im Gegensatz zu Anwohnern freiwillig aus. Aus Sicht des Schattenwurfes ist die Eignungsfläche „Schöppinger Berg (Nord)" von hoher, die Fläche „Schöppinger Berg (Süd)" aufgrund der Entfernung von über 800 m (Schöppingen) bzw. 1200 m (Horstmar) von sehr hoher Eignung (4 bzw. 5 Punkte).

Akzeptanz in der Bevölkerung
Es ist davon auszugehen, dass die Windenergienutzung innerhalb der Bevölkerung der Gemeinde Schöppingen auf eine hohe Akzeptanz trifft. Untersuchungen haben gezeigt, dass zwischen dem Meinungsbild gegenüber der Windkraftnutzung und der finanziellen Beteiligung an den Windkraftanlagen ein enger Zusammenhang besteht. Die Akzeptanz ist in den Orten signifikant höher, in denen der Anteil der durch Grundstücksbesitz, Betrieb u. a. an der Windkraftnutzung beteiligten Bewohner hoch ist (Egert/Jedicke 2001, S. 380). Zumindest die siebzehn Anlagen betreibende Gesellschaft „Windkraftanlagen Schöppingen Haverbeck" wird zu 80 % von Bürgern der Gemeinde Schöppingen getragen (Gespräch mit Herrn Kappelhoff am 29.4.2002). Ein weiteres Indiz für die hohe Zustimmung ist geringe Anzahl an kritischen Stellungnahmen während der Bürgerbeteiligung im Rahmen der 11. Änderung des Flächennutzungsplanes der Gemeinde, durch die die Eignungsbereiche überarbeitet wurden. Lediglich drei schriftliche Äußerungen beinhalten Kritik an der Änderung des Flächennutzungsplanes (Gemeinde Schöppingen 2001). Die Eignungsbereiche des Schöppinger Berges sind in keiner der eingegangenen Stellungnahmen erwähnt (ebd.). Auch Vertreter der Gemeinde und Anwohner (Gespräche mit Herrn Teigeler und Herrn Berning jeweils am 29.4.2002) bestätigen den hohen Grad der Zustimmung in der Bevölkerung. In Bezug auf die Akzeptanz sind sämtliche im Flächnnutzungsplan ausgewiesenen Eignungsbereiche von sehr hoher Eignung (je 5 Punkte).

Eine Übersicht zur Bewertung der Eignungsflächen gibt die folgende Tabelle:

Kriterium		Indikator	Eignungsfläche			
			Wersche	Nördlich Heven	Schöppinger Berg (Nord)	Schöppinger Berg (Süd)
Umwelt	Landschaftsbild[71] Vielfalt	Relief- und Vegetationsvielfalt	2	3	4	4
	Eigenart	Konstanz historischer Nutzungen, Naturnähe	3	3	4	4
	Einsehbarkeit	Zone der Sichtbarkeit von WKA	3	4	1	1
	Avifauna	Vorkommen seltener Vogelarten	4	4	2	3
	klimaschonende Energieerzeugung	CO_2-Ersparnis	4	4	4	5
Wirtschaft	lok. Wertschöpf. Grundstücksbesitzer	Einnahmen durch Pacht	3	4	4	5
	Betreiber	Einnahmen durch Einspeiseerlöse	3	3	5	5
	Gemeinde	Einnahmen durch Gewerbesteuern	3	4	4	2
Soziales	Lärm	Schallpegel an Wohnhäusern	3	3	2	4
	Schatten	Dauer des Schattenwurfs an Wohnhäusern	4	2	4	5
	Akzeptanz in der Bevölkerung	Stellungnahmen imRahmen der FNP-Änd.	4	4	5	5

Tab. 2: Übersicht über die Zielerfüllungsgrade der Eignungsflächen

Die Tabelle zeigt, dass die Standorte hinsichtlich ihrer Eignung in Bezug auf die Windenergienutzung relativ ausgeglichen sind. Keine Fläche überragt die anderen in allen Kriterien. Auf der anderen Seite erreichen lediglich die Flächen auf dem Schöppinger Berg nach dem Kriterium Einsehbarkeit eine sehr geringe Eignung (1 Punkt). Auffallend ist die Dominanz der Fläche „Schöppinger Berg (Süd)", die sowohl im Bereich Wirtschaft als auch im Bereich So-

---

[71] Die Unterkriterien Vielfalt, Eigenart und Einsehbarkeit gehen mit folgender Gewichtung in die Bewertung des Kriteriums Landschaftsbild ein: Vielfalt (25%), Eigenart (25%), Einsehbarkeit (50%). Dies wird damit begründet, dass aufgrund der besonderen topographische Situation der Gemeinde Schöppingen (exponierter Standort der Windkraftanlagen auf dem Schöppinger Berg) die Sichtbarkeit der Anlagen weitaus stärker wiegt als der Eigenwert der Landschaft am jeweiligen Standort.

ziales die höchsten Punktzahlen aufweist. *Den* besten Stand hinsichtlich der Umwelt gibt es nicht. Die Flächen „Wersche" und „Nördlich Heven" weisen sehr homogene Bewertungen auf, die lediglich nach zwei Kriterien von der Punktzahl 3 bzw. 4 abweichen.

6.2.3 Gewichtung der Kriterien durch Experten und Laien

	Kriterium	Neugebauer (Natursch.-verband)	Lindemann (Landsch.-planungsb.)	Teigeler (Gemeinde Schöpp.)	Kappelhoff (Betreibergesellschaft)	Berning (Anwohner)	der Verfasser
Umwelt	Landschaftsbild[72]	25	10	20	10	3	25
	Avifauna	15	10	10	0	2	10
	klimaschonende Energieerzeugung	10	30	15	5	10	15
	(gesamt Umwelt)	*50*	*50*	*45*	*15*	*15*	*50*
Wirtschaft	lokale Wertsch. Grundst.besitzer	2	5	12,5	30	20	5
	Betreiber	5	5	12,5	10	20	5
	Gemeinde	8	10	10	20	10	10
	(gesamt Wirtschaft)	*15*	*20*	*35*	*60*	*50*	*20*
Soziales	Lärm	20	10	5	10	5	10
	Schatten	5	5	5	5	20	10
	Akzeptanz in der Bevölkerung	10	15	10	10	10	15
	(gesamt Soziales)	*35*	*30*	*20*	*25*	*35*	*35*
gesamt		*100*	*100*	*100*	*100*	*100*	*100*

Tab. 3: Gewichtung der Kriterien durch Experten, einem Anwohner und den Verfasser (in %)

Im Gegensatz zu der Bewertung der Flächen weichen die Gewichtungen der Kriterien entsprechend der individuellen Präferenzen voneinander ab. Einen ähnlichen Stellenwert wird von allen bewertenden Personen den sozialen Aspekten der Windenergienutzung eingeräumt, die mit einer Gewichtung zwischen einem Fünftel und etwa einem Drittel in die Bewertung eingehen. Eine Dominanz der ökonomischen Folgewirkungen der Windkraftplanung ist aus Sicht der Betreiber (Kappelhoff) und des Anwohners (Berning) zu konstatieren, während Neugebauer, Lindemann und Teigeler die Bedeutung der Umweltauswirkungen betonen. Die größten Übereinstimmungen liegen also bei der Einschätzung der sozialen Auswirkungen vor. Mit Ausnahmen der Bewertung der Erheblichkeit des Schattenwurfs (Berning) und des Lärms (Neugebauer) herrscht weitestgehend Konsens über die Relevanz der sozialen Folgewirkungen. Es fällt auf, dass sich das häufig angeführte Argument, Windkraftanlagen „verschandelten" die Landschaft, in den Einschätzungen der be-

---

[72] Das Landschaftsbild wird bei der nutzwertanalytischen Bewertung durch die ausgewählten Personen nicht nach den Unterkriterien Vielfalt, Eigenart und Einsehbarkeit untergliedert, da diese Faktoren unabhängig von den konkreten Standortbedingungen nur schwer beurteilt werden kann.

fragten Personen nicht widerspiegelt. Lediglich die Vertreter des Naturschutzverbandes (Neugebauer) und der Gemeinde Schöppingen (Teigeler) sowie der Verfasser räumen der Beeinträchtigung des Landschaftsbildes durch Windkraftanlagen eine überdurchschnittliche Bedeutung ein. Eine deutliche Differenz in der persönlichen Wertschätzung ist auch in Bezug auf die Avifauna zu beobachten. Während hier die Experten den Auswirkungen auf Vögel ein gewisses Konfliktpotenzial einräumen, ist der Aspekt Avifauna aus der Sicht der Vertreter der Betreibergesellschaft (Kappelhoff) bzw. des Anwohners (Berning) nahezu bzw. gänzlich bedeutungslos. Diese betonen den ökonomischen Wert der Windenergienutzung, was im Hinblick auf ihre beruflichen bzw. privaten Interessen als Geschäftsführer einer Betreibergesellschaft bzw. Anteilhaber und Eigentümer eines Grundstücks innerhalb einer Eignungsfläche nicht verwundern mag. Im Hinblick auf die Endergebnisse der nutzwertanalytischen Bewertung ist aufgrund der erheblichen Abweichungen der Gewichtungsfaktoren zu erwarten, dass sich unterschiedliche Rangfolgen der Eignung der ausgewählten Flächen ergeben. Die Teilnutzen ergeben sich aus dem Produkt aus den Zielerfüllungsgraden der Flächenalternativen (Tab. 2) und dem Gewichtungsfaktor (Tab. 3). Die Ergebnisse werden in den daran anschließenden Tabellen (Tab. 4 bis 9) dargestellt.

	Kriterium	Eignungsflächen							
		Wersche		Nördlich Heven		Schöppinger Berg (Nord)		Schöppinger Berg (Süd)	
Umwelt	Landschaftsbild	1,69	0,69	1,875	0,875	1,325	0,625	1,575	0,625
	Avifauna		0,60		0,60		0,30		0,45
	klimaschonende Energieerzeugung		0,40		0,40		0,40		0,50
Wirtschaft	lokale Wertschöpfung Grundstücksbesitzer	0,45	0,06	0,55	0,08	0,65	0,08	0,51	0,10
	Betreiber		0,15		0,15		0,25		0,25
	Gemeinde		0,24		0,32		0,32		0,16
Soziales	Lärm	1,20	0,60	1,10	0,60	1,10	0,40	1,55	0,80
	Schatten		0,20		0,10		0,20		0,25
	Akzeptanz in der Bevölkerung		0,40		0,40		0,50		0,50
Nutzwert		**3,34**		**3,525**		**3,075**		**3,635**	

Tab. 4: Nutzwertanalytische Bewertung durch Neugebauer (Naturschutzbund Deutschland)

6 Bewertung von Flächen nach nutzwertanalytischem Ansatz

	Kriterium	Eignungsflächen							
		Wersche		Nördlich Heven		Schöppinger Berg (Nord)		Schöppinger Berg (Süd)	
Umwelt	Landschaftsbild		0,275		0,35		0,25		0,25
Umwelt	Avifauna	1,875	0,40	1,95	0,40	1,65	0,20	2,05	0,30
Umwelt	klimaschonende Energieerzeugung		1,20		1,20		1,20		1,50
Wirtschaft	lokale Wertschöpfung Grundstücksbesitzer		0,15		0,20		0,20		0,25
Wirtschaft	Betreiber	0,60	0,15	0,75	0,15	0,85	0,25	0,70	0,25
Wirtschaft	Gemeinde		0,30		0,40		0,40		0,20
Soziales	Lärm		0,30		0,30		0,20		0,40
Soziales	Schatten	1,10	0,20	1,00	0,10	1,15	0,20	1,40	0,25
Soziales	Akzeptanz in der Bevölkerung		0,60		0,60		0,75		0,75
	Nutzwert	**3,575**		**3,70**		**3,65**		**4,15**	

Tab. 5: Nutzwertanalytische Bewertung durch Lindemann (Landschaftsplanungsbüro)

	Kriterium	Eignungsflächen							
		Wersche		Nördlich Heven		Schöppinger Berg (Nord)		Schöppinger Berg (Süd)	
Umwelt	Landschaftsbild		0,55		0,70		0,50		0,50
Umwelt	Avifauna	1,55	0,40	1,70	0,40	1,30	0,20	1,55	0,30
Umwelt	klimaschonende Energieerzeugung		0,60		0,60		0,60		0,75
Wirtschaft	lokale Wertschöpfung Grundstücksbesitzer		0,375		0,50		0,50		0,625
Wirtschaft	Betreiber	1,05	0,375	1,275	0,375	1,525	0,625	1,45	0,625
Wirtschaft	Gemeinde		0,30		0,40		0,40		0,20
Soziales	Lärm		0,15		0,15		0,10		0,20
Soziales	Schatten	0,75	0,20	0,65	0,10	0,80	0,20	0,95	0,25
Soziales	Akzeptanz in der Bevölkerung		0,40		0,40		0,50		0,50
	Nutzwert	**3,35**		**3,625**		**3,625**		**3,95**	

Tab. 6: Nutzwertanalytische Bewertung durch Teigeler (Gemeinde Schöppingen)

	Kriterium	Eignungsflächen							
		Wersche		Nördlich Heven		Schöppinger Berg (Nord)		Schöppinger Berg (Süd)	
Umwelt	Landschaftsbild		0,275		0,35		0,25		0,25
Umwelt	Avifauna	0,475	0	0,55	0	0,45	0	0,50	0
Umwelt	klimaschonende Energieerzeugung		0,20		0,20		0,20		0,25
Wirtschaft	lokale Wertschöpfung Grundstücksbesitzer		0,90		1,20		1,20		1,50
Wirtschaft	Betreiber	1,80	0,30	2,30	0,30	2,50	0,50	2,40	0,50
Wirtschaft	Gemeinde		0,60		0,80		0,80		0,40
Soziales	Lärm		0,30		0,30		0,20		0,40
Soziales	Schatten	0,90	0,20	0,80	0,10	0,90	0,20	1,15	0,25
Soziales	Akzeptanz in der Bevölkerung		0,40		0,40		0,50		0,50
	Nutzwert	**3,175**		**3,65**		**3,85**		**4,05**	

Tab. 7: Nutzwertanalytische Bewertung durch Kappelhoff (Betreibergesellschaft Schöppingen)

	Kriterium	Eignungsflächen							
		Wersche		Nördlich Heven		Schöppinger Berg (Nord)		Schöppinger Berg (Süd)	
Umwelt	Landschaftsbild		0,0825		0,105		0,075		0,075
Umwelt	Avifauna	0,5625	0,08	0,585	0,08	0,515	0,04	0,635	0,06
Umwelt	klimaschonende Energieerzeugung		0,40		0,40		0,40		0,50
Wirtschaft	lokale Wertschöpfung Grundstücksbesitzer		0,60		0,80		0,80		1,00
Wirtschaft	Betreiber	1,60	0,60	1,80	0,60	2,20	1,00	2,20	1,00
Wirtschaft	Gemeinde		0,40		0,40		0,40		0,20
Soziales	Lärm		0,15		0,15		0,10		0,20
Soziales	Schatten	1,35	0,80	0,95	0,40	1,40	0,80	1,70	1,00
Soziales	Akzeptanz in der Bevölkerung		0,40		0,40		0,50		0,50
	Nutzwert	**3,5125**		**3,335**		**4,115**		**4,535**	

Tab. 8: Nutzwertanalytische Bewertung durch Berning (Anwohner)

	Kriterium	Eignungsflächen							
		Wersche		Nördlich Heven		Schöppinger Berg (Nord)		Schöppinger Berg (Süd)	
Umwelt	Landschaftsbild		0,6875		0,875		0,625		0,625
Umwelt	Avifauna	1,4875	0,40	1,675	0,40	1,225	0,20	1,425	0,30
Umwelt	klimaschonende Energieerzeugung		0,40		0,40		0,40		0,50
Wirtschaft	lokale Wertschöpfung Grundstücksbesitzer		0,15		0,20		0,20		0,25
Wirtschaft	Betreiber	0,45	0,06	0,58	0,06	0,62	0,10	0,51	0,10
Wirtschaft	Gemeinde		0,24		0,32		0,32		0,16
Soziales	Lärm		0,45		0,45		0,30		0,60
Soziales	Schatten	1,45	0,60	1,15	0,30	1,40	0,60	1,85	0,75
Soziales	Akzeptanz in der Bevölkerung		0,40		0,40		0,50		0,50
Nutzwert		**3,3875**		**3,405**		**3,245**		**3,785**	

Tab. 9: eigene nutzwertanalytische Bewertung

6.2.4 Gegenüberstellung der Bewertungsergebnisse

Nachdem die Gewichtungen der Kriterien durch die ausgewählten Experten vorgenommen wurde, sollen die Bewertungsergebnisse in einer vergleichenden Diskussion vorgestellt werden. Die theoretische Spannbreite der Nutzwerte liegt zwischen einem (sehr geringe Eignung) und 5 Punkten (sehr hohe Eignung).

Die Gegenüberstellung der Gesamtnutzen der Flächenalternativen zeigt, dass sich aus Sicht der bewertenden Personen die Flächen hinsichtlich ihrer Gesamtnutzen nur relativ wenig unterscheiden. Keine Fläche weist Extremwerte auf; die Spannbreite der Nutzwerte liegt zwischen 3,075 und 4,535, was einer durchschnittlichen bzw. hohen bis sehr hohen Eignung entspricht. Die überdurchschnittlichen Nutzen (> 3 Punkte) bestätigen zunächst die Ausweisung der Flächen in dem Flächennutzungsplan der Gemeinde Schöppingen. Die Fläche „Schöppinger Berg (Süd)" erreicht in allen Fällen die höchsten Gesamtnutzwerte. Die durchgängig hohen Nutzwerte der Fläche „Schöppinger Berg (Süd)" sind mit der sehr hohen Eignung im Bereich Wirtschaft und Soziales (eine sehr hohe Eignung nach vier Kriterien dieser Bereiche) zu erklären. Die Fläche „Wersche" liegt aus Sicht von drei Personen nur auf dem 4. Rang, was in den Schwächen im Bereich Wirtschaft begründet liegt. Betrachtet man nun die Rangordnungen, so hat die Ausweisung und Bebauung der Fläche „Schöppinger Berg (Süd)" Priorität, während die Eignungsfläche „Wersche" nachrangig zu realisieren ist.

Einen Überblick über die Ergebnisse der nutzwertanalytischen Bewertungen gibt die nachfolgende Tabelle:

Bewertende Personen	Eignungsflächen (Gesamtnutzwerte und *Ränge*)							
	Wersche		Nördlich Heven		Schöppinger Berg (Nord)		Schöppinger Berg (Süd)	
Neugebauer	3,34	*3*	3,525	*2*	3,075	*4*	3,635	*1*
Lindemann	3,575	*4*	3,709	*2*	3,65	*3*	4,15	*1*
Teigeler	3,35	*4*	3,625	*2*	3,625	*2*	3,95	*1*
Kappelhoff	3,175	*4*	3,65	*3*	3,85	*2*	4,05	*1*
Berning	3,5125	*3*	3,335	*4*	4,115	*2*	4,535	*1*
eigene Bewertung	3,3875	*3*	3,405	*2*	3,245	*4*	3,785	*1*

Tab. 10: Ergebnisse der nutzwertanalytischen Bewertungen

6.2.5 Zusammenfassende Bewertung

Die Ergebnisse der nutzwertanalytischen Bewertungen zeigen, dass sämtliche Eignungsflächen auf der Grundlage der vom Verfasser vorgenommenen Bewertung einen durchschnittlichen bis überdurchschnittlichen Gesamtnutzen aufweisen. Bis auf die Flächen auf dem Schöppinger Berg sind keine der zur Auswahl stehenden Flächen nach einem Kriterium von sehr geringer Eignung. Lediglich die Eingriffsintensität in das Landschaftsbild ist bei diesen Flächen als hoch zu bewerten.

Überraschen mag, dass der von den Gutachtern gelegte Schwerpunkt auf das Kriterium Landschaftsbild nach den Ergebnissen des sechsten Kapitels fragwürdig erscheint, wenn man die von den ausgewählten Experten vorgenommene Gewichtung des Kriteriums Landschaftsbild betrachtet. Selbst aus Sicht des Vertreters des Naturschutzbundes Deutschland (NABU) kommt der Veränderung des Landschaftsbildes durch Windkraftanlagen nur ein Viertel der Gesamtbedeutung zu. Auch die visuelle Dominanz der zum Teil über 130 m hohen Windkraftanlagen in der Gemeinde Schöppingen schlägt sich nicht in einer Aufwertung des Faktors Landschaftsbild durch einen unmittelbar betroffenen Einwohner (Berning) nieder. Die übrigen Vertreter messen dem Aspekt Landschaftsbild lediglich eine durchschnittliche bis unterdurchschnittliche Relevanz zu (vgl. Tab. 3). Der in Kapitel 4.3.1 dargestellte Befund, dass Windkraftanlagen einen erheblichen Eingriff in das Landschaftsbild darstellen, deckt sich also offensichtlich nicht mit der Einschätzung der Experten.

Überraschen mag auf dem ersten Blick auch, dass trotz der großen Anzahl der errichteten bzw. nach Bauanträgen zu erwartenden Windkraftanlagen die Akzeptanz unter den Einwohnern der Gemeinde nach Aussagen des Gemeindevertreters und des Anwohners sehr hohe Werte erreicht. Zu vermuten ist, dass dies in der Einbindung der Bürger in die Planung und den Betrieb der Anlagen begründet liegt, da zumindest bei zwei Flächen über 80 % der Anteilhaber an den Windkraftanlagen im Gebiet der Gemeinde Schöppingen ihren Wohnsitz haben (Gespräch mit Herrn Kappelhoff am 29.4.2002). Damit werden bisherige Untersuchungen bestätigt, die auf einen Zusammenhang zwischen finanzieller Beteiligung und Akzeptanz hinweisen (Egert/Jedicke 2001, S. 373).

Zusammenfassend lässt sich demnach feststellen, dass die Ergebnisse der nutzwertanalytischen Bewertungen trotz des erheblich erweiterten Kriterienkatalogs die Empfehlungen des Gutachters WOLTERING/AHRENSMEYER bestätigen.

7 Resümee

Die Windenergienutzung entspricht als schadstofffreie Art der Energieerzeugung im hohem Maße umwelt- und energiepolitischen Zielen. Zugleich wird jedoch auf lokaler Ebene das Konfliktpotenzial deutlich. Windkraftanlagen verändern das Bild der Landschaft, beeinträchtigen die Avifauna und stoßen aufgrund von Lärmemissionen und Schattenwurf auf Widerstand in der lokalen Bevölkerung. Obwohl die Windenergienutzung bereits seit Mitte der 90er Jahre in Deutschland einen erheblichen Aufschwung erfährt und demnach kein neues Thema darstellt, zeigen aktuelle Untersuchungen, dass auch die wissenschaftliche Diskussion zu dieser Thematik nicht abgeschlossen ist. Die Forderung nach weitergehenden Untersuchungen werden unter anderem vom Bundesamt für Naturschutz (BfN 2000, S. 63) und vom Bundesumweltministerium (BMU 2001, S. 42) erhoben.

Der Raumplanung kommt bei der Vermittlung der zum Teil entgegengesetzten Interessen und der Gewährleistung eines konfliktarmen Ausbaus der Windenergie eine entscheidende Bedeutung zu. Nur sie kann über die Ausweisung von Eignungsflächen in den Raumordnungs- und Bauleitplänen, durch die Windkraftanlagen an anderer Stelle ausgeschlossen werden können (§ 7 Abs. 4 ROG), die Nutzung der Windenergie räumlich steuern. Gerade nach der baurechtlichen Privilegierung von Windkraftanlagen im Außenbereich ist eine räumliche Lenkung wichtig. In einem Urteil vom 30.11.2001 entschied das Oberverwaltungsgericht Münster, dass den Eignungsflächen nur dann eine Ausschlussfunktion zukommt, wenn diese auf einem schlüssigen Plankonzept beruhen (OVG Münster, Urteil vom 30.11.2001, S. 17). In Nordrhein-Westfalen ist die Ausweisung von Eignungsflächen für die Windenergie bereits durch einen Großteil der Gemeinden erfolgt. So besitzen zum Beispiel im Regierungsbezirk Detmold knapp 80 % der Gemeinden rechtskräftige Eignungsflächen (Bezreg. Münster 2002, S. 6; Stand: Februar 2002).

Ziel dieser Arbeit war, zu klären, welche Methoden zu einer aus raumplanerischer Sicht optimalen Standortwahl führen. Aus der überfachlichen und koordinierenden Funktion der Raumplanung lassen sich die Anforderungen ableiten, dass bei der Wahl des optimalen Standortes für die Windenergie fachübergreifende Belange gemäß der bauleitplanerischen Abwägung (§ 1 Abs. 5 und § 1a BauGB) bereits im Vorfeld der Planungen berücksichtigt werden sollten. Vor diesem Hintergrund lag es nahe, Gutachten auf ihre Methodik und Bearbeitungsqualität hin auszuwerten. Als Beispielregion wurde der Regierungsbezirk Münster ausgewählt, da dort aufgrund der Ausweisungen im GEP erst seit etwa drei Jahren Standortgutachten für die Windenergienutzung durch die Gemeinden in Auftrag gegeben wurden.

Aufbauend auf den in den Kapiteln 2, 3 und 4 erarbeiteten Rahmenbedingungen der Energieversorgung, der Windenergienutzung und der für die Windenergienutzung relevanten Bewertungsmethoden, -maßstäbe und -kriterien wurden in Kapitel 5 Gutachten nach einem durch den Verfasser aufgestellten, an DEMUTH (2000) angelehnten Fragenkatalog ausgewertet. Gegenstand der Analyse waren insgesamt neun Gutachten, die geeignete Flächen für die Windenergienutzung ermitteln sollten. Die Gutachten wurden auf Basis einer flächendeckenden telefonischen Befragung der 65 Gemeinden des Regierungsbezirks Münster ausgewählt. In drei Fällen war der Gutachter identisch, so dass insgesamt sechs unterschiedliche Vorgehensweisen untersucht werden konnten. Eine höhere Stichprobenzahl war nicht möglich, da sich am 1.3.2002 über 35 Gemeinden im FNP-Änderungsverfahren befanden (Bezreg. Münster 2002, Anlage 4) und eine Berücksichtigung der Gutachten nur erfolgen durfte, wenn diese bereits in rechtskräftige Ausweisungen umgesetzt wurden. Eine repräsentative Auswertung, aus der Rückschlüsse auf die Gesamtheit der Gemeinden des Regierungsbezirks Münster gezogen werden können, konnte daher nicht durchgeführt werden. Die wichtigsten inhaltlichen Vorgaben waren die Empfehlungen des Landes Nordrhein-Westfalen entsprechend dem Erlass „Grundsätze für Planung und Genehmigung von Windenergieanlagen" (WEA-Erl. NW i. d. F. vom 20.5.2000). Dieser Erlass enthält konkrete Empfehlungen, welche Gebiete als ungeeignet (Ausschlussgebiete), unter Vorbehalt geeignet (Restriktionsgebiete) oder gut geeignet (Eignungsgebiete) betrachtet werden können. Obwohl dem Erlass nur Empfehlungscharakter zukommt, hat dieser eine große Bedeutung für die räumliche Planung.

Es zeigte sich, dass mittels der ausgewählten Gutachten die Frage, welche Methoden zu einer aus Sicht der Raumplanung optimalen Standortwahl führen, nicht beantwortet werden konnte. Ein im Vorfeld nicht zu erwartendes Resultat war, dass sämtliche Gutachter die gleichen Bewertungsmethoden verwenden, obwohl eine Vielzahl von Bewertungs- und Entscheidungsmethoden der räumlichen Planung zur Verfügung stehen, das Planungsrecht methodenoffen ist und von Seiten der Auftraggeber die Methodik nicht explizit vorgegeben wurde. Es zeigte sich, dass sämtliche Gutachter Kriterienlisten und verbal-argumentative Ansätze verwendeten. Aufgrund der hohen Praktikabilität und geringen methodischen Anforderungen erscheint die Verwendung von den einfachen, eindimensionalen Bewertungsmethoden zuzuordnenden Kriterienlisten plausibel und aus wissenschaftlicher Sicht vertretbar.

Hingegen bestehen zur verbal-argumentativen Bewertung Alternativen. Ein Großteil der ausgewerteten Gutachten wiesen Schwächen auf, die nicht nur mit einer geringen Sorgfalt und einer dem Konfliktpotenzial von Windkraftanlagen nicht angemessenen Bearbeitungstiefe, sondern auch mit den spezifischen Schwachpunkten der verbal-argumentativen Methodik erklärt werden kann. So bestätigten sich die in der Literatur angeführten Kritikpunkte, dass bei der Anwendung eines verbal-argumentativen, qualitativen Ansatzes häufig die Gefahr besteht, dass

- Wissenslücken wegen fehlender Formalisierung verdeckt werden,
- der Übergang von der Sach- zur Wertebene nicht deutlich wird,
- Bewertungsschritte verschleiert werden, indem Wertmaßstäbe nicht explizit genannt werden (Weiland 1994, S. 57; Jacoby/Kistenmacher 1998, S. 162).

Die Gutachten verlieren damit für die nachfolgende Auswahl von Eignungsflächen durch die kommunalen Planungsträger erheblich an Wert, weil die ihnen zugrunde liegenden Maßstäbe nicht in Frage gestellt bzw. kritisiert werden können und fehlerhafte Abwägungsentscheidungen hervorrufen können.

Vor dem Hintergrund der Einheitlichkeit der untersuchten Gutachten und den Schwächen der verbal-argumentativen Methode ergab sich die zweite Zielstellung der Arbeit, dieser einen nutzwertanalytischen Ansatz gegenüberzustellen. Nach einer theoretischen Erörterung der spezifischen Vor- und Nachteile der in der räumlichen Planung angewendeten Bewertungsmethoden erschien der nutzwertanalytische Ansatz auch für die Bewertung von Flächen für die Windenergie geeignet. Trotz der berechtigten Kritik an der Nutzwertanalyse (Knospe 1998, S.18; Runge 1998, S. 214) weist sie einige Vorteile auf. Dazu gehört gerade die Möglichkeit, über die Umwandlung von verschiedenen Einheiten in fiktive Nutzen sämtliche Folgewirkungen eines Vorhabens in die Bewertung mit einzubeziehen. Verwendet wurde in Kapitel 6 ein vereinfachter nutzwertanalytischer Ansatz, der sich durch eine Lockerung der Prämissen der Nutzwertanalyse der 1. Generation nach ZANGEMEISTER auszeichnet.

Anhand der Gemeinde Schöppingen (Kreis Borken) wurde eine nutzwertanalytische Bewertung von vier Eignungsflächen für die Windenergienutzung durchgeführt. Bereits bei der durch den Verfasser vorgenommenen Bewertung der Flächen (Kap. 6.2.2) zeigten sich die Nachteile der Nutzwertanalyse:

- „Weiche" Kriterien wie Avifauna und Landschaftsbild können nur unzureichend in Klassen eingeteilt werden. Hier empfiehlt sich die Anwendung einer ökologischen Risikoanalyse, da sie auf dem Prinzip der Gegenüberstellung von vorhabenspezifischer Eingriffsintensität und schutzgutspezifischer Eingriffsempfindlichkeit beruht. Auch das Kriterium Landschaftsbild ist kaum quantifizierbar; die Zuordnung einer Fläche zu einer Klasse (d. h. nach dem Ansatz der Nutzwertanalyse: die Bestimmung von Zielerfüllungsgraden) ist daher subjektiv und nur bis zu einem gewissen Grad nachvollziehbar.

- Die Schwierigkeit der Bestimmung von Bewertungsstufen besteht auch bei den ökonomischen Effekten der Windenergienutzung. In der vorliegenden Arbeit wurden diese durch die Einnahmen der Grundstücksbesitzer, der Betreiber und der Gemeinde aus dem Betrieb der Windkraftanlagen operationalisiert. Auch hier gab es das Problem, Klassen zu formulieren, da allgemeine Bewertungsmaßstäbe für finanzielle Einnahmen fehlen. Es bestand die Überlegung, die Einnahmen der drei Gruppen zu den Gesamteinnahmen der jeweilige Gruppe in Relation zu setzen; demnach wäre zum Beispiel der Nutzen der Windenergie für eine Gemeinde um so höher einzustufen, je kleiner die Gemeinde bzw. geringer die sonstigen Einnahmen sind. Aufgrund der Schwierigkeit bei der Bestimmung der monatlichen Einkommen der Grundstücksbesitzer und Betreiber wurde davon Abstand genommen. Nach Ansicht des Verfassers ist der Einbezug der Kosten und Erlöse eines Vorhabens in einen nutzwertanalytischen Ansatz nach Gesichtspunkten der Raumplanung nur bei öffentlichen Investitionsvorhaben sinnvoll.

- Das Kriterium Akzeptanz wurde in dieser Arbeit durch einen vereinfachten Ansatz über die Auswertung von Protokollen zu Stellungnahmen im Rahmen der Ausweisung der Eignungsflächen für die Windenergie sowie durch Auswertungen der durchgeführten offenen Gespräche konkretisiert. Da sowohl die Protokolle der Stellungungnahmen als auch die Interviews nicht auf repräsentativen Stichproben beruhen, sind die gewonnenen Ergebnisse nur eingeschränkt übertragbar. Eine höhere Aussagekraft kommen Befragungen einer größeren Stichprobeneinheit zu; diese sollten daher zur Messung des Kriteriums Akzeptanz herangezogen werden.

- Bei der Aufstellung von Kriterien zur Windenergienutzung ist die Unabhängigkeit der Nutzen nur schwer zu gewährleisten. Insbesondere der Grad der Zustimmung in der lokalen Bevölkerung steht im kausalen Zusammenhang mit den Umweltauswirkungen und ökonomischen Effekten von Windkraftanlagen. Um das Kriterium Akzeptanz mit in die Bewertung einzubeziehen, müsste eine Nutzwertanalyse der 2. Generation nach BECHMANN durchgeführt werden, da in dieser die Prämisse der Nutzenabhängigkeit der Kriterien aufgehoben ist (Bechmann 1988, Nr. 3555, S. 1 ff.).

- Schließlich ist eine Gleichbehandlung der Kriterien durch den vereinfachten Ansatz der Nutzwertanalyse kritisch zu beurteilen. So kann ein niedriger Nutzen nach einem Kriterium (z. B. Avifauna) durch einen hohen Nutzen nach einem anderen Kriterium (z. B. Einkommen der Gemeinde) ausgeglichen werden. Dies kann dazu führen, dass ein aus Sicht des Vogelschutzes unter keinen Umständen akzeptabler Standorte immer noch den höchsten Gesamtnutzen erreicht. Die in dieser Arbeit bewerteten Flächen der Gemeinde Schöppingen wiesen allerdings lediglich nach dem Unterkriterium Einsehbarkeit entsprechend der vorgenommenen Einteilung einen sehr geringen Nutzen auf.

Aus diesen Gründen kommt der Verfasser zur Schlussfolgerung, dass der nutzwertanalytische Ansatz für die Bewertung von Flächen für die Windenergienutzung nur eingeschränkt geeignet ist. Die verbal-argumentative Methode weist zwar ebenfalls einige Schwächen auf, sie ist jedoch insgesamt jedoch als praktikabel zu bezeichnen.

Anhang 1

Literatur

Adam, Karl / Nohl, Werner / Valentin, Wolfram (1986): Bewertungsgrundlagen für Kompensationsmaßnahmen bei Eingriffen in die Landschaft. Erstellt im Auftrag des Ministers für Umwelt, Raumordnung und Landwirtschaft des Landes Nordrhein-Westfalen. Düsseldorf

Allnoch, Norbert (1998): Zur Lage der Wind- und Solarenergienutzung in Deutschland – Herbstgutachten 1998/99. In: Energiewirtschaftliche Tagesfragen, Heft 10/1998, S. 660-666

Allnoch, Norbert / Schlusemann, Ralf (2000): Windverhältnisse und Energieerträge im Binnenland – Windprognose und Fehlerquellen, Windindex. In: Landesinitiative Zukunftsenergien (Hrsg.): Fachtagung Windtech 2000. Tagung am 15. November im Grevenbroich, S. 12-20. Düsseldorf

Arbeitsgruppe Eingriffsregelung der Landesanstalten/-ämter und des Bundesamtes für Naturschutz (1996): Empfehlungen zur Berücksichtigung der Belange des Naturschutzes und der Landschaftspflege beim Ausbau der Windkraftnutzung. In: Natur und Landschaft, Heft 9/1996, S. 381-385

ARL [Akademie für Raumforschung und Landesplanung] (Hrsg.) (2000): Braunkohleplanung und Umsiedlungsproblematik in der Raumordnungsplanung Brandenburgs, Nordrhein-Westfalens, Sachsens und Sachsen-Anhalts. Arbeitsmaterial Heft Nr. 265. Hannover

Auge, Johannes / Brink, Meinhard (1996): Windkraftnutzung in den Bundesländern. In: UVP-Report, Heft 5/1996, S. 234-239

Auge, Johannes / Brink, Meinhard (1997): Abstandsregelungen für die Windkraftnutzung. In: UVP-Report, Heft 1/1997, S. 42-43

Bach, Lothar / Handke, Klaus / Sinning, Frank (1999): Einfluss von Windenergieanlagen auf die Verteilung von Brut- und Rastvögeln in Nordwest-Deutschland. Erste Auswertung verschiedener Untersuchungen. In: Bund für Umwelt und Naturschutz Deutschland (Hrsg.): Vögel und Windkraft, Bremer Beiträge für Naturkunde und Naturschutz, Bd. 4, S. 107-119

Bals, J. / Markus, A. / Lindemann, J. (1999): Faunistischer Fachbeitrag des Landschaftspflegerischen Begleitplans zu fünf Windkraftanlagen im Eignungsbereich für Windenergie BOR 08 (unveröffentlicht)

Bechmann, Arnim (1988): Die Nutzwertanalyse. In: Storm, Peter-Christoph / Bunge, Thomas (Hrsg.): Handbuch der Umweltverträglichkeitsprüfung (HdUVP), 2. Lfg. II/89, Nr. 3555, S. 1-31

Beckert, Christian (2000): TA-Lärm. Technische Anleitung zum Schutz gegen Lärm. Berlin

Beckmann, Klaus J. (1989): Vergleich und Kritik methodischer Ansätze der Beurteilung, Abwägung und Auswahl von Infrastruktur-Großprojekten. S. 63-112. In: Köhl, Werner (Hrsg.) (1989): Bewertung, Abwägung und Auswahl von Infrastruktur-Großprojekten. Institut für Städtebau und Landesplanung der Universität Karlsruhe. Karlsruhe

Behr, Hein Dieter (1992): Licht und Schatten. In: Windkraft-Journal, Heft 3/1992, S. 7-10

Bergen, Frank (2001): Untersuchungen zum Einfluss der Errichtung und des Betriebs von Windenergieanlagen auf Vögel im Binnenland. Dissertation an der Fakultät Biologie der Ruhr-Universität Bochum. Unveröffentlichtes Manuskript. Bochum

Bezirksregierung Arnsberg (Hrsg.) (1998): Konzentrationszonen für Windenergienanlagen. Arnsberg

Bezreg. Münster [Bezirksregierung Münster – Bezirksplanungsbehörde] (2000): Sitzungsvorlage Nr. 28/2000 für die Sitzung des Bezirksplanungsrates am 4. 12. 2000. TOP 6: Zwischenbericht zur Planung und Genehmigung von Windenergienanlagen im Münsterland vor dem Hintergrund des Windenergieerlasses vom 3.5.2000.

Bezreg. Münster [Bezirksregierung Münster – Bezirksplanungsbehörde] (2001a): Sitzungsvorlage Nr. 7/2001 für die Sitzung des Regionalrates am 25.4.2001. TOP 9: Bericht zur Planung und Genehmigung von Windenergieanlagen vor dem Hintergrund des Windenergieerlasses vom 3.5.2000.

Bezreg. Münster [Bezirksregierung Münster – Bezirksplanungsbehörde] (2001b): Bericht zur Planung und Genehmigung von Windenergieanlagen vor dem Hintergrund des Windenergieerlasses vom 3.5.2000.

Bezreg. Münster [Bezirksregierung Münster – Bezirksplanungsbehörde] (2002): Sitzungsvorlage Nr. 5/2002 für die Sitzung des Regionalrates am 4.3.2002. TOP 6: Windkraft – Informationen zum Sachstand.

BfN [Bundesamt für Naturschutz] (Hrsg.) (1997): Naturschutzfachliche Landschafts-Leitbilder. Rahmenvorstellungen für das Nordwestdeutsche Tiefland aus bundesweiter Sicht. Schriftenreihe für Landschaftspflege und Naturschutz, Heft 50/1. Bonn-Bad Godesberg

BfN [Bundesamt für Naturschutz] (Hrsg.) (2000): Empfehlungen des Bundesamtes für Naturschutz zu naturschutzverträglichen Windkraftanlagen. Bonn

BMBau [Bundesministerium für Raumordnung, Bauwesen und Städtebau] (Hrsg.) (1979): Anforderungen an Kraftwerksstandorte aus Sicht der Raumordnung. Forschungsprojekt BMBau RS II 4 – 704102 – 77.16 (1978). Schriftenreihe Raumordnung des Bundesministers für Raumordnung, Bauwesen und Städtebau Bd. 06.036.1979. Bonn-Bad Godesberg

BMU [Bundesministerium für Umwelt, Naturschutz und Reaktorsicherheit] (Hrsg.) (2001): Weiterer Ausbau der Windenergienutzung im Hinblick auf den Klimaschutz – Teil 1. Studie des BMU im Rahmen des F & E Vorhabens 99946101. Berlin

BMWi [Bundesministerium für Wirtschaft] (1973): Die Energiepolitik der Bundesregierung. Das Energieprogramm der Bundesregierung. Bonn

BMWi [Bundesministerium für Wirtschaft und Technologie] (2000): Energie Daten 2000. Nationale und internationale Entwicklung. Berlin

BMWi [Bundesministerium für Wirtschaft und Technologie] (2001): Nachhaltige Energiepolitik für eine zukunftsfähige Energieversorgung. Energiebericht. Berlin

Bredemann, C. / Windisch, S. (2001): Landschaftspflegerischer Fachbeitrag zur Ausweisung von Konzentrationszonen für Windkraftanlagen im FNP der Gemeinde Billerbeck. Gutachten im Auftrag der Stadt Billerbeck. April 2001, ergänzt im August 2001. Essen

Breuer, Wilhelm (1993a): Grundsätze für die Operationalisierung des Landschaftsbildes in der Eingriffsregelung und im Naturschutzhandeln insgesamt. In: Norddeutsche Naturschutzakademie (Hrsg.): Landschaftsästhetik – eine Aufgabe für den Naturschutz? NNA-Berichte, Heft 1, S. 19-24

Breuer, Wilhelm (1993b): Windkraftanlagen und Eingriffsregelung – oder: Kann denn Windkraft Sünde sein? In: Niedersächsisches Landesamt für Ökologie (Hrsg.): Informationsdienst Naturschutz Niedersachsen, Heft 5/1993, S. 152-160

Breuer, Wilhelm (2001): Ausgleichs- und Ersatzmaßnahmen für Beeinträchtigungen des Landschaftsbildes. Vorschläge für Maßnahmen bei Errichtung von Windkraftanlagen. In: Naturschutz und Landschaftsplanung, Heft 8/2001, S. 237-245

Budach, Peter (1992): Lärm. In: Große/Lehmann/Mittag (Hrsg.): Planung, Gestaltung und Schutz der Umwelt, Bd. 2: Teilbereiche von Umweltschutz und Vorsorge, S. 373-399. Dresden

BWE [Bundesverband Windenergie] (Hrsg.) (2001): Windenergie 2001 – Marktübersicht. Osnabrück

Clodius, Holger (1997): Regionalplanerische Steuerung der Errichtung von Windkraftanlagen – Am Beispiel des sachlichen GEP Teilabschnitt Münsterland im Regierungsbezirk Münster. Diplomarbeit an der Fakultät Raumplanung, Universität Dortmund. Dortmund

Dany, Gundolf (2000): Kraftwerksreserve in elektrischen Verbundsystemen mit hohen Windenergieanteil. Aachener Breiträge zur Energieversorgung, Bd. 71. Aachen

Demuth, Bernd (2000): Das Schutzgut Landschaftsbild in der Landschaftsplanung. Methodenüberprüfung anhand ausgewählter Beispiele der Landschaftsrahmenplanung. Berlin

Deutscher Bundestag (1973): Bundestags-Drucksache 7/1057 vom 3. Oktober 1973: Die Energiepolitik der Bundesregierung. Bonn

DEWI [Deutsches Windenergie-Institut] (Hrsg.) (1993): Feststellung geeigneter Flächen als Grundlage für die Standortsicherung von Windparks im nördlichen Niedersachsen – 1000 MW-Programm. Studie im Auftrag des Niedersächsischen Umweltministeriums. Wilhelmshaven

Dittmann, Achim / Zschernig, Joachim (1998): Energiewirtschaft. Stuttgart

Dosch, Fabian / Beckmann, Gisela (1999a): Siedlungsflächenwachstum in Deutschland – auf Zuwachs programmiert. In: Informationen zur Raumentwicklung, Heft 8/1999, S. 493-509

Dosch, Fabian / Beckmann, Gisela (1999b): Trends der Landschaftsentwicklung in der Bundesrepublik Deutschland. Vom Landschaftsverbrauch zur Produktion von Landschaften? In: Informationen zur Raumentwicklung, Heft 5-6/1999, S. 291-300

Dreyhaupt, Franz Josef [Hrsg.] (1994): VDI-Lexikon Umwelttechnik. Düsseldorf

DRL [Deutscher Rat für Landespflege] (Hrsg.) (1999): Landschaften des Mitteldeutschen und Lausitzer Braunkohlentagebaus. Schriftenreihe des Deutschen Rates für Landespflege, Heft 70. Bonn

Eberle, Dieter (1995): Bewertungs- und Entscheidungsmethoden. In: Akademie für Raumforschung und Landesplanung (ARL) (Hrsg.): Handwörterbuch der Raumordnung, S. 90-93. Hannover

Egert, Markus / Jedicke, Eckard (2001): Akzeptanz von Windenergieanlagen. Ergebnisse einer Anwohnerbefragung unter besonderer Berücksichtigung der Beeinflussung des Landschaftsbildes. In: Naturschutz und Landschaftsplanung, Heft 12/2001, S. 373-381

Ender, Carsten (2001a): Internationale Entwicklung der Windenergienutzung mit Stand 31.12.2000. In: DEWI-Magazin, Heft Nr. 19, S. 44-52

Ender, Carsten (2001b): Windenergienutzung in der Bundesrepublik Deutschland. Stand 30.6.2001. In: DEWI-Magazin, Heft Nr. 19, S. 33-43

Ernst, Werner (1995): Raumordnung. In: Akademie für Raumforschung und Landesplanung (ARL) (Hrsg.): Handwörterbuch der Raumordnung. Hannover

Fietz, B. (2001): Vorrangstandorte für Windenergieanlagen im Gemeindegebiet Westerkappeln, Kreis Steinfurt. Gutachten im Auftrag der Gemeinde Westerkappeln. Februar 2001. Wallenhorst

Gareis-Grahmann, Fidelis-Jasmin (1993): Landschaftsbild und Umweltverträglichkeitsprüfung. Beiträge zur Umweltgestaltung, Bd. A 132. Berlin

Gasch, Robert (Hrsg.) (1993): Windkraftanlagen. 2. Auflage. Stuttgart

Gemeinde Schöppingen (2001): Auszug aus der Niederschrift über die Sitzung des Rates der Gemeinde Schöppingen am 12.11.2001, TOP 7: 11. Änderung des Flächennutzungsplanes der Gemeinde Schöppingen (Umsetzung des Windenergie-Erlasses – WEA-Erl. – vom 3.5.2000)

Gewalt, Michael / Herrnsdorf, Joachim (2001): Kein Geld in den Wind schreiben. Wie die Wirtschaftlichkeit und die Finanzierung von Windkraft-Projekten zusammenhängen. In: Bundesverband Windenergie (Hrsg.): Windenergie 2001 – Marktübersicht, S. 22-25. Osnabrück

Grauthoff, Manfred (1991): Windenergie in Nordwestdeutschland. Nutzungsmöglichkeiten und landschaftsökologische Einpassung von Windkraftanlagen. Europäische Hochschulschriften Reihe 42, Bd. 6. Frankfurt/Main

Handke, Klaus (2000): Vögel und Windkraft im Nordwesten Deutschlands. In: LÖBF-Mitteilungen, Heft 2/2000, S. 47-55

Hardt, H. / Dormels, A. / Schreuder, V. (2001): Konzept zur Bestimmung von Konzentrationsflächen für Windenergieanlagen. Gutachten im Auftrag der Stadt Isselburg. 31.5.2001. Weeze

Hartlik, Joachim / Boeschen, Ulrich / Wagner, Peter D. (2001): Stärkung der Umweltvorsorge durch das neue UVPG? Ein Kommentar aus der UVP-Gesellschaft. In: Reiter, Sven (Hrsg.): Neue Wege in der UVP. Novellierte UVP-Gesetzgebung und innovative Methodik. Material zur Angewandten Geographie, Bd. 38, S. Bonn

Hartmann, Dirk / Kaltschmitt, Martin (2000): Inanspruchnahme von Flächen im Vergleich unterschiedlicher Strombereitstellungsoptionen. In: Böcker, Reinhard (Hrsg.): Energie und Landschaft. 30. Hohenheimer Umwelttagung, S. 63-76. Stuttgart

Hau, Erich (1994): Windenergienutzung. In: Schaefer, Helmut (Hrsg.): VDI-Lexikon Energietechnik, S. 1417-1419. Düsseldorf

Hau, Erich (1996): Windkraftanlagen. 2. Auflage. Berlin Heidelberg

Hennemann, Sonja (2001): Monetäre Bewertung von Eingriffen in Natur und Landschaft zur Ermittlung naturschutzrechtlicher Ausgleichs- und Ersatzmaßnahmen sowie von Ausgleichszahlungen. Die Bewertung von Eingriffen in das Landschaftsbild am Beispiel von Windkraftanlagen. Umweltrecht in Forschung und Praxis, Bd. 2. Hamburg

Heymann, Matthias (1995): Die Geschichte der Windenergienutzung: 1890 – 1990. Frankfurt/Main

Hinsch, Christian (2001): Ein neues Zeitalter für die alternative Energiegewinnung – Bundesamt für Seeschifffahrt und Hydrographie genehmigt ersten deutschen Offshore-Windpark. In: Neue Energie, Heft 12/2001, S. 22-29

Höf, Frank (1992): Standortermittlung und Standortsicherung für Wind- und Sonnenenergieanlagen. Diplomarbeit am Lehr- und Forschungsgebiet Regional- und Landesplanung, Universität Kaiserslautern. Kistenmacher, Hans (Hrsg.), Werkstattbericht Nr. 20. Kaiserslautern

IPCC [Intergovernmental Panel on Climate Change] (2001): Climate change 2001 – impacts, adaptation an vulnerability. Summary for policymakers and technical summary of the Working Group II report. Part of the Working Group II contribution to the third assessment report of the Intergovernmental Panel on Climate Change. Genf

Jacoby, Christian / Kistenmacher, Hans (1998): Bewertungs- und Entscheidungsmethoden. In: Akademie für Raumforschung und Landesplanung (ARL) (Hrsg.): Methoden und Instrumente räumlicher Planung, S. 146-168. Hannover

Jensch, Werner (1988): Vergleich von Energieversorgungssystemen unterschiedlicher Zentralisierung unter Berücksichtigung von energietechnischen, ökonomischen und ökologischen Parametern. Dissertation an der Fakultät Elektrotechnik und Informationstechnik, Universität München. München

Jessel, Beate (1998): Das Landschaftsbild erfassen und darstellen. Vorschläge für ein pragmatisches Vorgehen. In: Naturschutz und Landschaftsplanung, Heft 11/1998, S. 356-361

Kaltschmitt, Martin / Wiese, Andreas (Hrsg.) (1993): Erneuerbare Energieträger in Deutschland. Potenziale und Kosten. Berlin Heidelberg

Ketzenberg, Christiane / Exo, Klaus-Michael (1997): Windenergieanlagen und Raumansprüche von Küstenvögeln. In: Natur und Landschaft, Heft 7-8/1997, S. 352-357

Keuper, Armin (1993): Windenergie ist aktiver Umwelt- und Naturschutz. In: DEWI-Magazin Nr. 2, S. 37-48

Keuper, Armin / Molly, Jens Peter / Stückemann, Christiane (1992): Windenergienutzung in der Bundesrepublik Deutschland. Stand 30.6.1992. In: DEWI-Magazin Nr. 1, S. 5 - 24

Kieslich, Wolfgang / Neumeyer, Hans-Peter (2000): Räumliche Umweltziele. UVP-Spezial, Bd. 16. Dortmund

Klöppel, Dieter / Krause, Christian L. (1996): Windkraftparks in der Erholungslandschaft. Reihe Naturschutz und Freizeitgesellschaft – Konfliktlagen und Chancen für eine humane Gesellschaft, Bd. 2. Sankt Augustin

Koop, Bernd (1997): Vogelzug und Windenergieplanung. Beispiele für Auswirkungen aus dem Kreis Plön (Schleswig-Holstein). In: Naturschutz und Landschaftsplanung, Heft 7/1997, S. 202-206

Köpke, Ralf (1992): Rationelle Energieverwendung im kommunalen Bereich. Beiträge zur Struktur- und Konjunkturforschung, Bd. 33. Bochum

Köppel, Johann et. al. (1998): Praxis der Eingriffsregelung – Schadensersatz an Natur und Landschaft? Stuttgart

Kötter, Jürgen (1999): Planung von Vorbehaltsflächen für Windenergieparks. In: Zeitschrift für Lärmbekämpfung, Heft 4/1999, S. 123-126

Knauer, Peter (1989): Umweltqualitätsziele, Umweltstandards und „ökologische Eckwerte". In: Hübler, Karl-Hermann / Otto-Zimmermann, Konrad (Hrsg.): Bewertung der Umweltverträglichkeit, S. 45-67. Taunusstein

Knospe, Frank (1998): Handbuch zur argumentativen Bewertung. Methodischer Leitfaden für Planungsbeiträge zum Naturschutz und zur Landschaftsplanung. Dortmund

Krause, Thomas (1995): Standortfaktoren von Windkraftanlagen in Dithmarschen. Eine Akzeptanzanalyse bei der Ditmarscher Bevölkerung. Hamburg

Kriese, Ulrich (1993): Akzeptanz und Umweltverträglichkeit von Windenergieparks. Schriftenreihe des Institutes für Landschaftspflege und Naturschutz am Fachbereich für Landschaftsarchitektur und Umweltentwicklung, Bd. 23. Hannover

Kühling, Wilfried (1989): Grenz- und Richtwerte als Bewertungsmaßstäbe für die Umweltverträglichkeitsprüfung. In: Hübler, Karl-Hermann / Otto-Zimmermann, Konrad (Hrsg.): Bewertung der Umweltverträglichkeit, S. 31-44. Taunusstein

Langer, Hans (1996): Erfassung und Bewertung von Natur und Landschaft – Methodische Ansätze und Beispiele. In: Buchwald, Konrad / Engelhardt, Wolfgang (Hrsg.): Umweltschutz – Grundlagen und Praxis. Bd. 2, Bewertung und Planung im Umweltschutz, S. 38-75. Bonn

Lendi, Martin (1998): Rechtliche Grundlagen. In: Akademie für Raumforschung und Landesplanung (ARL) (Hrsg.): Methoden und Instrumente der räumlichen Planung, S. 23-39. Hannover

LNU NRW [Landesgemeinschaft Naturschutz und Umwelt Nordrhein-Westfalen e.V.] (2002): Positionspapier „Windenergieanlagen und Landschaftsschutz". Beschlossen durch die LNU-Mitgliederversammlung am 16.3.2002 in Wermelskirchen (unveröffentlicht)

Losch, Siegfried (1999): Landschaftsverbrauch als Problem der Freiraumnutzung. In: Borchard, Klaus (Hrsg.): Flächenhaushaltspolitik. Feststellungen und Empfehlungen für eine zukunftsfähige Raum- und Siedlungsentwicklung. Hannover

Losch, Siegfried / Nake, Reinhard (1989): Direkte und indirekte Flächeninanspruchnahme der technischen Infrastruktur als Problem des Bodenschutzes. In: Bundesforschungsanstalt für Landeskunde und Raumordnung (Hrsg.): Bodenbelastung durch die Flächeninanspruchnahme von Infrastrukturmaßnahmen. Seminare – Symposien – Arbeitspapiere, Heft 34. Bonn

Luther, Markus / Santjer, Fritz / Neumann, Thomas (2001): Technische und betriebliche Aspekte für den Netzanschluss von Windenergieanlagen. In: DEWI-Magazin Nr. 19, S. 14-21

Mäding, Heinrich (1987): Methoden und Methodenanwendung als Gegenstand der Verwaltungswissenschaft. In: Windhoff-Heritier, Adrienne (Hrsg.): Verwaltung und ihre Umwelt, S. 212-232

Masuhr, Joachim (1995): Energiestandorte und -trassen. In: Akademie für Raumforschung und Landesplanung (Hrsg.): Handwörterbuch der Raumordnung, S. 222-225. Hannover

MFE SH [Ministerium für Finanzen und Energie des Landes Schleswig-Holstein] (1999): Energiebericht

Mielke, Bernd (1995): Räumliche Steuerung von Windenergieanlagen. Institut für Landes- und Stadtentwicklungsforschung des Landes Nordrhein-Westfalen (Hrsg.), ILS-Schriften, Heft 100. Dortmund

Molly, Jens-Peter (1990): Windenergie. Theorie, Anwendung, Messung. 2. Auflage. Karlsruhe

Monstadt, Jochen (2000): Räumliche Aspekte neuer Entwicklungen der Energiepolitik in der Bundesrepublik Deutschland. Arbeitsmaterial der Akademie für Raumforschung und Landesplanung, Nr. 271. Hannover

Müller, Bernhard (1999): Regionalpläne. In: Akademie für Raumforschung und Landesplanung (ARL) (Hrsg.): Grundriss der Landes- und Regionalplanung, S. 229-249. Hannover

MURL NRW [Ministerium für Umwelt, Raumordnung und Landwirtschaft des Landes Nordrhein-Westfalen] (1990): NATUR 2000 in Nordrhein-Westfalen. Leitlinien und Leitbilder für Natur und Landschaft im Jahr 2000. Düsseldorf

Mutius, Albert von (1992): Rechtliche Voraussetzungen und Grenzen der Erteilung von Baugenehmigungen für Windkraftanlagen. In: Deutsches Verwaltungsblatt, S. 1469-1479

NIT [Institut für Tourismus- und Bäderforschung in Nordeuropa GmbH] (Hrsg.) (2000): Touristische Effekte von On- und Offshore-Windkraftanlagen in Schleswig-Holstein. Kiel

Nohl, Werner (1993): Beeinträchtigungen des Landschaftsbildes durch mastenartige Eingriffe. Materialien für die naturschutzfachliche Bewertung und Kompensationsermittlung. Erstellt im Auftrag des Ministers für Umwelt, Raumordnung und Landwirtschaft des Landes Nordrhein-Westfalen. Geänderte Fassung. Kirchheim bei München

Nohl, Werner (2001): Ästhetisches Erlebnis von Windkraftanlagen in der Landschaft. Empirische Untersuchungen mit studentischen Gruppen. In: Naturschutz und Landschaftsplanung. Heft 12/2001, S. 365-372

Oschmann, Volker (2000): Das Gesetz für den Vorrang Erneuerbarer Energien. In: Energiewirtschaftliche Tagesfragen, Heft 6/2000, S. 460-464

Osten, Tjado / Pahlke, Thomas (1998): Schattenwurf von Windenergieanlagen: Wird die Geräuschabstrahlung der MW-Anlagen in den Schatten gestellt? In: DEWI-Magazin, Heft Nr. 13, S. 6-12

Piorr, Detlef (1998): Gesetzliche Grundlagen und Beurteilungskriterien der Geräuschimmissionen von Windenergieanlagen. In: Zeitschrift für Lärmbekämpfung, Heft 4/1999, S. 117-122

Piorr, Detlef (2000): Immissionsschutzrechtliche Aspekte der Genehmigung von Windenergieanlagen. In: Landesinitiative Zukunftsenergien NRW (Hrsg.): Fachtagung Windtech 2000. Tagungsband zur Tagung am 15.11.2000 in Grevenbroich, S. 29-41. Düsseldorf

Plankon [Ingenieurbüro Plankon] (2001): Gutachten zu Schallemissionen von Windkraftanlagen in den Eignungsbereichen BOR 06 bis BOR 09 im Auftrag der Betreibergesellschaft Schöppingen Haverbeck e. V. (unveröffentlicht)

Pohl, Johannes / Faul, Franz / Mausfeld, Rainer (1999): Belästigung durch periodischen Schattenwurf von Windenergieanlagen. Kiel

Quaschnig, Volker (1998): Regenerative Energiesysteme. Technologie, Berechung, Simulation. München

Reck, Heinrich et. al. (2001): Auswirkungen von Lärm und Planungsinstrumente des Naturschutzes. Ergebnisse einer Fachtagung – ein Überblick. In: Naturschutz und Landschaftsplanung, Heft 5/2001, S. 145-149

Regionalverband Franken (1999): Region Franken – Regionale Windpark-Standorte. Heilbronn

Rehfeldt, Knud / Stand, Christian (2001): Windenergienutzung in der Bundesrepublik Deutschland – Stand: 31.12.2000. In: DEWI-Magazin, Heft Nr. 18, S. 53-63

Reiter, Sven (1999): Lärmbewertungskriterien und Mindestgrößen zur Berücksichtigung von Ruhezonen für die Erholung. In: UVP-Report, Heft 3/1999, S. 141-144

Ritschel, Anja (1997): Privilegierung oder Planung? Konzept zur Windenergienutzung nach neuem Recht. In: UVP-Report, Heft 2/1997, S. 100-102

Rote Liste NRW [Gesellschaft Rheinischer Ornithologen und Westfälische Ornithologen-Gesellschaft] (Hrsg.) (1997): Rote Liste NRW 1996. Stand: Oktober 1996

Rühl, Christiane (2001): Planungsrechtliche Aspekte der Ansiedlung von Windenergieanlagen. In: Umwelt- und Planungsrecht, Heft 11-12/2001, S. 413-418

Runge, Karsten (1998): Umweltverträglichkeitsuntersuchung: internationale Entwicklungstendenzen und Planungspraxis. Berlin Heidelberg

Schällig, Arno (1999): Emissionsmessungen von Windparks. In: Zeitschrift für Lärmbekämpfung, Heft 4/1999, S. 127-131

Schemel, Hans-Joachim (1989): Methodische Hinweise zur Durchführung der UVP in Kommunen. In: Hübler, Karl-Hermann / Otto-Zimmermann, Konrad (Hrsg.): Bewertung der Umweltverträglichkeit, S. 105-123. Taunusstein

Schmidt, Ingo (1997): Wirkung von Raumordnungszielen auf die Zulässigkeit privilegierter Außenbereichsvorhaben. Zugleich eine rechtliche Untersuchung über die landesplanerische Behandlung von Windkraftanlagen. Beiträge zum Siedlungs- und Wohnungswesen, Bd. 175. Münster

Schneider, Wilhelm (1977): Landesplanung und Energiepolitik in Nordrhein-Westfalen. In: Informationen zur Raumentwicklung, Heft 8-9/1977, S. 601-606

Schreck, Peter (1998): Akzeptanz sperriger Infrastruktureinrichtungen. Berichte des Forschungszentrums Jülich, Nr. 3558. Jülich

Schreiber, Matthias (1993): Windkraftanlagen und Watvogel-Rastplätze. Störungen und Rastplatzwahl von Brachvogel und Goldregenpfeiffer. In: Naturschutz und Landschaftsplanung, Heft 4/1993, S. 133-139

Schulte, Hubertus / Zender, Markus (1995): Standortsuche für Windparks. Erarbeitung einer Methode für Kommunen in NRW – dargestellt am Beispiel Ense (Kreis Soest). Diplomarbeit an der Fakultät Raumplanung, Universität Dortmund. Dortmund

Schulz, W. / Schulz, E. (1991): Zur umweltpolitischen Relevanz von Nutzen-Kosten-Analysen in der Bundesrepublik Deutschland. In: Zeitschrift für Umweltpolitik, Heft 3/1991, S. 299-337

Schwahn, Christoph (1990): Landschaftsästhetik als Bewertungsproblem. Schriftenreihe Beiträge zur räumlichen Planung, Heft Nr. 28. Hannover

Sinning, Frank / Gerjets, Detlef (1999): Untersuchungen zur Annäherung rastender Vögel an Windparks in Nordwestdeutschland. In: Bund für Umwelt und Naturschutz Deutschland (Hrsg.): Vögel und Windkraft, Bremer Beiträge für Naturkunde und Naturschutz, Bd. 4, S. 53-60

SRU [Rat von Sachverständigen für Umweltfragen] (1981): Energie und Umwelt. Sondergutachten. Stuttgart

Stenneken, Christian (2000): Planung und Genehmigung von Windkraftanlagen – unter besonderer Berücksichtigung Nordrhein-Westfalens. Europäische Hochschulschriften, Reihe 2: Rechtswissenschaft, Bd. 2908. Frankfurt/Main

Thayer, Robert / Freeman, Carla (1987): Public perceptions of a wind energy landscape. In: Landscape and urban planning, Heft Nr. 14, S. 379-398

Turowski, Gerd (1995): Raumplanung. In: Akademie für Raumforschung und Landesplanung (ARL) (Hrsg.): Handwörterbuch der Raumordnung, S. 774-776. Hannover

UBA [Umweltbundesamt] (Hrsg.) (2000): Klimaschutz durch Nutzung erneuerbarer Energien. Berichte des Umweltbundesamt Nr. 2/2000. Berlin

Vauk, Gottfried et. al. (1990): Biologisch-ökologische Begleituntersuchungen zum Bau und Betrieb von Windkraftanlagen. Endbericht. Norddeutsche Naturschutzakademie (Hrsg.), NNA-Berichte, Bd. 3. Schneverdingen

Villbusch, Ulli (1997): Windenergienutzung in Regelwerken des Naturschutzes in den Bundesländern. In: Naturschutz und Landschaftsplanung, Heft 7/1997, S. 197-201

Volwahsen, Andreas (1977): Bewertungsverfahren für die großräumige Standortplanung von Kraftwerken. In: Informationen zur Raumentwicklung, Heft 8-9/1977, S. 631-642

Volwahsen, Andreas / Heide, Rudolf / Horn, M. (1977): Anforderungen an Standorte von Energieanlagen aus der Sicht von Raumordnung und Städtebau (Standortvorauswahl). Forschungsauftrag Nr. RS II 6-704102-76.17. Bonn

Wagner, Gerhard (1985): Abbau regionaler Strompreisdisparitäten durch raumwirksame Maßnahmen und Planungen. Forschungen zur Raumentwicklung Bd. 15. Bonn

Wagner, Gerhard (1989): Bestrebungen im Fernleitungsbau, insbesondere im europäischen Verbundsystem und Konsequenzen für die Flächeninanspruchnahme. In: Bundesforschungsanstalt für Landeskunde und Raumordnung (Hrsg.): Bodenbelastung durch die Flächeninanspruchnahme von Infrastrukturmaßnahmen. Seminare Symposien Arbeitspapiere Heft 34. Bonn

Wagner, Jörg (1996): Privilegierung von Windkraftanlagen im Außenbereich und ihre planerische Steuerung durch die Gemeinde. In: Umwelt- und Planungsrecht, Heft 10/1996, S. 370-376

Weil / Winterkamp / Knopp (2000): Windenergienutzung in Heek. Untersuchung zur Ausweisung von Konzentrationszonen für Windenergieanlagen in Heek. Gutachten im Auftrag der Gemeinde Heek. 11.12.2000. Warendorf

Weil / Winterkamp / Knopp (2001): Windenergienutzung in Gescher. Untersuchung zur Ausweisung von Konzentrationszonen für Windenergieanlagen in Gescher. Gutachten im Auftrag der Gemeinde Gescher. 23.8.2001. Warendorf

Weiland, Ulrike (1994): Strukturierte Bewertung in der Bauleitplan-UVP. Ein Konzept zur Rechnerunterstützung der Bewertungsdurchführung. UVP Spezial Bd. 9. Dortmund

Wiese, Andreas / Kaltschmitt, Martin (1997): Stand und Perspektiven der Windkraftnutzung in Deutschland. In: Brauch, Hans Günter (Hrsg.): Energiepolitik, S. 87-100. Berlin Heidelberg

Willenbring, Egbert et. al. (1997): Gutachten zur Festlegung von Vorranggebieten für Windenergieanlagen. Gutachten im Auftrag der Stadt Hörstel. April 1997. Osnabrück

Winkelbrandt, Arnd (1997): Naturschutzfachliche Maßstäbe für die Bewertung des Landschaftsbildes. In: Alfred Toepfer Akademie für Naturschutz (Hrsg.): Bewerten im Naturschutz. NNA-Berichte, Heft 3, S. 9-17

Winterkemper, Andreas (1998): Evaluation der nordrhein-westfälischen Windenergieförderung aus raumplanerischer Sicht. Diplomarbeit an der Fakultät Raumplanung, Universität Dortmund. Dortmund

Wöbse, Hans-Hermann (1993): Landschaftsästhetik – eine Aufgabe für den Naturschutz? In: Norddeutsche Naturschutzakademie (Hrsg.): Landschaftsästhetik – eine Aufgabe für den Naturschutz? NNA-Berichte, Heft 1, S. 3-8

Woltering, Udo / Ahrensmeyer, Georg (2001a): Ermittlung von Konzentrationszonen für Windenergieanlagen auf dem Gebiet der Gemeinde Reken. Fortschreibung. Gutachten im Auftrag der Gemeinde Reken. April 2001. Münster

Woltering, Udo / Ahrensmeyser, Georg (2001b): Ermittlung von Konzentrationszonen für Windenergieanlagen auf dem Gebiet der Gemeinde Schöppingen. Gutachten im Auftrag der Gemeinde Schöppingen. März 2001. Münster

Woltering, Udo / Ahrensmeyer, Georg (2001c): Ermittlung von Konzentrationszonen für Windenergieanlagen auf dem Gebiet der Gemeinde Velen. Gutachten im Auftrag der Gemeinde Velen. Mai 2001. Münster

Zangemeister, Christoph (1976): Nutzwertanalyse in der Systemtechnik. 4. Auflage. Berlin

Internetseiten

BUND NRW [Bund für Umwelt und Naturschutz Deutschland LV NRW e. V.] (Hrsg.) (2001): BUNDposition Windkraft. Verfasser: Brunsmeier, Klaus
http://www.bund-nrw.de/files/bundposition-windkraft (Stand: 15.3.2002)

NABU NRW [Naturschutzbund Nordrhein-Westfalen] (2002): Windenergie – Allgemeine Info. Verfasser: Musiol, Frank
http://www.nabu.de/nabuch.nsf

Scholles, Frank (2000): Die Nutzwertanalyse und ihre Weiterentwicklung.
http://www.laum.uni-hannover.de/ilr/lehre/Ptm/Ptm_BewNWa.htm (Stand: 15.4.2002)

Rechtsgrundlagen

BauGB [Baugesetzbuch] vom 27.8.1997, BGBl. Teil I, S. 2141

BauO NW [Bauordnung für das Land Nordrhein-Westfalen] vom 1.3.2000, GV. NW, S. 255

BImSchG [Bundesimmissionsschutzgesetz – Gesetz zum Schutz vor schädlichen Umwelteinwirkungen durch Luftverunreinigungen, Geräusche, Erschütterungen und ähnliche Vorgänge] vom 14.5.1990, BGBl. I S. 880, zuletzt geändert durch Gesetz vom 9.10.1996, BGBl. Teil I, S. 1498

BNatSchG [Bundesnaturschutzgesetz – Gesetz über Naturschutz und Landschaftspflege] vom 21.9.1998, BGBl. I, S. 2994

Ebm-RL [Elektrizitätsbinnenmarkt-Richtlinie – Richtlinie 2001/77/EG des europäischen Parlaments und des Rates zur Förderung der Stromerzeugung aus erneuerbaren Energiequellen im Elektrizitätsbinnenmarkt] vom 27.9.2001

EEG [Erneuerbare-Energien-Gesetz – Gesetz für den Vorrang Erneuerbarer Energien sowie zur Änderung des Energiewirtschaftsgesetzes und des Mineralölsteuergesetzes] vom 29.3.2000, BGBl. Teil I, S. 305

EnWG [Energiewirtschaftsgesetz – Gesetz über die Elektrizitäts- und Gasversorgung] Artikel 1 des Gesetzes zur Neuregelung des Energiewirtschaftsrechts vom 24.4.1998, BGBl. Teil I S. 730

Erl. Nds. (1991) [Umweltministerium Niedersachsen: Empfehlungen zur Standortsicherung und raumordnerischen Behandlung von Windenergieanlagen] vom 3.7.1991, Nds. MBl. S. 925

Erl. Nds. (1993) [Umweltministerium Niedersachsen: Leitlinie zur Anwendung der Eingriffsregelung des Niedersächsischen Naturschutzgesetzes bei der Errichtung von Windenergieanlagen] vom 21.6.1993, Nds. MBl. S. 923

FFH-RL [FFH-Richtlinie – Richtlinie 92/43/EWG des Rates vom 21.5.1992 zur Erhaltung der natürlichen Lebensräume sowie der wildlebenden Tiere und Pflanzen] vom 22.7.1992. Amtsblatt der Europäischen Gemeinschaften Nr. L 206/7

GEP Münster [Bezirksregierung Münster: Gebietsentwicklungsplan Regierungsbezirk Münster – Teilabschnitt Münsterland] vom 2.6.1996, Stand: 6.12.1999

LEP NRW [Ministerium für Umwelt, Raumordnung und Landwirtschaft des Landes Nordrhein-Westfalen: Landesentwicklungsplan Nordrhein-Westfalen, GV. NW] vom 29.6.1995, S. 532

LEPro NW [Landesentwicklungsprogramm NW – Gesetz zur Landesentwicklung des Landes Nordrhein-Westfalen] vom 5. Oktober 1989, GV. NW, S. 485, ber. S. 648

LPlG [Landesplanungsgesetz des Landes Nordrhein-Westfalen] vom 11.2.2001, GV. NW, S. 50

LP Schöppingen [Landschaftsplan Schöppingen] Landschaftsverband Westfalen-Lippe, Westfälisches Amt für Landes- und Baupflege (1999): Landschaftsplan Schöppingen. Textliche Darstellungen und Festsetzungen mit Erläuterungen. In Kraft getreten am 10.2.1999

LG NW [Landschaftsgesetz NW – Gesetz zur Sicherung des Naturhaushalts und zur Entwicklung der Landschaft des Landes Nordrhein-Westfalen] vom 21.7.2000, GV. NW, S. 568

MURL (1998) [Ministerium für Umwelt, Raumordnung und Landwirtschaft des Landes Nordrhein-Westfalen: Immissionsschutz bei Windenergieanlagen, V B 2 8862.2] vom 26. März 1998 (unveröffentlicht)

ROG [Raumordnungsgesetz] vom 18.8.1997, BGBl. Teil I, S. 2081

ROG [Raumordnungsgesetz] i. d. F. vom 8.4.1965

Rnderl. SH (1995) [Gemeinsamer Runderlass des Innenministers, des Ministers für Finanzen und Energie, der Ministerin für Natur und Umwelt und der Ministerpräsidentin – Landesplanungsbehörde vom 4.7.1995: Grundsätze zur Planung von Windenergieanlagen]. Amtsbl. SH vom 24.7.1995, S. 478

StrEG [Stromeinspeisungsgesetz – Gesetz über die Einspeisung von Strom aus erneuerbaren Energien in das öffentliche Netz] vom 7.12.1990, BGBl. Teil I, S. 2633

TA-Lärm [Technische Anleitung zum Schutz gegen Lärm – Sechste allgemeine Verwaltungsvorschrift zum Bundes-Immissionsschutzgesetz] vom 26.8.1998, GMBl., S. 503

UVP-Ändg. [UVP-Änderungsgesetz – Änderung des Gesetzes über die Umweltverträglichkeitsprüfung. Artikel 1 des Gesetzes zur Umsetzung der UVP-Änderungsrichtlinie, der IVU-Richtlinie und weiterer EG-Richtlinien zum Umweltschutz] vom 27.7.2001, BGBl. Teil I, S. 1950

VO LROP Nds. (1994) [Verordnung über das Landes-Raumordnungsprogramm Niedersachsen – Teil II] vom 17.7.1994, Nds. GVBl. vom 25.7.1994, S. 317

WEA-Erl. NW [Windenergie-Erlass NW – Gemeinsamer Runderlass des Ministeriums für Bauen und Wohnen; des Ministeriums für Arbeit, Soziales und Stadtentwicklung, Kultur und Sport; des Ministeriums für Umwelt, Raumordnung und Landwirtschaft; des Ministeriums für Wirtschaft und Mittelstand, Technologie und Verkehr des Landes Nordrhein-Westfalen: Grundsätze für Planung und Genehmigung von Windenergieanlagen] vom 3.5.2000, MBl. NW, S. 690

WEA-Erl. NW i. d. F. v. 29.11.1996 [Windenergie-Erlass NW – Gemeinsamer Runderlass des Ministeriums für Bauen und Wohnen; des Ministeriums für Stadtentwicklung und Sport; des Ministeriums für Umwelt, Raumordnung und Landwirtschaft; des Ministeriums für Wirtschaft, Mittelstand, Technologie und Verkehr: Grundsätze für Planung und Genehmigung von Windenergieanlagen], MBl. NW vom 20.12.1996, S. 1864

Gerichtsurteile

BVerwG, Urteil vom 16.6.1994, 4 C 20.93.
In: Deutsches Verwaltungsblatt 1994, S. 1141
OVG Greifswald, Urteil vom 8.3.1999, 3 M 85/98.
In: Natur und Recht, Heft 11/1999, S. 654-655
OVG Lüneburg, Urteil vom 30.10.1997, 6 L 6400/95.
In: Zeitschrift für Umweltrecht, Heft 2/1998, S. 83-85
OVG Lüneburg, Urteil vom 18.12.1998, 1 M 4727/98.
In: Baurecht, Heft 6/1999, S. 621-625
OVG Lüneburg, Urteil vom 21.7.1999, 1 L 5203/96
In: Verwaltungsrundschau, Heft 11/2000, S. 392-395
OVG Lüneburg, Urteil vom 14.9.2000, 1 K 5414/98.
In: Zeitschrift für Umweltrecht, Heft 3/2001, S. 225-228
OVG Münster, Urteil vom 12.6.2001, 10 A 97/99.
In: Baurecht, Heft 12/2001, S. 1881-1884
OVG Münster, Urteil vom 30.11.2001, 7 A 4857/00 (Original)
VGH Mannheim, Urteil vom 20.4.2000, 8 S 318/00.
In: Zeitschrift für internationales Baurecht, Heft 3/2001, S. 212-213

Kartengrundlagen

Landesvermessungsamt Nordrhein-Westfalen (Hrsg.) (1997): Topographische Karte 1:50.000, L 3908 (Ahaus), Normalausgabe, 7. Auflage. Bonn
Landesvermessungsamt Nordrhein-Westfalen (Hrsg.) (1997): Topographische Karte 1:25.000, 3908 (Ahaus), Normalausgabe, 15. Auflage. Bonn
Landesvermessungsamt Nordrhein-Westfalen (Hrsg.) (1997): Topographische Karte 1:25.000, 3809 (Metelen), Normalausgabe, 13. Auflage. Bonn
Landesvermessungsamt Nordrhein-Westfalen (Hrsg.) (1997): Topographische Karte 1:25.000, 3909 (Horstmar), Normalausgabe, 16. Auflage. Bonn

Gespräche

Herr Berning, Einwohner des Ortes Schöppingen, am 30.4.2002
Frau Bredemann, Planungsbüro ökoplan, Essen, am 27.4.2002

Herr Hessing, Gemeinde Gescher, Kreis Borken, am 8.3.2002
Herr Jüster, Gemeinde Velen, Kreis Borken, am 8.3.2002
Herr Kappelhoff, Betreibergesellschaft Windkraft Schöppingen Haverbeck e.V., am 29.4.2002
Herr Landwehr, Staatliches Umweltamt Münster, am 15.10.2002
Herr Lauer, Bezirksregierung Münster, am 15.10.2001
Herr Lindemann, Planungsbüro ökodat, Dortmund, am 30.4.2002
Herr Loske, Universität Dortmund, Fakultät Raumplanung, Fachbereich Raumordnung und Landesplanung, am 7.3.2002
Herr Neugebauer, Naturschutzbund Deutschland (NABU), Ortsgruppe Dortmund, am 27.4.2002
Herr Schwardmann, Kreis Borken, Untere Landschaftsbehörde, am 8.3.2002
Herr Teigeler, Gemeinde Schöppingen, am 29.4.2002
Herr Wager-vom-Berg, Ingenieurbüro plankon, Oldenburg, am 18.4.2002

Anhang 2: Empfehlungen des Windenergie-Erlasses NW

	Nutzung / Darstellung in Plänen als...	ungeeignet (Ausschluß-gebiet)	unter Vorbehalt geeignet (Restriktions-gebiet)	uneingeschränkt geeignet (Eignungs-gebiet)	Mindestabstand (in m)
Natur- und Landschaftsschutz	BSN[73] (GEP)	√			
	BSL[74] (GEP)		√		
	Erholungsgebiet (GEP)		√		
	Naturschutzgebiet (LP)	√			
	§ 62 LG-Biotope	√			
	Feuchtgebiet (RAMSAR-Konv.)	√			200 m bzw. 500 m[75]
	avifaunistisch bedeutsame Rast-, Nahrungs- und Brutplätze	√			
	Vogelschutzgebiet	√			
	FFH-Gebiet	√			
	Naturdenkmal (LP)	√			
	gesch. Landschaftsbestandt. (LP)	√			
	Landschaftsschutzgebiet (LP)	√			
Freiraum	Wald (FNP)		√		35 m
	landwirtsch. Fläche[76] (FNP)			√	
	Wasserschutzgebiet (FNP)	√			
	Überschwemmungsbereich (FNP)	√			
Siedlung	Wohnsiedlungsgebiet (FNP)	√			
	Gewerbegebiet (FNP)		√		
	Einzelgebäude (FNP)				√
	Bau- und Bodendenkmäler (FNP)		√		
	Bundesautobahnen, Landes- und Kreisstraßen (FNP)				√
	Bundeswasserstraße (FNP)	√			50 m
sonstiges	Bereiche für Aufschüttungen und Ablagerungen (FNP)		√		
	Bereiche für den Abbau von Bodenschätzen (FNP)		√		
	Militärschutzbereich (FNP)		√		
	Freileitungen				3 × Rotord.
	Sendeanlagen				Anlagenhöhe

Tab. 11: *Empfehlungen des Windenergie-Erlasses NW*
i. d. F. vom 3.5.2000 (Quelle: eigene Darstellung)

---

[73] Bereich zum Schutz der Natur
[74] Bereich zum Schutz der Landschaft
[75] sofern sie insbesondere dem Schutz bedrohter Vogelarten dienen
[76] sofern nicht nach anderer Kategorie geschützt oder schützenswert

Anhang 3: Gutachten zu Eignungsflächen für die Windenergienutzung

Gutachten im Auftrag der Gemeinde Billerbeck (Kreis Coesfeld)	
Gutachter	Bredemann, C. / Windisch, S.
Titel	„Landschaftspflegerischer Fachbeitrag zur Ausweisung von Konzentrationszonen für Windkraftanlagen im FNP der Stadt Billerbeck"
Erstellungsdatum	April 2001, ergänzt im August 2001
Untersuchungsfrage	**Ergebnis**
A) Datenmaterial	
Eigene Bestandsaufnahmen	flächendeckende Erfassung des Landschaftsbildes; Abgrenzung nach landschaftsästhetischen Raumeinheiten
Erhebungsmethode	geographischer Ansatz der Landschaftsbildanalyse
Rückgriff auf Fremderhebungen	Fachbeitrag des Naturschutzes und der Landschaftspflege der LÖBF (Biotopkataster NRW)
Qualität der Eigenerhebungen	detailliert, umfangreich und der Sache angemessen
B) Bewertung	
Bewertungsmethoden	Checkliste; verbal-argumentative Bewertung
Bewertungsmaßstäbe	Richtwerte (v. a. Windenergie-Erlass NW)
Kritik der Bewertungsmaßstäbe	nur bei den Abständen aufgrund von Lärmemissionen
Bewertungskriterien	Landschaftsbild, Avifauna, Erholung, Lärmschutz
C) Anford.	
Bewertungskriterien zum Landschaftsbild	Natürlichkeitsgrad, Vielfalt, Eigenart, Einsehbarkeit, visuelle Vorbelastung
Differenziertheit	insbesondere bei der Analyse des Landschaftsbildes sehr differenziert
Vollständigkeit	alle relevanten Themenfelder berücksichtigt
Nachvollziehbarkeit	sehr schlüssig; aufeinander aufbauende Analyseschritte; Erwähnung planerischer Vorgaben; übersichtliche Gliederung
D) Ergebn.	
Nachvollziehbarkeit	Endbewertung ist als Synthese der vorangegangenen Kapitel erkennbar; plausible Abgrenzung der Restriktions- und Gunstzonen
Vollständigkeit	sämtliche relevanten Kriterien gehen in die Gesamtbewertung ein
Sensitivität	nein
Gesamtbewertung	gut *positiv:* übersichtliche Darstellung; sehr umfangreicherer Katalog; Verweis auf planerische Vorgaben; Eingrenzung von Landschaftsbildeinheiten; Gegenüberstellung von Projektanforderungen und Restriktionen *negativ:* Analysen teilweise nicht erforderlich in Bezug auf Problem (z. B. Faktoren d. Landschaftshaushaltes wie Böden, Geologie u. a.); nur kurze Diskussion der Vorgaben des Landes NRW

Tab. 12: Gutachten im Auftrag der Stadt Billerbeck

Gutachten im Auftrag der Gemeinde Gescher (Kreis Borken)	
Gutachter	Weil/Winterkamp/Knopp
Titel	„Windenergienutzung in Gescher – Untersuchung zur Ausweisung von Konzentrationszonen für Windenergieanlagen in Gescher"
Erstellungsdatum	23.8.2001

	Untersuchungsfrage	Ergebnis
A) Datenmaterial	Eigene Bestandsaufnahmen	Erfassung des Landschaftsbildes
	Erhebungsmethode	Landschaftsbildanalyse (geographischer Ansatz)
	Rückgriff auf Fremderhebungen	Fachbeitrag des Naturschutzes und der Landschaftspflege der LÖBF (Biotopkataster NRW)
	Qualität der Eigenerhebungen	knappe Schilderungen von Vegetation, Nutzung und Relief; keine weiteren Erhebungen
B) Bewertung	Bewertungsmethoden	Checkliste; verbal-argumentative Bewertung
	Bewertungsmaßstäbe	Richtwerte (Windenergie-Erlass NW) fachliche Grundlagen (Biotopkataster)
	Kritik der Bewertungsmaßstäbe	keine Stellungnahmen
	Bewertungskriterien	Naturhaushalt, Bebauung, Erholung, Landschaftsbild, verkehrliche Anbindung
	Bewertungskriterien zum Landschaftsbild	Vorbelastung, Attraktivität
C) Anford.	Differenziertheit	in Teilen (Schutzabstände, Vorhabenauswirkungen) sehr differenziert
	Vollständigkeit	alle relevanten Kriterien berücksichtigt
	Nachvollziehbarkeit	grundsätzlich nachvollziehbar
D) Ergebnisse	Nachvollziehbarkeit	Mängel der Nachvollziehbarkeit: z. Tl. fehlender Bezug von Wertungen zum Sachverhalt
	Vollständigkeit	alle relevanten Kriterien gehen in die Endbewertung ein
	Sensitivität	nein
	Gesamtbewertung	befriedigend positiv: ausführliche Darstellungen der generellen Umweltauswirkungen durch WKA; übersichtliche Darstellung des Untersuchungsablaufs negativ: Analyse des Landschaftsbildes knapp; kaum wertende Begriffe

Tab. 13: Gutachten im Auftrag der Gemeinde Gescher

Anhang 122

Gutachten im Auftrag der Gemeinde Heek (Kreis Borken)	
Gutachter	Weil/Winterkamp/Knopp
Titel	„Windenergienutzung in Heek – Untersuchung zur Ausweisung von Konzentrationszonen für Windenergieanlagen in Heek"
Erstellungsdatum	11.12.2000

	Untersuchungsfrage	Ergebnis
A) Datenmaterial	Eigene Bestandsaufnahmen	Erfassung des Landschaftsbildes
	Erhebungsmethode	Landschaftsbildanalyse (geographischer Ansatz)
	Rückgriff auf Fremderhebungen	Fachbeitrag des Naturschutzes und der Landschaftspflege der LÖBF (Biotopkataster NRW); Untersuchung zu Feuchtwiesen[77]
	Qualität der Eigenerhebungen	kurze Schilderungen von Vegetation, Nutzung und Relief; keine weiteren Erhebungen
B) Bewertung	Bewertungsmethoden	Checkliste; verbal-argumentative Bewertung
	Bewertungsmaßstäbe	Richtwerte (Windenergie-Erlass NW) fachliche Grundlagen (Biotopkataster, Feuchtwiesen)
	Kritik der Bewertungsmaßstäbe	keine Stellungnahmen
	Bewertungskriterien	Naturhaushalt, Bebauung, Erholung, Landschaftsbild, verkehrliche Anbindung
	Bewertungskriterien zum Landschaftsbild	Vorbelastung, Attraktivität
C) Anford.	Differenziertheit	in Teilen (Schutzabstände, Vorhabensauswirkungen) sehr differenziert
	Vollständigkeit	alle relevanten Kriterien berücksichtigt
	Nachvollziehbarkeit	grundsätzlich nachvollziehbar
D) Ergebnisse	Nachvollziehbarkeit	Mängel der Nachvollziehbarkeit: z. Tl. fehlender Bezug von Wertungen zum Sachverhalt
	Vollständigkeit	alle relevanten Kriterien gehen in die Endbewertung ein
	Sensitivität	nein
	Gesamtbewertung	befriedigend *positiv:* ausführliche Darstellungen der generellen Umweltauswirkungen durch WKA; übersichtliche Darstellung des Untersuchungsablaufs in Diagrammform *negativ:* Analyse des Landschaftsbildes knapp; Ableitung der Gesamtbewertung im wesentlichen aus einer Beschreibung des Landschaftsbildes und der visuellen Vorbelastung; wenig wertende Begriffe

Tab. 14: Gutachten im Auftrag der Gemeinde Heek

---

[77] im Auftrag der Biologischen Station Zwillbrock

Anhang 123

Gutachten im Auftrag der Gemeinde Hörstel (Kreis Steinfurt)	
Gutachter	Willenbring, Egbert et. al.
Titel	„Gutachten zur Festlegung von Vorranggebieten für Windenergieanlagen – Stadt Hörstel – Erläuterungsbericht"
Erstellungsdatum	April 1997

	Untersuchungsfrage	Ergebnis
A) Datenmaterial	Eigene Bestandsaufnahmen	keine eigenen Erhebungen
	Erhebungsmethode	–
	Rückgriff auf Fremderhebungen	Fachbeitrag des Naturschutzes und der Landschaftspflege der LÖBF (Biotopkataster NRW, Feuchtwiesen)
	Qualität der Eigenerhebungen	–
B) Bewertung	Bewertungsmethoden	Checkliste
	Bewertungsmaßstäbe	Ziele der Raumordnung (GEP); Richtwerte (Windenergie-Erlass NW i. d. F. v. 1996); fachliche Grundlagen (Biotopkataster)
	Kritik der Bewertungsmaßstäbe	nein
	Bewertungskriterien	im wesentlichen Erholung und Avifauna
C) Anford.	Bewertungskriterien zum Landschaftsbild	–
	Differenziertheit	geringer Differenzierungsgrad (insg. 20 S.)
	Vollständigkeit	Kriterium Landschaftsbild fehlt
	Nachvollziehbarkeit	Mängel; kaum Bewertungen; fehlende Quellangaben; Raumbezug nicht immer eindeutig
D) Ergebnisse	Nachvollziehbarkeit	i. w. nachvollziehbar; kurze, übersichtliche stichwortartige Begründung der Bewertungen
	Vollständigkeit	Kriterium Landschaftsbild fehlt
	Sensitivität	nein
	Gesamtbewertung	**ausreichend** *positiv:* übersichtliche Auflistung der Ausschlussgebiete *negativ:* Landschaftsbild als Bewertungskriterium fehlt; im Vergleich zu anderen Gutachten sehr kurz; nur stichwortartige Begründung der Bewertungen *sonstiges:* Erstellungsdatum kurz nach Privilegierung WKA (§ 35 BauGB); Berücksichtigung d. Windenergie-Erlasses NW von 1996

Tab. 15: Gutachten im Auftrag der Gemeinde Hörstel

Gutachten im Auftrag der Gemeinde Isselburg (Kreis Borken)	
Gutachter	Hardt, H. / Dormels, A. / Schreuder, V.
Titel	„Stadt Isselburg – Konzept zur Bestimmung von Konzentrationsflächen für Windenergieanlagen"
Erstellungsdatum	31.5.2001

	Untersuchungsfrage	Ergebnis
A) Datenmaterial	Eigene Bestandsaufnahmen	Erhebungen des Naturhaushaltes und des Landschaftsbildes
	Erhebungsmethode	–
	Rückgriff auf Fremderebungen	Fachbeitrag des Naturschutzes und des Landschaftspflege der LÖBF (Biotopkataster NRW)
	Qualität der Eigenerhebungen	allgemeine und knappe Beschreibungen der Erhebungsergebnisse
B) Bewertung	Bewertungsmethoden	Checkliste; verbal-argumentative Bewertung
	Bewertungsmaßstäbe	Ziele der Raumordnung (GEP); Richtwerte (Windenergie-Erlass NW); Ziele des Naturschutzes (LEP-Entwurf)
	Kritik der Bewertungsmaßstäbe	nein
	Bewertungskriterien	Landschaftsbild, Avifauna, Erholung, Denkmalschutz, Lärm, Windhöffigkeit, Netzanschlussmöglichkeit, Flächengröße
	Bewertungskriterien zum Landschaftsbild	Schönheit, antropogene Vorbelastung
C) Anford.	Differenziertheit	im Vergleich zu anderen Gutachten hoher Differenzierungsgrad; in Teilbereichen redundant (Geologie, Grundwasser)
	Vollständigkeit	alle relevanten Kriterien berücksichtigt
	Nachvollziehbarkeit	Aufbau und Argumentation nachvollziehbar; sehr plausible Gliederung
D) Ergebnisse	Nachvollziehbarkeit	in großen Teilen nachvollziehbar
	Vollständigkeit	alle relevanten, vorher genannten Kriterien gehen in die Endbewertung ein
	Sensitivität	nein
	Gesamtbewertung	gut *positiv:* sehr schlüssige Gliederung; sehr umfangreicher Themen- und Kriterienkatalog; Berücksichtigung der Planvorgaben; logische Ableitung der Gesamtbewertung aus den vorherigen Ausführungen; Gegenüberstellung von begünstigenden und beschränkenden Standortfaktoren *negativ:* Analysen zum Teil nicht erforderlich (Geologie, Grundwasser); keine Landschaftsbildanalyse

Tab. 16: Gutachten im Auftrag der Gemeinde Isselburg

Gutachten im Auftrag der Gemeinde Reken (Kreis Borken)	
Gutachter	Woltering, Udo / Ahrensmeyer, Georg
Titel	„Ermittlung von Konzentrationszonen für Windenergieanlagen auf dem Gebiet der Gemeinde Reken – Fortschreibung"
Erstellungsdatum	April 2001

	Untersuchungsfrage	Ergebnis
A) Datenmaterial	Eigene Bestandsaufnahmen	Erfassung des Landschaftsbildes
	Erhebungsmethode	Landschaftsbildanalyse (geographischer Ansatz)
	Rückgriff auf Fremderhebungen	Fachbeitrag des Naturschutzes und der Landschaftspflege der LÖBF (Biotopkataster NRW; Kulturlandschaftsprogramm); Entwicklungskonzept zum Erholungskonzept Groß Reken
	Qualität der Eigenerhebungen	knappe Ausführungen
B) Bewertung	Bewertungsmethoden	Checklisten; verbal-argumentative Bewertung
	Bewertungsmaßstäbe	Richtwerte (Windenergie-Erlass NW, Erlass des Landes Schleswig-Holstein); fachliche Empfehlungen
	Kritik der Bewertungsmaßstäbe	nein
	Bewertungskriterien	Landschaftsbild, Avifauna, Erholung, Windhöffigkeit, Netzanschlussmöglichkeit, Flächengröße
	Bewertungskriterien zum Landschaftsbild	Vielfalt, Naturnähe, Eigenart, Vorbelastung, visuelle Verletzlichkeit
C) Anford.	Differenziertheit	wenig differenziert
	Vollständigkeit	alle relevanten Kriterien berücksichtigt
	Nachvollziehbarkeit	grundsätzlich nachvollziehbar; gutachterlich festgelegte Werte nicht begründet
D) Ergebnisse	Nachvollziehbarkeit	formale Betonung des Landschaftsbildes, jedoch Einstufungen kaum begründet
	Vollständigkeit	alle vorher aufgeführten Kriterien gehen in die Endbewertung ein
	Sensitivität	nein
	Gesamtbewertung	**ausreichend** *positiv:* Definitionen der Kriterien der Landschaftsbildes; ausführliche Erläuterung der Bewertungsstufen *negativ:* Gliederung nicht sehr plausibel und grob; gutachterlich festgelegte Werte nicht begründet; Landschaftsbildanalyse mit Schwächen

Tab. 17: Gutachten im Auftrag der Gemeinde Reken

Gutachten im Auftrag der Gemeinde Schöppingen (Kreis Borken)	
Gutachter	Woltering, Udo / Ahrensmeyer, Georg
Titel	„Ermittlung von Konzentrationszonen für Windenergieanlagen auf dem Gebiet der Gemeinde Schöppingen"
Erstellungsdatum	März 2001

	Untersuchungsfrage	Ergebnis
A) Datenmaterial	Eigene Bestandsaufnahmen	Untersuchung des Landschaftsbildes in den potenziellen Eignungsgebieten
	Erhebungsmethode	Landschaftsbildanalyse (geographischer Ansatz)
	Rückgriff auf Fremderhebungen	Fachbeitrag des Naturschutzes und der Landschaftspflege der LÖBF (Biotopkataster NRW; Kulturlandschaftsprogramm)
	Qualität der Eigenerhebungen	relativ knappe Ausführungen
B) Bewertung	Bewertungsmethoden	Checkliste; verbal-argumentative Bewertung
	Bewertungsmaßstäbe	Richtwerte (Windenergie-Erlass NW, Erlass des Landes Schleswig-Holstein); fachliche Empfehlungen
	Kritik der Bewertungsmaßstäbe	nein
	Bewertungskriterien	Landschaftsbild, Avifauna, Erholung, Windhöffigkeit, Netzanschlussmöglichkeit, Flächengröße
	Bewertungskriterien zum Landschaftsbild	Vielfalt, Naturnähe, Eigenart, Vorbelastung, visuelle Verletzlichkeit
C) Anford.	Differenziertheit	wenig differenziert
	Vollständigkeit	alle relevanten Kriterien berücksichtigt
	Nachvollziehbarkeit	grundsätzlich nachvollziehbar; gutachterlich festgelegte Werte nicht begründet
D) Ergebnisse	Nachvollziehbarkeit	formale Betonung des Kriteriums Landschaftsbild; Einstufungen kaum begründet
	Vollständigkeit	alle vorher aufgeführten Kriterien gehen in die Endbewertung ein
	Sensitivität	nein
	Gesamtbewertung	**ausreichend** *positiv:* Definitionen der Kriterien des Landschaftsbildes; ausführliche Erläuterung der Bewertungsstufen *negativ:* Gliederung nicht sehr plausibel und knapp; gutachterlich festgelegte Werte nicht begründet; Landschaftsbildanalyse mit Schwächen

Tab. 18: Gutachten im Auftrag der Gemeinde Schöppingen

Gutachten im Auftrag der Gemeinde Velen (Kreis Borken)	
Gutachter	Woltering, Udo / Ahrensmeyer, Georg
Titel	„Ermittlung von Konzentrationszonen für Windenergieanlagen auf dem Gebiet der Gemeinde Velen"
Erstellungsdatum	Mai 2001

	Untersuchungsfrage	Ergebnis
A) Datenmaterial	Eigene Bestandsaufnahmen	Untersuchung des Landschaftsbildes der potenziellen Eignungsgebiete
	Erhebungsmethode	Landschaftsbildanalyse (geographischer Ansatz)
	Rückgriff auf Fremderhebungen	Fachbeitrag des Naturschutzes und der Landschaftspflege der LÖBF (Biotopkataster NRW; Kulturlandschaftsprogramm)
	Qualität der Eigenerhebungen	relativ knappe Ausführungen
B) Bewertung	Bewertungsmethoden	Checkliste; verbal-argumentative Bewertung
	Bewertungsmaßstäbe	Richtwerte (Windenergie-Erlass NW, Erlass des Landes Schleswig-Holstein); fachliche Empfehlungen
	Kritik der Bewertungsmaßstäbe	nein
	Bewertungskriterien	Landschaftsbild, Avifauna, Erholung, Windhöffigkeit, Netzanschlussmöglichkeit, Flächengröße
	Bewertungskriterien zum Landschaftsbild	Vielfalt, Naturnähe, Eigenart, Vorbelastung, visuelle Verletzlichkeit
C) Anford.	Differenziertheit	im Vergleich zu anderen Gutachten Ausführungen relativ knapp
	Vollständigkeit	alle relevanten Kriterien berücksichtigt
	Nachvollziehbarkeit	grundsätzlich nachvollziehbar; gutachterlich festgelegte Werte nicht begründet
D) Ergebnisse	Nachvollziehbarkeit	formale Betonung des Landschaftsbildes; Einstufungen (gering-mittel-hoch) werden kaum begründet
	Vollständigkeit	alle vorher genannten Kriterien gehen in die Endbewertung mit ein
	Sensitivität	nein
	Gesamtbewertung	**ausreichend** *positiv:* Definitionen der Kriterien des Landschaftsbildes; ausführliche Erläuterung der Einteilung von Bewertungsstufen *negativ:* Gliederung nicht sehr plausibel; gutachterlich festgelegte Werte nicht begründet

Tab. 19: Gutachten im Auftrag der Gemeinde Velen

Anhang 128

Gutachten im Auftrag der Gemeinde Westerkappeln (Kreis Steinfurt)	
Gutachter	Fietz, G.
Titel	„Vorrangstandorte für Windenergieanlagen im Gemeindegebiet Westerkappeln, Kreis Steinfurt"
Erstellungsdatum	12.2.2001, geändert am 21.2.2001 und 6.3.2001

	Untersuchungsfrage	Ergebnis
A) Datenmaterial	Eigene Bestandsaufnahmen	keine systematischen Bestandserhebungen
	Erhebungsmethode	–
	Rückgriff auf Fremderhebungen	Fachbeitrag des Naturschutzes und der Landschaftspflege der LÖBF (Biotopkataster NRW); Erhebungen der avifaunistisch wertvollen Bereiche[78]
	Qualität der Eigenerhebungen	–
B) Bewertung	Bewertungsmethoden	Checkliste; verbal-argumentative Bewertung
	Bewertungsmaßstäbe	Richtwerte (Windenergie-Erlass NW)
	Kritik der Bewertungsmaßstäbe	nein
	Bewertungskriterien	Landschaftsbild, Avifauna, Erholung, Flächengröße, Windhöffigkeit
	Bewertungskriterien zum Landschaftsbild	Empfindlichkeit
C) Anford.	Differenziertheit	wenig differenziert; keine Analyse des Landschaftsbildes; unklare Begriffe („Inselwirkung", „viel Konfliktpotenzial")
	Vollständigkeit	unvollständig (kein Verweis auf GEP-Ausweisungen)
	Nachvollziehbarkeit	unübersichtliche Gliederung; viele einzelne Untersuchungsschritte; 70 (!) Gunstbereiche; zum Teil keine Quellenangaben
D) Ergebnisse	Nachvollziehbarkeit	Stellenwert der einzelnen Kriterien wird nicht deutlich
	Vollständigkeit	alle vorher aufgeführten Kriterien gehen in die Endbewertung ein
	Sensitivität	nein
	Gesamtbewertung	**mangelhaft** *positiv:* Übersicht zu Ausschlussgebieten und Mindestabständen *negativ:* unübersichtlicher Aufbau; fehlende Begriffsdefinitionen; geringer Stellenwert des Landschaftsbildes; keine Übersicht zu Planvorgaben; sehr allgemeine Hintergrundinformationen zur Windenergie; kaum Bewertungen

Tab. 20: Gutachten im Auftrag der Gemeinde Westerkappeln

---

[78] Untersuchungen im Auftrag der Biologischen Station des Kreises Steinfurt

Anhang 4: Chronologie der Windenergienutzung in der Gemeinde Schöppingen

Winter 1994/95 Beschluss der Bauaufsichtsbehörden der Kreise Steinfurt und Borken aus Anlass von über 50 Bauvoranfragen in der Gemeinde Schöppingen, ein Gutachten über geeignete Standorte für die Windenergienutzung auf dem Schöppinger Berg erstellen zu lassen.

29.11.1996 Verabschiedung des nordrhein-westfälischen Runderlasses *„Grundsätze für Planung und Genehmigung von Windkraftanlagen"* (WEA-Erl. NW in der Fassung vom 29.11.1996). Nach der Zielsetzung des Landes sollen bis zum Jahr 2005 Windkraftanlagen mit einer Nennleistung von 1000 MW errichtet werden. Der Erlass fordert die Regierungsbezirke des Landes auf, in den Gebietsentwicklungsplänen zunächst textliche Festsetzungen zur Windenergienutzung zu treffen. Erst nach einer zeitlichen Übergangsfrist (*§ 245b BauGB)*, in der Bauanträge zur Errichtung von Windkraftanlagen mit dem Verweis auf geplante Darstellungen in den Bauleitplänen bis zum 31.12.1997 zurückgestellt werden können, sollen die Regierungsbezirke zeichnerische Eignungsbereiche für die Windenergienutzung ausweisen.

02.12.1996 Beschluss des Bezirksplanungsrates des Regierungsbezirks Münster, ein Verfahren zur Erarbeitung eines sachlichen Teilabschnitts Windenergienutzung für den Teilabschnitt Münsterland einzuleiten, durch das Eignungsflächen für die Windenergienutzung ausgewiesen werden sollen.

01.01.1997 In-Kraft-Treten der Änderung des *§ 35 BauGB*, nachdem Windkraftanlagen als privilegierte Vorhaben im baulichen Außenbereich genehmigungsfähig sind. Voraussetzung ist, dass die Anlagen weder den Zielen der Raumordnung widersprechen, den öffentlichen Belangen entgegenstehen noch Darstellungen im FNP Windkraftanlagen an anderer Stelle vorsehen (*§ 35 Abs. 3 BauGB)*.

26.02.1997 Beratung des Bau-, Planungs- und Denkmalausschusses der Gemeinde Schöppingen über die von der Bezirksregierung Münster vorgesehenen Eignungsflächen *BOR 06* bis *09* auf dem Gebiet der Gemeinde Schöppingen. Der Ausschuss plädiert für eine deutliche Ausweitung der GEP-Flächen.

08.09.1997 Aufstellungsbeschluss zur 7. Änderung des Flächennutzungsplanes durch den Rat der Gemeinde Schöppingen. Geplant ist die Ausweisung von vier mit den Darstellungen des GEP bis auf eine Ausnahme deckungsgleichen Eignungsbereiche mit einer Fläche von insgesamt 732 ha. Bei den Flächen handelt es sich um die Areale *„Ramsberg"* (200 ha), *„Heven"* (470 ha) westlich und *„Schöppinger Berg (Nord)"* (26 ha) bzw. *„Schöppinger Berg (Süd)"* (36 ha) östlich des Ortes Schöppingen.

12.11.1998 In-Kraft-Treten des sachlichen Teilabschnitts *„Eignungsbereiche für erneuerbare Energien/Windkraft"* des GEP Münster, Teilabschnitt Münsterland. Die Ausweisungen umfassen 119 Eignungsbereiche mit einer durchschnittlichen Größe von 197 ha auf einer Fläche von insgesamt 235 km². Dies ermöglicht bei vollständiger Auslastung der Fläche rechnerisch eine installierte Leistung 1.800 MW. Die GEP-Ausweisungen sehen für die Gemeinde Schöppingen vier Eignungsflächen für Windkraftanlagen mit einer Fläche von insgesamt 1040 ha vor. Drei der vier Flächen überschreiten die Grenzen der Gemeinde. Bei den Flächen handelt es sich um die Areale *„Wersche"* (BOR 06, 450 ha), *„nördlich Heven"* (BOR 07, 440 ha), *„Schöppinger Berg Nord"* (BOR 08, 50 ha) und *„Schöppinger Berg Süd"* (BOR 09, 120 ha).

Winter 1998 Eingang einer Definition der Raumbedeutsamkeit in den GEP Münster. Die Bezirksregierung führt aus, dass aus ihrer Sicht Windkraftanlagen aufgrund der zunehmende Größe der Anlagen und der speziellen Topographie des Münster-

	landes im baulichen Außenbereich grundsätzlich als raumbedeutsam einzustufen sind. Nach dieser Definition erübrigt sich die kommunale Steuerung der Windkraftanlagen.
21.12.1998	Rundverfügung an die Gemeinden des Regierungsbezirkes, in der die Bezirksregierung Münster darauf hinweist, dass im Zuge der geplanten Änderung des Windenergie-Erlasses das Land eine Raumbedeutsamkeit von Windkraftanlagen erst ab einer Anzahl von drei Anlagen gegeben sieht. Die Bezirksregierung fordert daher die Gemeinden auf, Eignungsbereiche für die Windenergienutzung auszuweisen. Verzichten die Gemeinden auf eine eigene Planung, greift bei nicht raumbedeutsamen, unterhalb der regionalplanerische Ebene liegenden Windkraftanlagen die Privilegierung nach § 35 BauGB.
01.01.1999	Ablaufen der Frist nach § 245b BauGB. Gemeinden, die zu diesem Zeitpunkt keine Flächen für die Windenergienutzung ausgewiesen haben, müssen – sofern keine öffentlichen Belange entgegensprechen – Anträgen zur Errichtung von Windkraftanlagen im Außenbereich entsprechen.
03.04.1999	In-Kraft-Treten der 7. Änderung des FNPs der Gemeinde Schöppingen. Die Gemeinde weist vier, bis auf das Areal „Schöppinger Berg Nord" mit den GEP-Bereichen *BOR 06* bis *BOR 09* deckungsgleiche Eignungsbereiche für Windkraftanlagen aus. Die Flächen umfassen ca. 10 % des Gemeindegebietes.
03.05.2000	Verabschiedung des aus dem Jahr 1996 überarbeiteten Runderlasses *„Grundsätze für Planung und Genehmigung von Windkraftanlagen" (WEA-Erl. NW)*. Der neue Erlass definiert, dass in der Regel erst ab einer Anzahl von drei Anlagen diese als raumbedeutsam einzustufen sind. Damit verlieren die Ausweisungen des GEP Münster ihre ausschließliche Regelungstiefe. Pauschale Vorgaben zu einzuhaltenden Abständen zu Siedlungsgebieten sind im neuen Erlass nicht mehr enthalten.
12.12.2000	Auftrag der Gemeinde Schöppingen an das Westfälische Amt für Landschafts- und Baukultur, Eignungsflächen für die Windenergienutzung auf der Grundlage einer flächendeckenden Analyse des Gemeindegebietes zu ermitteln.
Februar 2001	Im Münsterland sind Bauanträge für die Errichtung von 959 Windkraftanlagen mit einer installierten Leistung von über 920 MW genehmigt bzw. im Genehmigungsverfahren. Der größte Antragsdruck herrscht in Kreis Borken. Etwa 40 % der Bauanträge des Münsterlandes werden dort gestellt (Bezreg. Münster 2001b, S. 20).
März 2001	Bestätigung der bereits im FNP ausgewiesenen, mit den GEP-Ausweisungen nahezu deckungsgleichen Eignungsflächen durch den Gutachter.
Februar 2002	28 der 66 Gemeinden des Regierungsbezirks Münster besitzen rechtskräftige Konzentrationszonen für Windkraftanlagen; weitere 26 Gemeinden befinden sich im Aufstellungsverfahren. In lediglich zwei Gemeinden bestehen keine Planungsabsichten (Bezreg. Münster 2002, S. 6).
April 2002	Auf dem Gebiet der Gemeinde Schöppingen sind insgesamt 12 Windkraftanlagen in Betrieb. Während die Areale *„Schöppinger Berg (Nord)"* und *„Schöppinger Berg (Süd)"* bereits vollständig bebaut sind, liegen für die Flächen *„Wersche"* und *„nördlich Heven"* Bauanträge für die Errichtung von 17 Windkraftanlagen vor (Gespräch mit Herrn Teigeler am 29.4.2002).
17.5.2002	In-Kraft-Treten der 11. Änderung des Flächennutzungsplanes der Gemeinde Schöppingen. Der FNP enthält nun für die vier Eignungsbereiche eine Höhenbegrenzung für Windkraftanlagen. Demnach sind Windkraftanlagen innerhalb der Flächen nur bis zu einer Gesamthöhe von 150 m zulässig.

Weitere Studien zum Thema „Bewertung von Eignungsflächen für Windkraftanlagen"

Diese und weitere Studien aus dem Bereich der Umwelt und Energie finden Sie im Online-Katalog unter www.diplom.de:

Die Auswirkungen der Windenergienutzung auf den Fremdenverkehr in der Gemeinde Wangerland
S. Hübinger / Wilhelmshaven / 1997 / 99 Seiten / 74,00 EUR / Best.-Nr. 0133

Internetbasierte Bemessung von netzgekoppelten Photovoltaikanlagen
T. Müller / Paderborn / 2001 / 94 Seiten / 198,00 EUR / Best.-Nr. 6212

Akteurbezogene Analyse der aktuellen Situation im Markt für regenerativ erzeugte Elektrizität in Deutschland
W. Otto / Berlin / 2001 / 106 Seiten / 198,00 EUR / Best.-Nr. 4600

"Welche Farbe hat denn Ihr Strom?" oder: Wie entsteht ökologisch motiviertes Konsumverhalten?
Eine empirisch orientierte Studie zu Faktoren für die ökologisch motivierte Auswahl des Energieanbieters auf dem liberalisierten Berliner Strommarkt
A. Tönjes / Berlin / 2001 / 230 Seiten / 198,00 EUR / Best.-Nr. 5044

Nachhaltiges Bauen und Heizen
Energiewirtschaftliche Aspekte und empirische Anwendung
B. Faninger / Österreich / 2000 / 135 Seiten / 148,-- EUR / Best.-Nr. 5192

Öko-Kommunikation als strategischer Erfolgsfaktor des Umweltmanagements
E. Schedelberger / Österreich / 1997 / 180 Seiten / 74,00 EUR / Best.-Nr. 5121

Die naturschutzrechtliche Eingriffsregelung in der Flächennutzungsplanung
Dargestellt für Nordrhein-Westfalen am Beispiel der Stadt Unna
U. Meyer zu Helligen / Dortmund / 1997 / 188 Seiten / 74,00 EUR / Best.-Nr. 0732

Studentenwohnheim mit passiver und aktiver Solarenergienutzung
K. Habenicht / Kassel / 1999 / 93 Seiten / 248,00 EUR / Best.-Nr. 6371

Aussagekräftige Inhaltsangaben und Inhaltsverzeichnisse zu den Studien können kostenlos und unverbindlich unter www.diplom.de eingesehen werden. Zu den oben genannten Preisen stehen die Studien direkt unter www.diplom.de als Download zur Verfügung.

Die Studien können auch gegen 5,00 EUR Aufschlag als Printausgabe oder auf CD-ROM online unter www.diplom.de oder per Fax unter 040 / 6 55 99 222 bestellt werden. Die Versandkosten werden mit 5,00 EUR in Rechnung gestellt.

Studierende erhalten auf den Preis vieler Studien eine Ermäßigung von 50 %.

Studien 2002

In der Reihe Studien 2002 sind im Buchhandel zudem erschienen:

Afrikanischer Tanz
Zu den Möglichkeiten und Grenzen in der deutschen Tanzpädagogik
S. Hubrig / Bremen / 2002 / 100 Seiten / 39,50 EUR / ISBN 3-8324-5550-7

Hochbegabte Kinder in Kindertagesstätte und Grundschule
Verkannt und vernachlässigt, umworben und gefördert
Y. Kossmann / Koblenz-Landau / 2002 / 168 Seiten / 39,50 EUR / ISBN 3-8324-5551-5

Reichweiten und Grenzen von E-Recruitment
Eine kritische Analyse unter besonderer Berücksichtigung von eignungsdiagnostischen Online-Verfahren und deren Akzeptanz am Markt
K. Golembowski / Köln / 2002 / 256 Seiten / 39,50 EUR / ISBN 3-8324-5567-1

Electronic Government und Verwaltungsmodernisierung
Beziehungen, Potenziale und Probleme dargestellt am Beispiel von BAFöG online
A. Heinz / Potsdam / 2002 / 148 Seiten / 39,50 EUR / ISBN 3-8324-5686-4

Geschäftsmodelle des M-Business
Ausgerichtet auf die Zielgruppe der Geschäftsleute
H. Ahlke / Dortmund / 2002 / 152 Seiten / 39,50 EUR / ISBN 3-8324-6168-X

Sportrechte-Vermarkter im Fußball
Geldgeber und Einflußnehmer?
T. Holzapfel / Göttingen / 2002 / 184 Seiten / 39,50 EUR / ISBN 3-8324-6230-9

Aufstieg und Fall des Kirch-Konzerns
Eine medienökonomische Analyse
M. Preiß / Dortmund / 2002 / 170 Seiten / 39,50 EUR / ISBN 3-8324-6355-0

Best Ager
Anforderungen an die Produkt- und Kommunikationspolitik von Unternehmen
K. Zaroba / Wiesbaden / 2002 / 119 Seiten / 39,50 EUR / ISBN 3-8324-6656-8

Universelle Benutzbarkeit und Barrierefreiheit bei Webseiten der breiten Masse und der uröffentlichen Hand
Grundlagen, Erklärungen und Lösungswege z Erstellung von behindertengerechten, gesetzeskonformen Webangeboten
M. Tressl / Konstanz / 2002 / 266 Seiten / 39,50 EUR / ISBN 3-8324-6655-X

Sozialkompetenz
Entwirren des Begriffsdschungels
K. Rost / Karlsruhe / 2002 / 221 Seiten / 39,50 EUR / ISBN 3-8324-6654-1

Bewertung von Eignungsflächen für Windkraftanlagen
Dargestellt am Beispiel von ausgewählten Gemeinden des Regierungsbezirks Münster
T. Zampich / Dortmund / 2002 / 137 Seiten / 39,50 EUR / ISBN 3-8324-6801-3